貴州少數民族民俗文化研究

梁文清 主編

目錄 CONTENTS

一 民間信仰研究

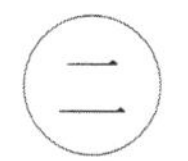

二 民族節日研究

C O N T E N T S

一 民間信仰研究

論現代化視域下民間信仰的變遷

——以黔南地區為例

張龍　許憲隆

「原生態文化」日益成為社會學、民族學界廣為關注的一個名詞，學界、官方頻繁在多領域加以應用，其定義大致相同，即「是指某一民族或族群在歷史上形成的文化的原初狀態，或指那些在現代才突然被外界所知的某種文化形態」[1]。該定義借用了自然科學領域的生態概念，一定程度上吸引了許多人投身到原生態文化的保護和開發中。然而，在現代化視域下，原生態文化體現之一的民間信仰也在發生著自身的變遷。

一、信仰受眾日趨兩極化

民間信仰是相對於佛教、道教、伊斯蘭教、天主教、基督教等五大制度化宗教之外的其他各類信仰，屬於非官方的、非組織的，具有個體乃至地域民眾間的一種情感寄託、崇拜，並帶有相應的行為和行動，屬於自發性質。可以說民間信仰也是一種宗教行為，這種宗教行為帶有原初性質，即有關神明、鬼魂、祖先、聖賢及天象的信仰和崇拜，它根植於鄉土社會中的傳統文化，在世界各地、許多民族之中都有相應的存在，並經過長期歷史演變，擁有一套相應的神靈崇拜觀念、行為習慣和儀式制度。

黔南地區少數民族眾多，世居有布依族、苗族、水族、毛南族、瑤族等民族。民間信仰也比較普遍，多為原始的祖先崇拜、圖騰崇拜。有祭祖神龕、土地菩薩等，祭祀祖先、灶神、石神、樹神、鬼神等。以鬼神為例，三都縣的水族號稱有「千神信仰」，據統計應該有六百多個鬼神。

民間信仰的活動領域大都以鄉鎮農村為主，而信仰群體出現了兩極分化的現象。黔南地區許多村寨的村民長期以來信仰石菩薩，據當地村民介紹，當地信眾以四十歲以上的為多。調查中可以發現，許多村寨的老年人對信仰都報以相應的虔誠態度。他們可以舉出很多的事例，比如說某個人不信石菩薩，做出了對石菩薩不敬的行為，這個人的身體就會出現問題，或者家人會有不吉利的事情，但通過巫師解析，進行道歉悔改後，事情變好了。這樣的事例在不同村寨都比較相似。分析來看，中老年群體信仰虔誠的原因，一是同他們所處的時代有關，六十多歲的老年人大都經歷過「文革」等動盪的時期，他們追求安穩的生活；二是民族社區有著傳統的民間信仰習俗，從父母那裡繼承了這種信仰習俗；三是他們也需要這類信仰以提供心理的慰藉。

年輕人對此信仰較為淡薄，從社會學的角度來看，主要是代際差異形成的，代際差異理論來自德國社會學家卡爾•曼海姆，他認為：「因出生年代與成長背景的不同而導致的各代群間在價值觀、偏好、態度與行為等方面呈現出的具有差異性的群體特徵。重大的社會歷史性事件或技術變革對不同年齡段群體的影響是代際差異的基礎。」[2]具體到黔南地區信仰差異的存在來看，這種代際差異形成的原因主要有五個：一是村裡大部分年輕人外出務工，這有許多實證的例子，像都勻市洛邦鎮繞河村村民有二千多人，外出務工的年輕人占八百多人，青壯年勞動力大都不在村裡。都匀市小圍寨辦事處包陽村有四千六百多人，布依族占百分之八十五，外出務工者有二千多人。他們脫離了傳統信仰的空間，接觸到更多外部社會，受外界信息的影響較多，對這類信仰的興趣降低。二是年輕人普遍受教育程度的提升，對民間信仰的認知更清晰，認為是「迷信」的看法居多，虔誠度日益淡薄。三是年輕人接受現代化的事物更快，現代化的科技能解釋許多以往不能解釋的自然現象，對民間信仰的需求大大降低，這也是導致年輕人忽視民間信仰解惑功能的一個原因。四是社會已經進入信息化時代，手機、網絡的普及，人們對信息、娛樂的興趣更多轉移到電子媒介的空間中，也是許多年輕人對傳統民間信仰不感興趣的一個原因。五是現代化步伐跨入鄉鎮農村，以往許多自然環境帶來的鬼神信仰被現代化的光電衝擊，人們不再存在幻想，也是許多年輕人不再關注民間信仰的一個因素。

也有一部分年輕人對當地民間信仰報以虔誠的態度，主要基於代際傳遞的因素，即長時期留居當地，對父輩或祖父輩的信仰接受日久，從內心及行為上，已經沿襲了上代人的信仰。這種代際傳遞的延續更多的是基於個體所受教育的程度，以及當地傳統域境所受外界影響的程度。

二、信仰活動形式日益現代化

任何文化都要受到所處時代的科技影響，對於民間信仰來說同樣如此。改革開放以來，國內的物質資料生產迅速擴大，而科學技術在生產上的應用，也使得電器化的設施、以及光電技術擴展到人們的日常生活中。

這種改變在近一、二十年尤其迅速，即便黔南偏僻的村寨也有了巨大的變化。從農用機、汽車的應用，到日常的服裝款式種類、使用的手機電話等，與傳統的方式相比都有了改變。即使是在以往帶有神祕色彩的民間信仰上，在物質化的形式以及活動主體的形式上，也產生了現代化。具體來看，黔南地區民間信仰的現代化體現主要有以下幾點：

一是民間信仰的鬼神中有了更多的佛道色彩。在荔波縣的覺鞏村，當地布依族儺壇供奉的壇神就有「如來、五位祖師……右諸天、馬元帥……」[3]，惠水縣高鎮鎮交椅村的毛南族供奉的土地菩薩，往往是大石頭，石頭上纏有紅布，或貼上紅紙。其中，如來、菩薩往往是佛教的術語，而祖師、諸天、元帥又往往帶有道教的色彩。在都勻市區內，一些苗族家門上喜歡掛上帶有佛教語句的黃紙條。苗族傳統上也習慣於信鬼神，還有專門的「鬼師」從事與鬼神交流的工作。這類事例在黔南地區都可以見到，這與中國自古以來民族之間宗教的互相借鑑、採納思想有關，也同改革開放以來宗教信仰自由風氣有關。同時，也是因為交通便捷後，人員流動日益頻繁，各民族群體之間文化思想交流日益增多。因此，在不同文化的互相影響下，民間信仰的形式和內容發生了一定的變化。

二是祭拜物品有了更多的現代化元素。傳統的祭拜神靈往往採用的是燒香、擺放貢品的方法。由於香燭長時期燃燒，容易導致火災及環境污染等，一些現代化的表現方式在黔南許多地區開始被引入。在調研中，就有很多這樣的例子。個體家庭祭拜也大都用現代化的設備，比如用電香燭、電爆竹等。在荔波縣甲良鎮洞庭村，許多村民房屋前設立的小神龕或者石頭旁，擺放的香燭亮閃閃的，爆竹也發出啪啪的電子聲響。貢品的水果、日常食品也別出心裁，用塑料製品取代。當地五十歲的村民 A 說的話就很有代表性：「現在生活好了，大家也有了更好的條件表示敬意，採用光感的祭拜品，可以讓神靈時時感受到祭奠的誠意。至於食物貢品採用塑料的是為了能長時期存放。」

三是政府在操辦傳統的民族節日活動中，現代化的音響設施也被大量採用。二〇一六年十月二十日，三都水族自治縣在中和鎮三洞社區舉辦端節活動中，依山搭建的大舞臺上，高音喇叭合併成大型音響廣播，組織觀看的群眾隊伍分隊排列，相應的電子屏幕展現相應的實況內容。現代化設施的採用，既同參觀群眾人數眾多有關，也同現代化設備有利於發揮良好的效果有關。這樣可以促進更多人參與到欣賞節日的活動中。

四是傳統的民間信仰活動中增加了更多的娛樂性節目。以水族端節為例，水族端節主要是祖先崇拜的節日。延伸到現代，端節中的一些活動已經拓展了。如賽馬活動最初是為了紀念祖先艱苦創業而開展的娛樂活動，現在則變成了體育競技比賽性質的活動，僅二〇一六年在中和鎮三洞社區古穩端坡舉辦的賽馬活動投入的獎金就高達六十多萬，吸引了外地不同的成員用汽車載運不同類型的馬匹來參賽。而有的村寨重新開闢新端坡，以滿足不同群體參與集會和觀賽的需要。此外，有的地方為了活躍氣氛，在端節活動中增加對歌、踢球、登山等比賽項目，讓端節活動更加吸引人。

活動主持主體的變化也是信仰活動形式日益現代化的體現之一。巫師在各族群體中都帶有神一樣的象徵意義，因為他們具有溝通世俗世界與神靈世界的力量，從而受到各族群眾的尊重。當然，不同民族對巫師的稱呼不同，黔南地區苗族和瑤族稱為鬼師，布依族稱為摩公，侗族稱為師傅，水族中往往是水書先生作為祈禱、占卜等活動的主持人。在不同民族群體中，巫師活動往往體現在個體之中。大型活動的主導者已經逐步讓步於地方政府，以水族端節活動為例，「現在幾乎都沒有水書先生念水書或者做其他法事」[4]。這種變化的主因是，一方面大型活動的成本很高，僅靠個體集資難度較大；另一方面，維持大型活動所需的人力往往也需要政府方面調配，比如警察、保安等。因此這類活動的主導權往往由政府來把控。

人們傳統服飾的變化在信仰活動中的展現也是現代化體現的一種表現形式。以水族為例，水族婦女傳統服裝色調偏深，崇尚黑色和藏青色，水族在服飾上禁忌紅色和黃色，而喜歡藍、白、青三種冷調色彩，他們認為色彩淺淡素雅才是美的。但在端節慶典活動現場，可以看到許多身穿色調鮮豔、款式帶有時尚元素服裝的青年少女。從訪談中，可以獲悉這類衣著時尚的水族少女大都接受過高等教育，且這身衣著也來自對水族傳統服飾的改良。

三、信仰活動趨向於旅遊化

各地政府、學界、民間多趨向於引入原生態概念進行旅遊開發，服務於地方經濟。具體到黔南地區，當前在旅遊中引入的主要以民族文化為主，「省級民族保護村寨三個：荔波瑤山懂蒙瑤族村寨、三都怎雷水族民族村、貴定音寨布依族村……初步形成了以民族文化觀光旅遊和農家樂為主，兼有深度文化體驗和生態農業觀光四種典型的鄉村旅遊發展模式……至二〇一四年底，全州有各類鄉村旅遊點一五八〇個，二〇一四年接待各類旅遊者三八七萬人（次），創旅遊綜合收入十五點四三億元，直接吸納的就業人員達一萬五千多人」[5]。

在這種旅遊熱潮中，主打的旅遊品牌以民族特色文化為主。例如：都勻市小圍寨辦事處包陽村是一個布依族村寨，當地政府為了打造旅遊景點，在調研中，村裡領導表示，自二〇一四年六月開始進行民族特色的營造。通過修建相應的公路，力求改善旅遊基礎環境。村民的房屋力求營造傳統布依族的特色，在屋簷頂端的兩頭製造牛角標誌。某種程度上，牛是布依族的民間信仰，像婦女就有採用包牛角狀頭飾的習俗。龍里縣雙龍鎮採用合作開發模式打造旅遊示範區。雙龍鎮坐落於當地的巫山峽谷南側，在景區主入口處，由原雲南省麗江市束河古鎮的開發運營商「昆明鼎業集團」與中鐵集團聯袂打造，占地約四百畝，其中旅遊品牌規劃就有當地苗族、布依族的民族風情功能板塊。據龍里縣旅遊局長韓永高介紹，一個成熟的旅遊開發能帶動當地五成的人員就業。龍里藉助民族風情文化發展旅遊是一大特點，典型的就有苗族農曆四月八「祭祖節」。事實上，這種民族風情中就包含有傳統的民間信仰節目。當地政府意識到民間信仰的重要性，並展開了助力活動。來自該縣民宗局的簡報顯示，二〇一六年十一月十一日，當地領導「對醒獅鎮小河口民間信仰活動場所進行掛牌儀式」[6]。這個場所是依託道教場所來設立的，某種程度上讓當地民間信仰的主導場域由道教來引導。

在突出旅遊振興經濟的目標後，黔南地區許多民族村寨也把目標轉移向民族特色文化中。在這種凸顯民族特色文化過程中，很多時候，民間信仰成為彰顯風情的經典標誌。三都縣三合鎮姑掛村努力打造水族特色村寨姑嚕寨，樹立了數百個水族傳統信仰的鬼神，有石頭雕像，也有專門設計的電子彩色洞窟鬼神像。這些鬼神像、鬼神介紹大都來自水族的經典水書。

政府搭臺唱戲的旅遊節目也往往藉助於這些民族特色文化。一些學術研究認為，傳說中的五帝時期的共工是水族的始祖。三都水族自治縣政府連續數年舉辦了水族端節慶典活動，二〇一六年十月二十日的現場慶典活動，就帶有祭祀祖先的性質，在共工雕像前舉辦了祭祀儀式。布依族傳統的「六月六」節日，以往以供奉土地菩薩（土地公公）為主，發展到今天，也成為政府搭臺唱戲的活動日。如荔波縣一方面藉助世界物質文化遺產的名聲吸引中外來客，另一方面在這類民族信仰節日中，開展原生態民歌、地方戲、舞蹈、書法表演和民族時裝秀、木葉獨奏等充滿布依族文化特色的演出。這種藉助民間信仰展現的民族文化演出，成為各地開展旅遊活動的一個特色。

四、現代化視域下的變遷與「原生態」的矛盾

變遷是各個學科都常引用的術語，常指事物發生的變化。具體到文化上來看，本身就帶有多重意義，從社會學角度來看，創新、傳播、涵化都是其變遷的過程。從哲學角度來看，世間萬物都在時刻變化著。古希臘哲學家赫拉克利特就曾經說過「人不能兩次踏入同一條河流」。基於這個意義，黔南地區民間信仰在現代化視域下發生變遷是有其必然性的。

在這種現代化視域的變遷中，信仰主體的兩極分化，有著境域、教育

程度的變化，而信仰形式現代化是基於物質條件的變化。更大的變化是旅遊的介入。從旅遊開發角度來看，變遷中含有更多創新的含義。旅遊開發也帶有創新的意義，當民族文化成為旅遊產品的時候，需要考慮受眾的接受能力，而這種接受程度就需要對產品的性質進行調試。在此開發過程中，出現了兩極衝突，一方認為旅遊開發破壞了傳統文化的保護，故呼籲構建真實的「原生態文化」，即未加建構的傳統文化。另一方則認為文化是需要展示的，「原生態文化」帶有相應的傳統元素符號即可。

值得一提的是現代化的生活和傳統的維護有著一定的衝突，這也是學界一些學者在認知上所提出的保守思想，即保護傳統的民族文化，讓其不開發、不與現代化接觸。如同印度政府為了保護安達曼島上的原始居民特性而建立保護區一樣，或者如美國對印第安人設置居留地一樣。英國人類學家拉德克利夫・布朗曾在二十世紀初左右做過安達曼島人的調研，當時安達曼人有數千人，現今僅有幾百人。是現代文明衝擊下的適者生存，還是傳統文明的不適應呢？這一問題一直飽受各國學者的爭議。

事實上，原生態文化本身就有「時代性」，一是傳統的時代性，另一個是現代的時代性。傳統的時代性帶有階段性，許多學者呼籲的「原生態文化」保護主要是傳統的時代性，關鍵是我們所保護的傳統性質的時代性是歷史上的哪一階段的文化特點？是憑什麼來認定的？關於這些問題的爭議很大。從黔南地區現代化視域下民間信仰的變化可以看出，文化的時代性必然帶有變遷的性質，這就是現代化技術的引用，對以往文化的建構，更多帶有開發的性質。

五、結語

通過對黔南地區民間信仰變遷的分析，主要有如下三個發現：第一，在黔南地區民族村寨，民間信仰依然發揮著重要的作用，具有維繫村寨民族共性、增強村寨的凝聚力的作用，也有助於體現個人的心理寄託。第二，民間信仰在現代化的影響下，中老年群體和青年群體在信仰程度上有了相應的變化，這同時代的發展、地區的開放程度有關。第三，民間信仰成為民族旅遊文化的重要載體，而且形式日益帶有了現代元素。在這個過程中，「原生態」的傳承和現代化的變革之間不斷引發爭議，而這種爭議的核心在於爭議者內心是如何對待現代化的認識問題。

現代化的發展是時代不可阻攔的，而原生態也只能是在保流傳統的文化元素基礎上，讓其融入時代的浪潮中。畢竟文化是為生活服務的，世界上不存在一成不變的事物，民間信仰同樣如此。

參考文獻

〔1〕張云平.原生態文化的界定及其保護〔J〕.雲南民族大學學報，2006(4)：67-70.

〔2〕陳云明，崔勳.代際差異理論與代際價值觀差異的研究評述〔J〕.中國人力資源開發，2014(13)：43-48.

〔3〕吳秋林.眾神之域：貴州當代民族民間信仰文化調查與研究〔M〕.北京：民族出版社，2007：127.

〔4〕張振江.三都三洞水族——貴州三都三洞鄉調查與研究(下)〔M〕.北京：知識產權出版社，2012：463.

〔5〕黔南州旅遊局.黔南州旅遊發展歷程〔EB/OL〕.(2016-07-18).http：//www.qiannan.gov.cn/doc/2016/07/18/526158.shtml.

〔6〕龍里縣民宗局辦公室.龍里縣民間信仰活動場所正式掛牌〔Z〕.龍里縣民族宗教事務局工作簡報，2016.

（原載於《黔南民族師範學院學報》2017 年第 2 期）

探尋我國城隍信仰的歷史嬗變

梁潤萍

城隍信仰有其根源，由「城隍」緩慢演變而來。「城隍」原指城牆和護城河，是保衛城市和百姓的軍事設施，最初的城隍神靈是人們幻想出來的保護神，後漸漸蛻變為城市專職守護神。城隍廟最早出現於三國時期的蕪湖，最早祭祀城隍神的故事及城隍神顯靈的故事則發生在南北朝時期的長江流域一帶。城隍信仰形成後，迄今為止大致經歷了以下六個重要的發展階段。

一、成長期——唐五代十國

唐時城隍信仰逐漸傳播開來，唐前以吳越地區為主，後擴大到南方的廣大區域，發展達到了一定程度的繁榮。

第一，對城隍神的祭祀已漸普遍：「《杜牧集》有祭城隍祈雨文，則唐中葉各州郡皆有城隍……所謂唐以來郡縣皆祭城隍是也。」[1]

第二，城隍神職能的變異。唐城隍神不僅有保衛城市的作用，還有預知並抵抗水災的神力，如滑州城隍神與刺史韋秀莊相約共戰黃河之神的神話故事[2]，暗含著城隍神與地方官員幽明共護城市的行政職能，說明城隍神的職能已悄然發生了異變，由保護城池的自然神向人格神轉變。

第三，城隍信仰群體的擴大。唐城隍神不僅受到百姓的跪拜，還引起了很多文人如張說的注意，其《祭城隍文》[3]是為城隍神撰寫祭文的發軔之作，可視為文人信仰城隍神的表達方式。

第四，統治者開始給城隍神封爵。乾寧年間，昭宗在華州（今陝西華縣）遇刺，幸得城隍神及時相救，華州因此獲得了「以華州為興德府，封城隍神為濟安侯」[4]的殊榮，城隍神因其靈驗得到了封爵待遇，提高了城隍神在國家諸神中的地位，五代十國及宋元繼承並發展了這種方式。

二、普及期——宋元時期

（一）宋代城隍信仰的發展

宋朝統治者的重文輕武，使城隍信仰取得了長足的發展，依然以南方為主，但北方也有了一定的發展，縣一級城隍廟的存在較為普遍，對城隍神的祭祀也更加普遍，「今其祀幾遍天下，朝家或賜廟額，或頒封爵」[5]。此外還體現在以下兩方面：

一是城隍神的祭祀已被列入國家祀典中，地位陡然上升：「其他州縣獄瀆、城隍、仙佛、山神、龍神……皆由禱祈感應，而封賜之多，不能盡錄云。」[6]可見，越是靈驗的城隍神得到的封賜就越多，城隍信仰越來越受到統治者的重視。

二是城隍信仰群體進一步擴大，主要包括兩個階層：一是普通群眾

（含新興市民階層）是重要的信仰群體；二是文人雅士和地方官員也有較高的認同度，很多文人雅士同時也是地方官員，正是他們主導著城隍信仰在民間的發展。當他們是文人雅士時，他們深信城隍神掌管著科舉登第人員的名籍，能預測中榜之事，因此虔誠地祈求城隍神的庇佑；當他們取得功名後又深受地方官應與城隍神「分職幽明，共庇千里」〔7〕思想的影響，上任後都會先到當地城隍廟謁拜城隍神，撰文以示重視。

宋城隍神信仰在城隍廟的建立、城隍神的祭祀與封賞、信仰群體、職能等方面均有較大發展，已成為民間的傳統習俗，對宋以後城隍信仰的發展有深遠影響。

（二）元代城隍信仰的發展

元代城隍信仰在宋代基礎上，有了新的變化。

第一，城隍神由一般城市的守護神升級為都城甚至是國家的守護神。在大都「城西南隅，建城隍之廟，設象（像）而祠之，封曰佑聖王」〔8〕。都城隍神的設立和祭祀，意味著城隍神功能的不斷增強和地位的再次提升，並且元統治者對都城隍神進行了多次賜封：天曆二年，封大都城隍神及城隍神夫人分別為「護國保寧佑聖王」和「護國保寧佑聖王妃」〔8〕。元統初加封為「弘仁廣惠，神妃從其號」〔8〕。至正癸卯，再次加封為「護國孚化保寧弘仁廣惠佑聖王」〔8〕，賦予其「護國」的神聖職責，城隍神被提高到了國家保護神的地位，這與當時元朝政局不穩有密切關係，大都城隍廟就毀於元明政權更替的戰爭中。

第二，城隍信仰在百姓生活中的影響進一步增強，此時舉行的城隍賽會規模也比宋代的大，如安慶城隍賽會：「民無貧富男女，旄倪空巷間出樂神，吹簫伐鼓，張百戲游像輿於國中，如是者盡三日而後止。」[8]充分表明城隍信仰早已深入人心，人們對城隍神的信仰更為痴迷。

第三，城隍信仰既受到普通百姓、百官的重視，「自內廷至於百官庶人，水旱疾疫之禱，莫不宗禮之……」[8]，又受到元皇室尊親的青睞，皇室成員親自參加祭祀城隍神的活動，「皇姊莊靖大長公主遣亦鄰真，尊皇后遣資正同知朵列圖、按木不花，皇太子、皇妃遣長慶卿玉魯鐵木兒，咸齎香幣，致祭於廟」[8]。

儘管元代國祚不長，但仍在繼承宋代城隍信仰的基礎上取得了新進展，進一步擴大了城隍信仰在全國的影響力。

三、鼎盛期——明清時期

洪武二年正月丙申，明太祖下旨「封京都及天下城隍神」，就此對城隍神進行了大肆的封爵儀式，如京都之城隍神被封為「承天鑑國司民昇福明靈王」，北京開封府城隍神為「承天鑑國司民顯靈王」，將傳統城隍神制度化，並劃分為都城隍、府城隍、州城隍、縣城隍四個等級，與現實中各級官府形成對應關係，並統一民間城隍神像，以便於施行封建統治和社會管理，史稱二年新制。

明太祖將城隍神等級制度化，彰顯了其神聖和威嚴的一面，但萬民膜拜城隍神，直接威脅到了皇帝的權威和尊嚴，這是太祖所不能接受的，故翌年便改制，還原城隍神本名，意在杜絕民間對神靈的評議和另一個偶像的存在，禁止民間從事各種自由淫祀活動，從思想和行為兩個層面上對民眾加強專制統治，以達到維持封建秩序和社會穩定的目的。統治階層對城隍信仰的重視勢必會影響其在民間的發展，表現在：

一是城隍廟會的內容較之宋元更加豐富：「惟於五月朔至八日設廟，百貨充集，拜香絡繹。」〔9〕廟會之日，人們不僅紛紛入廟敬香，祈求城隍神護佑，且利用廟會之便，購買生活用品，廟會功能有所擴展。

二是城隍賽會規模更宏大、內容更精彩。如清代湖南善化的城隍賽會：「其熱鬧較勝長沙。安徽有流民，長今尺六尺七寸，扮作無常，招搖過市，雖異防風之長，彷彿山魈之躍，大觀哉！」〔10〕賽會上對於陰間鬼神如黑白無常等形象的誇張扮演，是統治階層利用信仰儀式教化民眾的重要渠道，警醒民眾遵守禮法，安於天命，目的仍在於維護封建統治。

三是城隍神出巡場面亦更加壯觀，次數較多，早已成為民間習俗，如清時河南淇縣城隍神出巡：「按習俗每年上元、中元、下元三節為城隍出巡日。及晨用紅色八抬大轎，抬城隍木雕偶像，鼓樂細吹細打出廟巡東，經中心閣向北，至北關折向東，抵鬼魂潭落轎。善男信女焚香，叩拜。日落後，再抬回廟內安放。」〔11〕

城隍信仰在明清時期的極致發展與統治階級的重視並將其制度化有著重大關係，但盛極而衰是事物發展的規律和宿命，城隍信仰也不例外，清末城隍信仰便開啟了其衰敗的命運。

四、衰落期——近代百年

在中國近代百年時期，城隍信仰被當作封建迷信，一度滑向了命運的衰落期，不僅表現在戰火中受創，更體現在思想與實踐層面上。

（1）從鴉片戰爭到一九四九年南京國民黨政權覆亡期間，戰亂頻繁，尤其是日本侵華戰爭，嚴重毀壞了我國眾多的文化遺存。如城隍信仰，主要體現在：首先，城隍信仰的實體象徵——城牆與城市，被炮火轟毀，很多歷史文化名城變成廢墟。其次，其空間載體——城隍廟，或被戰火燒毀，或被軍隊占用，如晉中介休市城隍廟曾被國民黨軍隊和日偽軍占用。城市與城隍廟的毀壞，從物質根源上打垮了城隍信仰。最後，在戰爭炮火面前，城隍神失靈，沒能為人們抵擋戰爭帶來的災難，人們對它的信仰程度大大降低，其神聖色彩也大為褪減，這就從精神上動搖了城隍信仰的繼續存在。

（2）在思想層面，新文化運動對城隍神等民間信仰造成了較大的衝擊。民間信仰在運動中被當作封建迷信，第一次遭到新知識菁英的全盤否定與批判，儘管有一九一七年成立的靈學會試圖維護這種傳統信仰，但遭到了新文化運動領導者的口誅筆伐。一九一八年出版的《新青年》報上有陳獨秀的《有鬼質疑論》、陳大齊的《辟「靈學」》等文章，認為鬼魂之說「愚民」，是關乎國家存亡的大事〔12〕。故此，「新文化運動，城隍廟中的多數逐漸淡出民間信仰」〔13〕。新文化運動將城隍信仰推到了衰落的單行線上。

（3）如果說新文化運動對城隍神等民間信仰的否定批判還停留在思

想層面，那麼二十世紀二〇年代至三〇年代，南京國民政府組織發起的破除迷信運動則將其真正付諸了實踐。

一九二八年，南京國民政府內政部頒布《神祠存廢標準》，指出，「城隍、龍王、土地、財神等等古神也都應酌情予以廢除」〔14〕。城隍神作為具有普遍受眾群體的重要民間信仰，首先遭受了沉重的打擊。運動中基層黨部採取了「徹底封廟」的行動，如一九三一年二月二十三日發生的著名的高郵「打城隍」運動，縣黨部人員以「強盜」式的激進方式襲擊了城隍廟，「將各尊神佛偶像搗毀一空」〔15〕。二十四日對城隍廟進行了二次襲擊，推倒廟內所有神像並拋入河中，廟大門被貼上封條，企圖達到「徹底封廟」的目的。同時，北方地區也開展了此運動，如一九二五年秋平遙縣國民黨縣黨部以破除迷信為名，派巡警梁州南把城隍神像綁到西門外「槍斃」，以示革命〔16〕。

國民黨基層黨部發動這場運動的根本目的在於索取並占用城隍廟集聚的豐富社會資源，發展實業，但忽略了基層民眾仍篤信城隍神的實際情況，引發了民間大規模的暴亂。同時，占用城隍廟資源的行為，損害了地方政府、商人等群體的利益，他們極力支持民眾反抗。國民政府不得不盡快制止了這場激進的運動，最終以民間的勝利告以結束。然而，這場運動對城隍信仰的發展造成了極為不良的影響，預示著在新的意識形態下，其生存發展空間將會被不斷擠壓。

五、蟄伏期——新中國成立至「文化大革命」期間

新中國成立後，城隍信仰再次被認定為「封建迷信」，予以堅決破除，同時受到意識形態的強壓以及政治運動、社會生活運動等影響，基本處於蟄伏狀態。

首先，國家對信仰空間上進行了重新規劃，大量城隍廟被占用。一九五〇年，新中國頒布《中華人民共和國土地改革法》，規定：「徵收祠堂、廟宇、寺院、學校和團體在農村中的土地及其他公地。」[1]這個規定給城隍信仰帶來了很大的衝擊：城隍廟管理委員會、城隍廟會等被取消，信徒悄然驟減，廟被挪作他用，或為學校，或為糧倉，或為開會場所等占用，如壽陽城隍廟在二十世紀五〇年代就被當華北糧食倉庫占用，一九五〇年縣勞模大會就在城隍廟內舉行；一九五一年平遙城隍廟神像遭到搬運與破壞，廟被體育部、電影部等部門占用；介休城隍廟先後為糧站和晉劇團占用，直到二〇一一年才回歸文物部門管理。城隍廟被大肆占用，致使正常的城隍信仰活動無法進行。

其次，從根本上阻斷了城隍信仰的發展，土改、人民公社化等政治經濟運動的開展，使城隍信仰失去了生存的土壤，主流思想價值觀占據了人們日常生活的各個領域，個體信仰只能在細小的夾縫中求生存。受「左」傾錯誤的影響，民間信仰的社會形勢更加急轉而下，像城隍信仰這樣在很多地方具有典型意義的民間信仰被大面積取締，被迫走向了發展的斷裂

1　曲阜師範學院政史系中共黨史教研組：《中共黨史學習與參考資料・社會主義革命時期（上）・中華人民共和國土地改革法》，1976年，第104頁。

層。

最後，「文化大革命」使城隍信仰遭到了毀滅性打擊。在「文化大革命」期間，國家在宗教方面實施了破「四舊」的宗教政策，即徹底消滅一切宗教、解散一切宗教組織和宗教團體、取締宗教職業者、徹底搗毀一切教堂寺廟等。在此政策指引下，很多地方的城隍廟被毀壞，如介休城隍廟內的神像等重要文物被毀壞[2]；壽陽城隍廟被拆建為壽陽招待所[3]；平遙城隍廟則成為「文化大革命」武鬥指揮部〔16〕。

「文化大革命」中多數城隍廟被毀壞甚至是毀滅，城隍信仰經歷了較為激烈的被消除和被消失的過程，曾經神聖肅穆的城隍神威嚴掃地，銷聲匿跡於民間。

六、復興期——二十世紀八〇年代至今

改革開放後，宗教信仰自由政策的恢復，使民間信仰重新浮出水面，城隍信仰的邊緣地位得到了一定的改善。

當代城隍信仰正處於復興發展期，主要體現在以下幾個方面：一是城隍廟的數量在不斷增加。很多地方或在舊址上重建城隍廟，如左權縣城隍廟就是於二〇〇九年在舊址上重建而成的；或將破落的城隍廟擴建，如介休市區的城隍廟。二是重新恢復舉辦城隍廟會，民眾既可聚會敬香，又可

2　筆者於 2014 年 2 月在介休城隍廟前廣場訪談所得。

3　筆者於 2014 年 4 月在壽陽城隍廟附近私人茶室訪談所得。

借廟會集市購買日常生活用品。三是城隍廟香火甚旺，城隍信仰人數不斷增多，如著名的上海城隍廟，歸屬當地道教協會管理，二〇一四年登記的城隍神信徒就有八千餘人。

城隍信仰在現代社會的復興，有歷史、社會等多方面的原因：一是城隍信仰存在的歷史悠久，存有相應數量的社會信眾數量，這是其復興的重要基礎。二是城隍信仰自身的調整，適應了現代社會的發展。原本屬於宗教信仰場所的城隍廟與文化旅遊開發相結合，獲得了雙重發展空間，既使城隍信仰得以傳承，延續香火，又保證了承包商或者管理部門的經濟利益。三是城隍信仰在一定程度上滿足了現代人的信仰和精神需求。現代快節奏的生活帶給人們很大的精神壓力，為了緩解壓力和情緒焦慮，尋求宗教的慰藉無疑是一種選擇。熟悉的本土信仰會成為一部分人的首選，故城隍信仰在當下社會依舊能夠重新找到其生存的空間。所以，一種民間信仰的復興與發展，絕非只是表面上關於場所的修建，背後必然有其深層原因。

總之，城隍信仰在漫長歷史時期，經歷了萌芽成長、快速發展、盛極而衰、衰而復興的跌宕起伏的發展演變過程，表明每種文化的興衰都有其自身的發展規律和生存邏輯可循，印證了「存在即合理」的哲學命題。同時，政治力量的介入、社會生活運動、意識形態的轉變等因素，對城隍信仰的發展走勢都產生過重要的或是致命的影響。

當前社會宗教信仰神聖與世俗話題的討論未曾停止過。在傳統農業社會，城隍神在人們心中是靈驗而神聖的，是官民共同的虔誠信仰。然而，近代戰火、社會政治運動打破了城隍神神聖的不變神話。城隍信仰在近現代社會被祛魅的過程中，其神聖性被不斷解構，世俗作用隱而不顯，甚至遭到毀滅性的打擊。如今它又處於復興狀態之中，主要以「世俗」的姿態在現代空間中尋求立足之地。那麼，它曾經濃郁的神聖性在現代社會世俗化中的命運如何？又將如何自處？這些問題關乎城隍信仰的未來發展，值得深思。

參考文獻

〔1〕〔清〕趙翼.陔余叢考・城隍神條〔M〕.石家莊：河北人民出版社，1990：737.

〔2〕〔唐〕戴孚，等.廣異記・韋秀莊〔M〕.北京：中華書局，1992：59-60.

〔3〕〔清〕董誥，等.全唐文〔M〕.北京：中華書局，1983：2357.

〔4〕〔清〕王昶.金石萃編・石刻史料新編〔M〕.臺北：新文豐出版公司，1987：2888.

〔5〕〔宋〕趙與時.賓退錄〔M〕.北京：中華書局，1985：93.

〔6〕〔元〕脫脫，等.宋史・禮志八〔M〕.北京：中華書局，1977：2561-2562.

〔7〕〔宋〕蔡戡.定齋集・告城隍祝文〔M〕.上海：上海古籍出版社，1987：704.

〔8〕〔元〕李修生.全元文〔M〕.南京：鳳凰出版社，2004：207，208，182，182，170，207，182.

〔9〕〔清〕潘榮陛.帝京歲時紀勝・燕京歲時記〔M〕.北京：北京古籍出

版社，1981：22.

〔10〕〔清〕楊恩壽.楊恩壽集·郴游日記〔M〕.長沙：岳麓書社，2010：73-74.

〔11〕淇縣志編纂委員會.淇縣志〔M〕.鄭州：中州古籍出版社，1996：809-810.

〔12〕民國名人們的反迷信運動 _ 週刊新聞 _ 齊魯週刊 _ 新聞 _ 齊魯網〔EB/OL〕.http：//news.iqilu.com/qlzk/news/20130805/1620765.shtml.

〔13〕http：//c.360webcache.com/c?m=94851b2f9a9a6abf762942a8555b6037&q=新文化運動與城隍信仰&u=http%3A%2F%2Fblog.sina.com.cn%2Fs%2Fblog_5d95e3820101iqaz.html.

〔14〕立法院編譯處.中華民國法規彙編·內政〔M〕.北京：中華書局，1934：807.

〔15〕地方通信——高郵：城隍搗毀偶像〔N〕.申報，1931-2-26（9）.申報影印本（279）〔M〕.上海：上海書店出版社，1983：643.

〔16〕董培良.平遙城隍廟〔M〕.太原：山西經濟出版社，2001：84.

（原載於《黔南民族師範學院學報》2017 年第 2 期）

民間信仰的地方化與苗族移民家族社會構建的關係

——基於鄂西南官壩苗寨的歷史人類學考察

陳文元

伏波信仰是一個跨區域、跨國度的民間信仰。就國內而言，伏波信仰主要集中在嶺南地區和武陵地區。目前，學界對嶺南地區伏波信仰研究論述相對較多。滕蘭花分析了伏波信仰與邊疆安全的連繫，指出伏波廟承載著中央政治權力對地方民間力量的重塑與創造，構建了國家認同。[1]麥思杰認為，宋明時期神明馬援在國家與地方社會的政治經濟互動中承擔著中介的作用，構建了人們的邊疆意識。[2]王元林從國家祭祖與地方秩序構建層面來闡述伏波信仰，認為伏波信仰的變化，滲透著國家祭祀的逐漸地方化，滲透著國家在地方秩序構建中，利用英雄等神靈信仰在地方的空間逐步展開和深化。[3]楊洪林對武陵地區伏波信仰的變遷進行了較為深入的探討。他提出武陵地區伏波信仰經歷了一個從英雄到國家神、地方神再到家神的變遷過程，認為伏波信仰變遷這一過程中形成了文化記憶，伏波信仰與家族神的結合，使得伏波信仰成為文化權力的象徵，參與地區社會秩序的建構，促進了伏波信仰在武陵地區的傳承。[4]

武陵地區伏波信仰與中國東漢歷史人物馬援密切相關。東漢初年，「伏波將軍」馬援征五溪兵敗，死於軍中，「馬革裹尸」而還。後又被人誣陷，光武帝「追收援新息侯印綬」[5](P254)，馬援的家族以及一些正義之士紛紛上書述冤，為其正名。但直到章帝建初三年（78），馬援的名譽才得以恢復。或出於馬援的歷史形象以及中央朝廷的推動，民間多有人懷念他，在唐宋之際，「民思之，（馬援）所到處祠廟俱存」[6]（P29），伏波信仰成為武陵地區一個重要的信仰。筆者通過對地處武陵地區的官壩苗寨進行實地調查，探尋伏波信仰在官壩苗寨的地方化過程，以及在這一過程中與官壩陸氏家族社會構建的關係，以歷史人類學的視角對二者進行辯證思考。

一、伏波信仰的地方化過程

地方化是指一種文化在地方社會的傳播與滲透，與地方社會的接觸、融合與深化，進而完成地方性建構的過程。以官壩苗寨為例，陸氏家族通過家族歷史記憶的流傳，建造伏波廟，開展祭祀活動，使伏波信仰融入了地方社會文化體系，實現了伏波信仰在官壩苗寨的地方化。

（一）歷史記憶的流傳

官壩苗寨，位於湖北省恩施土家族苗族自治州咸豐縣高樂山鎮官壩村境內。官壩村主要有土家、苗、漢、侗、回、彝等六個民族，有陸（苗族）、滕、張、夏、曹、朱等姓氏，可以說是一個多民族、多姓氏的民族聚居區。少數民族人口占百分之六十九點七四，其中，土家族占百分之三十八點九二、苗族占百分之二十四點一七、回族占百分之六點五六，是民族進步與民族團結示範村。本文的考察地點——官壩苗寨，更是鄂西南地區的一個典型的苗族移民村寨。官壩苗寨位於咸豐縣與宣恩縣交界地帶的忠建河流域，四面環山，因特殊的地理位置與古樸的苗族風情，被譽為「荊楚第一苗寨」。官壩苗寨現有五百多戶二千餘人，主要有陸姓、滕姓、夏姓等幾個大姓人家，大多為湖南湘西麻陽苗族的後裔。[1]在官壩苗寨中，陸姓是人數最多的大姓，陸姓家族（以下簡稱陸氏）至少已在這裡繁衍了十四代人，經歷了二百七十多年的歷史。

民族記憶至少分為三種：社會記憶、集體記憶、歷史記憶。歷史記憶是指集體記憶中有一部分以該社會所認定的歷史形態呈現與流轉。在歷史記憶的結構中，通常有兩個因素——血緣關係與地緣關係——在時間中延續與變遷。〔7〕歷史記憶有多種呈現方式，神話即是其中之一。官壩苗寨陸氏視馬援為「家族神」，世代祭拜。與「典範歷史」略有不同，陸氏祭拜「馬伏波」始於族中世代流傳的一段帶有神話色彩的歷史記憶：

> 象山老祖，在朝廷為官，任朝廷丞相，天天回家與妻子團聚。他母親天天晚上聽到兒媳房中有男人說話，認為是自己的兒媳在家中不守貞潔。因他兒子在朝中為官，路隔幾千里，不可能是他兒子回來。這樣，她就跟兒媳說，在家中要守規矩。兒媳就說：「媽呀，不是外人，是您的兒子。若凡不信，他今天回來了以後，我叫他過來向您請安。」結果，兒媳就跟自己的丈夫說了此事。當夜，象山老祖回家向母親請安之後，母親方才知道是自己的兒子。母親便問路隔幾千里如何回來，他說：「媽呀，我有兩樣寶貝，一樣是騰雲草鞋，一樣是縮疊鞭，能騰雲駕霧、日行千里。」他媽不信，

1　本部分資料由官壩村居委會提供。

> 看過之後才信。但他媽既見著兒子了，又不捨得兒子走，於是把她兒子的兩件寶貝藏了起來，放在污桶裡。這樣，兩件寶貝就沒有靈性了，失去了法力。象山老祖第二天要用兩件寶貝回朝廷朝見皇帝，但發現已經不能騰雲駕霧、日行千里了。這樣，象山老祖沒能按時趕回朝廷。朝中奸臣見其沒來，就說他謀反。皇帝信奸臣所說，命馬伏波到湖南金溪捉拿他。馬伏波與象山老祖同朝為官，知其為人，定然不會謀反。兩人在半路上相遇，因兩人私交關係很好，馬伏波告訴他情況，象山得以逃跑。聖旨上寫道「要剿金溪縣，單剿陸房六」，馬伏波改為「單剿金溪縣，不剿陸房六」，幫陸氏人躲過劫難。象山從此隱姓埋名，在白鹿洞講學，住在青田鄉。祖傳對聯有「講學勿忘白鹿洞，居家不異青田鄉」，並告誡後人一定要紀念馬援的救命之恩。為感恩馬伏波，陸家人建廟堂供奉他。同時還演戲懷念他。[2]

官壩苗寨陸氏口中的「象山老祖」是南宋時期的大儒陸九淵。據《宋史・陸九淵傳》記載，陸九淵（1139-1193），號象山，是今江西省撫州市金溪縣陸坊青田村人。因其曾在貴溪龍虎山建茅舍聚徒講學，龍虎山山形如象，自號象山翁，世稱象山先生、陸象山。陸九淵是宋明兩代「心學」的開山鼻祖，被後人稱為「陸子」。〔8〕（P3380）《陸氏族譜》對他們的「祖人」陸九淵有記載：「郎，生六子，季九淵，號象山，謚文安，吾之鼻祖也。」〔9〕但並沒有確切的事實依據。而且明清以來興修譜熱潮，冒認歷史名賢已成為民間的一種普遍現象。對於官壩陸氏來說，或許他們也需要一種背

2　訪談對象：陸承志，男，71歲，苗族。

景、一些人物來「充實」自己的家族。筆者翻閱《陸氏族譜》，發現陸雲等陸姓歷史名人亦被收入族譜，成為他們的「祖先」。這樣一來，陸九淵成為他們的祖先以及之前與「馬伏波」的「友誼」就不難理解了。顯然，這段歷史記憶具有很大的虛構成分，但這段歷史記憶卻有它的意義所在。「有意義的歷史記憶不一定是真實的，但它是有意義的，它的意義不在於這個傳說的本身，更在於族群的自身情感。」[10]陸氏將歷史事件與歷史人物相互糅合，經過加工，通過神話構建了家族的共同記憶，代代相傳。而且，這樣一段不太真實的歷史記憶，不但在陸氏家族中代代相傳，周邊其他姓氏的民眾也知曉這一「故事」，說「馬伏波」是陸家的救命恩人。可見，經過歷史的發展，這一歷史記憶已經在官壩苗寨區域社會流傳開來，進入了地方社會的文化空間。

（二）伏波廟的建造

神話是文化的一部分，由神話構成的記憶是一種歷史記憶，是信仰的來源之一。「神話、歷史與個人經驗記憶，都是一些經由口述或文字傳遞的社會記憶。它們是在某種社會情境中被流傳的『文本』。」[11]這種「文本」注入陸氏的生活，進行記憶空間拓展。在上述神話中，可以看出陸氏供奉「馬伏波」的緣由以及對其祖先寄予的深厚情感。陸氏通過修建伏波廟來強化他們的歷史記憶，表達他們對祖先的敬畏、懷念之情。

陸氏到官壩經過了幾次遷徙。據《陸氏族譜》記載，陸氏遷徙路線為：湖南麻陽—湖北宣恩螞蟻洞—湖北咸豐官壩，遷移的地區皆沒有脫離武陵地區。族譜中記載陸氏於清雍正三年（1725）陸永麟時到官壩落居。

遷移到官壩之後，陸氏生產生活慢慢趨於穩定。穩定的生活利於他們重建家園，延續「香火」。出於對祖先的歷史記憶以及對祖先的情感認同，修建伏波廟，是他們生活的重中之重。

陸氏選擇將伏波廟建於「陸家院子」的附近，處於溪水之邊。筆者通過訪談調查瞭解，新中國成立前，官壩苗寨曾有一座伏波廟，除了官壩陸氏，周圍的龍坪、新屋場等陸姓都會到廟中祭拜「馬伏波」。伏波廟中供奉的「伏波菩薩」約半人到一人身高，為木雕，臉上刷金粉，身著橘紅色長袍，手握寶刀（也說不帶刀），也是木刻。「伏波菩薩」左右兩邊各有一「護法」。陸氏還捐助廟田作為廟產，用於伏波廟的修葺與日常開銷。陸氏逢年過節都會到廟裡祭祀，大年三十晚上更是作為重要的日子去祭拜。伏波廟對面曾經還有一座戲樓，每年農曆三月初三、六月初六和九月初九等日子會在伏波廟舉辦廟會，全村人出錢請城裡的戲班來演戲。伏波廟成為陸氏的祭祖聖地與家族重要的活動場所。

有關共同的起源和世系的記憶對於族群認同的形成和維繫具有重要意義，它可能是一種客觀事實，也可能是一種主觀建構，表現為與之相關的神話、傳說和故事，以「歷史記憶」的方式強化著族群的認同和區分。〔12〕伏波廟成為陸氏歷史記憶的傳承載體，成為他們的歷史記憶場域。陸氏通過建立伏波廟充實與強化了他們的歷史記憶，推動了伏波信仰的形成與發展，使伏波信仰逐漸融入地方社會。

（三）祭祀活動的開展

歷史上官壩曾有回龍廟、大廟、禹王宮、伏波廟等廟宇，具有濃厚的宗教信仰氛圍與一定規模的神靈體系。元明清時期，伏波神職功能逐漸泛化，成為武陵地區各族群廣泛信仰的地方神。[4]陸氏把「馬伏波」視作他們的「家神」，並把伏波廟作為他們特有的祭祀場所。

陸氏對「馬伏波」的祭祀活動一般在伏波廟中舉行，重大節日集體性開展，平時也有因生活中所遇到問題（家人生病、遇事不順等）去伏波廟祭拜。祭拜時、上香前都要洗手洗臉，淨身後才能敬香。一般三炷香一回紙（一巴掌厚）。女性月經期不能進廟祭拜。村民許願時買香，請清油，祭拜時口中唸誦「伏波菩薩保佑××××」。過大年時祭品多為豬頭、酒、香火，清明節祭品帶刀頭（祭祀親人所用的豬肉或臘肉），還扎一些鞭炮。

伏波廟承載著陸氏的家族情感，他們篤信伏波廟邊溪水為神水，能治百病。陸氏提取神水時還要拿香紙去廟裡祭拜，病情好轉之後再去廟裡燒香紙還願。我們在官壩訪問其他姓氏，他們也都說「馬伏波」是陸氏的恩人，伏波廟有靈性，溪水是神水，他們也會提神水。陸耀瓊是村裡年齡最大的老人，據他口述：「人們都是先敬伏波菩薩再敬其他的，最後回家在堂屋裡敬家先。」[3]可見「伏波菩薩」在陸氏心目中的地位。

隨著時間的推移，伏波廟成為官壩區域社會中重要的文化傳播場所，並日益成為多種文化彙集的展演場所，豐富了當地人們的文化生活。現擇取一段訪談記錄：

3　訪談對象：陸耀瓊，91 歲，男，苗族。

在我五六歲的時候，大概是民國時期，常到廟裡去玩。十歲左右看到過在伏波生日那天伏波廟舉辦廟會，廟裡有戲樓還唱南劇、皮影戲等。當時家族人裡有一個很會拉京胡的人，每次都會去拉。逢年過節、人或豬等不好過時，人們會拿豬腦殼（豬頭）、酒、香紙、炮火（鞭炮）到廟裡祭祀馬伏波，其他姓的人不去，因為沒有恩情。如果人或豬等不好，本族人到廟旁邊山裡有水的地方去提神水。新中國成立後廟就拆了。[4]

文化傳播學派認為：每一種文化現象都是在某個地點一次產生的，一旦產生後，便開始向各個地方傳播。〔13〕（P25）除了陸氏外，其他姓氏也漸漸信奉「馬伏波」，或出於主觀驅動，或因與陸氏交往（如姻親，陸氏與滕家保持長期的姻親關係），原本屬於陸氏家族性的伏波信仰，逐漸發展為區域社會共同的信仰，周邊眾多民眾也開始信奉，祭拜活動逐漸頻繁。在伏波廟中，「馬伏波」的形象被民眾「裝飾」為神的形象，為「地方神」和「家神」。

陸、滕兩家都要去廟中祭祀伏波。張、唐、陸、鍾、田也會祭祀，他們都是親戚一起逃亡，伏波將軍幫助他們渡江。[5]隔得近的人逢年過節來祭祀，還有人燒常香，基本天天都有人敬。伏波菩薩是木雕的，有一人高，臉為金色，穿花花衣服，不帶刀。只供幾個（具體不記得）菩薩，有時靈有時不靈。……伏波廟會在三月初

4 訪談對象：陸承德，76 歲，男，苗族。

5 基本情節和陸承志老人講的相似，但增加了逃亡時遇到大河，馬伏波幫他們喊船才渡過河脫險的情節。

三、六月初六、九月初九辦廟會敬觀音菩薩。[6]

宗教信仰所承載的祭祀活動能緩解人們的緊張心理，調適人們的內心情感，具有「象徵的效用」〔14〕（P21-42），提供了人們解釋時空與物質的媒介。象徵的效用依賴於祭祀活動的產生與延續，是人們內心自我完善的一個過程。這一過程中，伏波信仰在無形中影響和促使著人們的思想和行為。「當文化被看做是控制行為的一套符號裝置，看做是超越肉體的信息資源時，在人的天生的變化能力和人的實際上的逐步變化之間，文化提供了連接。」〔15〕（P65）伏波信仰祭祀活動中的「文化展演」無疑給區域社會民眾的生活帶來了改變，引起了人與社會的變化。伏波信仰在宗教儀式與社會生活習俗的交互中傳承下來，體現了歷史的傳承與記憶的反射。在這一過程中，伏波信仰更是實現了地方化，進入當地神靈系統，參與地域社會的文化建構與社會發展。

二、伏波信仰的地方化推動了家族社會的構建

從歷史記憶流傳到伏波廟的建造，再到祭祀活動開展，是伏波信仰在官壩苗寨不斷深入發展的地方化過程。伏波信仰在地方化的過程中，強化了陸氏的家族認同，影響了陸氏家族院落的建造與維護，伏波信仰的神靈隱喻也對陸氏家族成員有一定的教化作用。

6 訪談對象：陸承忠，84歲，男，苗族。

（一）強化家族認同

宋明以來的「家族化」運動促使民間構建基層社會組織。陸氏遷移到官壩，共同的歷史記憶是家族認同的重要組成部分。因為歷史記憶可詮釋或合理化當前的族群認同與相對應的資源分配、分享關係。[16]（P27）陸氏為遷移苗族，他們通過馬援救命之恩的神話把馬援和陸九淵兩個不同時代的人巧妙結合，進行文化加工，形成記憶，並把這一內容寫入族譜，代代相傳，構建了家族認同所需的文化因子。陸氏結合伏波信仰與伏波菩薩所特有的神靈特質找到了他們心靈空間的釋放與祖先寄託。家神祭祀的目的是將民眾的血緣和地緣結合在同一秩序中。[17]（P40）陸氏以「伏波菩薩」為對象的祭祀活動，凝聚了族人，整合了家族結構，實現了血緣關係與地緣關係的有效結合，推動了家族社會的構建。

筆者在調查訪談中得知，與陸家有姻親關係的滕家雖然也曾經去伏波廟祭拜「伏波菩薩」，但歷史記憶並沒有陸氏強烈，更沒有陸氏對伏波信仰的虔誠。官壩苗寨其他姓氏的民眾也認為伏波廟是陸家的家廟，「馬伏波」是陸氏祖先的救命恩人，這與陸氏有一個明顯的社會群體性區分，從側面上強化了陸氏的家族觀念。陸氏也通過修族譜、建伏波廟並開展祭祀活動進一步強化家族觀念。通過前文的論述已知祭拜「伏波菩薩」是陸氏生活中的重要事務，也是他們區別於其他家族的重要特徵。伏波廟是他們進一步加強族人連繫的紐帶。祭拜伏波菩薩的祭祀活動強化了陸氏人之間的血緣關係與文化感知，重塑了他們的地緣認同，經過歷史歲月的「沖洗」與「積澱」，凝聚、團結了他們的家族成員，使他們日益成為一個不可分割的整體。

（二）影響家族院落建造與維護

陸氏於清雍正三年遷移到官壩時，官壩正處於土司社會、衛所社會等各方面交互影響的時期。但不久之后土司、衛所建制被撤銷，官壩區域社會結構面臨重組。原有的地方社會格局的解除需要新的社會組織去填補空缺，客觀上為陸氏構建家族社會創造了條件。「移民脫離同鄉村落之後的總體趨勢是向以單個家族為中心的家族村落發展。家族村落出現的具體體現就是以移民家族姓氏命名的院落出現。」〔18〕（P151）陸氏經過多次遷移，最終落戶咸豐官壩，選擇在官壩建造自己的家族庭院，稱「陸家院子」。伏波廟建於陸氏院落附近，供陸氏祭拜，伏波廟是他們認同的中心。陸家院子隨著陸氏家族成員的增加與資源的獲取，家族院落越來越大，頗具規模。陸氏院落依山而建，呈扇形展開，均勻分布。但陸氏家族成員的房屋不會距離伏波廟太遠，更不會超出伏波廟的地理輻射範圍。陸家院子的擴展也以伏波廟地理位置為參照。而且，陸家院子與其他諸如滕家院子、張家院子最顯著的差別就是信仰「馬伏波」，建有家族祭祀場所——供奉伏波菩薩的伏波廟。

（三）維持家族的發展與家族成員的教化

伏波信仰在官壩苗寨的地方化過程中所包含的神靈隱喻，一方面可以溝通家族內外，凝聚家族，構建家族成員的共同心理，維繫家族的團結與發展，利於區域的地方社會秩序的構建，促進區域社會的穩定。另一方面，「地方秩序建構過程中，前代有功於地方的官員被塑造成人物神，升格為英雄神靈，其與地方上的一般的『鄉賢祠』、『名宦祠』不同」〔2〕，其神靈特質對於家族成員的行為與道德倫理起到了一定的導向性和精神約束。這些，一方面是伏波菩薩祭祀的彰顯，伏波信仰在地方化過程的文化效應，另一方面也是陸氏以家族形式的自我管理與控制。

伏波信仰在地方化的過程中，強化了陸氏的家族認同，伏波信仰、伏波廟也成為陸氏所特有的家族元素，是陸氏與其他周邊姓氏區分的重要依據。陸氏藉助伏波信仰來對族人進行心理教化與行為約束，伏波廟作為凝聚陸氏成員、增強家族成員關係的重要場所，發揮了不可替代的作用。伏波信仰促進了陸氏家族社會的構建與發展。家族社會的構建既是家族認同發展的結果，也是家族利益結合的表達，它拓展、整合了地方社會空間，調整了地方社會結構，有利於地方社會的和諧交往與經濟文化的有序發展。

三、反思

新中國成立後，在「清匪反霸」和「文化大革命」等政治運動和意識形態影響下，伏波信仰與伏波廟一度歸入了「封建迷信」的範疇。官壩苗寨伏波廟被搗毀，伏波菩薩的祭祀活動也逐漸陷入低潮。同時，社區中青壯年人士均在外出上班或求學。筆者調查期間正是農忙季節，但我們沒有看到一位年輕男士，村中全是老人、小孩及少量村婦。社區中伏波信仰意識顯得更加淡薄。伏波信仰地方化過程中所產生的效應日益減弱，使陸氏自身缺乏合理的心理調適，祖先認同缺失；也造成了家族社會道德體系的空缺，給一些邪教組織思想的滲透提供了溫床，破壞了地方的文化結構與社會秩序。

鄉土是民間信仰的沃土，是中國的傳統文化之根。「鄉村的生活模式和文化傳統，從更深層次上代表了中國歷史傳統」[19]，伏波信仰需要重回鄉土，進行地方化傳承。從個人層面來說，民間信仰所涵蓋的宗教象徵體系可以提高民眾的「分析能力」(analytic capacities)、「忍受能力」(powers of endurance)、「道德見解」(moral insight)[17](P122)，能夠填補人們精神生活的某些缺失，豐富他們的內心情感；從社會層面來說，中國有眾多像官壩這樣的多民族聚集區，構建一個良好的信仰環境或者信仰體系，對於化解社會矛盾、維護區域社會的穩定、促進區域社會的整合都具有重要的意義。少數民族地區的民間信仰是中國民間信仰的重要組成部分，規範和發展少數民族地區民間信仰的重要性不言而喻。「少數民族民間信仰及其儀式具有整合社區、教化民眾、心理撫慰、文化傳承等功能。科學認識這些功能並加以調適，有利於發揮民間信仰在少數民族地區和諧社會構建中的積極作用。」[20]在官壩陸氏看來，重修伏波廟可以增強當地苗寨的旅遊開發，發揚苗族的文化底蘊，表達他們對祖先的敬意之情，凝聚家族成員。當然，伏波信仰重回鄉土不是單純的伏波廟的再造，而應該是民眾內心情感的回歸與道德體系的完善。

參考文獻

〔1〕滕蘭花.邊疆安全與伏波菩薩崇拜的結盟——以清代廣西左江流域伏波廟為視野〔J〕.廣西社會科學，2009（5）.

〔2〕麥思杰.神明信仰與邊疆秩序——宋明時期廣西伏波信仰研究〔J〕.柳州師專學報，2008（3）.

〔3〕王元林.國家祭祀與地方秩序構建中的互動——以唐宋元伏波菩薩信

仰地理為例〔J〕.暨南學報（哲學社會科學版），2011（2）.
〔4〕楊洪林.從國神到家神：武陵地區伏波信仰變遷研究〔J〕.廣西民族研究，2012（3）.
〔5〕范曄.後漢書（卷八六）〔M〕.李賢，注.北京：中華書局，1965.
〔6〕范致明.岳陽風土記〔M〕.北京：中華書局，1985.
〔7〕王明珂.歷史事實、歷史記憶與歷史心性〔J〕.歷史研究，2001（5）.
〔8〕脫脫，等.宋史（卷四百三十四）〔M〕.北京：中華書局，1965.
〔9〕陸承業.陸氏族譜〔Z〕.1994.
〔10〕林繼富.記憶場域的重建：從白虎壟到廩君陵〔Z〕.2013.
〔11〕高源.歷史記憶與族群認同〔J〕.青海民族研究，2007（3）.
〔12〕陳心林.社會記憶與族群認同——潭溪社區的實證研究〔J〕.貴州民族學院學報，2010（3）.
〔13〕宋蜀華，白振聲.民族學理論與方法〔M〕.北京：中央民族大學出版社，1998.
〔14〕列維・斯特勞斯.結構人類學——巫術・宗教・藝術・神話〔M〕.北京：文化藝術出版社，1989.
〔15〕格爾茲.文化的解釋〔M〕.韓莉，譯.南京：譯林出版社，1999.
〔16〕王明珂.華夏邊緣——歷史記憶與族群認同〔M〕.北京：社會科學文獻出版社，2006.
〔17〕王明珂.羌在漢藏之間——川西羌族的歷史人類學研究〔M〕.北京：中華書局，2008.
〔18〕楊洪林.明清移民與鄂西南少數民族地區鄉村社會變遷研究〔M〕.北京：中國社會科學出版社，2013.

〔19〕王先民.中國近代鄉村史研究及展望〔J〕.近代史研究，2002（2）.
〔20〕譚志滿.少數民族民間信仰的功能及調適研究——以武陵民族地區為例〔J〕.西南民族大學學報（人文社會科學版），2014（7）.

（原載於《黔南民族師範學院學報》2015 年第 6 期）

壯族民間信仰文化在旅遊開發中的表達

——以來賓鰲山廟為例

王佳果　曹宏麗

一、引言

民間信仰是民族文化的重要表現形式，是在長期的歷史發展過程中，在民眾中自發產生的一套神靈崇拜觀念、行為習慣和相應的儀式制度。[1] 民間信仰文化內涵深厚、內容形式多樣、習俗活動豐富，並表現出獨特的地域性、差異性、外顯性和參與性，有很多內容可以為旅遊開發所用，具有重要的旅遊開發價值。[2] 民間信仰中的神話傳說能激起旅遊者的文化想像和旅遊動機，祭祀儀式和相關的民間藝術和娛樂活動具有較強的旅遊體驗價值，祭祀場所和建築也具有強力的旅遊視覺吸引力。[2,3] 參與體驗民間信仰文化活動已經成為現代人在旅遊活動中心靈追求、文化體驗、休閒娛樂的重要途徑。開發得當的旅遊產業在一定程度上能促進傳統文化的復興、傳承和保護[4]，提高東道主的文化自信和認同感[5]，通過旅遊開發使民間信仰文化在旅遊發展中實現新的文化表達形式，使民間信仰在現代化的背景下實現價值功能和表現形式方面的擴展延伸或轉換創新，從而保護和傳承民間信仰文化。

壯族民間宗教信仰形態豐富，種類多樣，既有原始宗教階段的巫信仰、自然崇拜、圖騰崇拜、祖先崇拜，又有原生型的民族民間宗教如麼教、師公教、道公和僧公信仰等等。[6] 布伢崇拜是壯族最具代表性的民間信仰之一，來賓境內的布伢信仰是壯族布伢信仰氛圍最濃厚、物質遺存最多的地區之一，尤以境內的鰲山為盛。本文以鰲山布伢文化為例，就民間信仰文化在旅遊開發中的表達進行探討。

二、來賓鰲山布伢民間信仰的傳統文化形態

布伢是壯族人民信仰的生育神，在壯語中「布」的含義是「人」，「伢」指「老婆婆」，在壯族民間又稱「花婆」，也有「花林聖母」、「花王聖母」的說法。壯學界一般認為，花婆信仰起源於原始時代的花崇拜，後演變為姆六甲崇拜，到現存的布伢崇拜。[7-9] 鰲山廟位於興賓區寺山鄉陳王新村（又名鰲山村）東一點五千米，始建於明朝萬曆年間，是廣西中部創建最早、香火最盛、影響範圍最廣、專門祭祀花婆的廟宇之一，當地民間素有「廣東佛山，來賓鰲山」之美譽。以鰲山廟為核心的區域性布伢信仰體系，其傳統文化表現主要體現在觀念形態、儀式活動和物質形態三大方面[1]。[10]

（一）布伢信仰的觀念形態

布伢信仰的觀念形態主要體現在布伢神話傳說、師公經文、山歌等方面。有關布伢的神話傳說在壯族地區廣為流傳，作為布伢原型的姆六甲被描述成人類的始祖母，開闢了天地、創造了人類、培育了稻米和耕牛。

---

1 本文對當地布伢文化內容體系的劃分，主要參照覃彩鑾的相關研究並有所調整，具體見參考文獻。

[11，12]當地人將布伢敬奉為司管人類生育之神和兒童保護神，布伢掌管生育繁衍人類的百花園，為婦女們賜花送子，布伢賜白花生男孩，賜紅花則生女孩。師公是布伢信仰中溝通人神的重要媒介，在祭拜花婆、求花架橋等儀式活動中具有重要職能。師公經文是贊唱神祇身世和功德、頌唱民間故事的文本，如《花林聖母》是祭祀布伢祈求賜福的經文。在求花、接花、架橋等儀式中，還有《求花經》、《接花過橋經》、《接花王經》等經文，這類經文的內容多為祈求花婆保佑早生貴子、人丁興旺、子女健康。此外，師公戲[2]中也有大量的相關內容，如《鰲山三奶婆王唱本》。山歌在當地分為兩種，即「山歌」和「壯歡」[3]，有關花婆的山歌也很多，如山歌有《求花山歌》、《求得白花還福山歌》，壯歡有《土歡師唱鰲山》、《拜鰲山婆師唱》、《求花咒語歌》、《祈福歡歌》[4]，內容多讚美鰲山和花婆，祈福的內容也更加寬泛，不僅有求子的願望，還有祈求子女健康、學業有成的內容，甚至莊稼收成、牲畜養殖、生意錢財、人生事業等生活的方方面面都囊括其中。由此可看出花婆信仰在當地有著強烈的功利性且功能不斷泛化，花婆由單一的生育神變成了全能的保護神。

（二）布伢信仰的儀式活動

布伢信仰的儀式活動主要體現在兩大方面，一類在家庭和日常生活空間中展開，另一類在專門的祭祀空間場所進行。前一類活動包括問花、求花、送花、剪花、安花、架橋、還願等一系列儀式性活動。即青年男女新

2　師公戲是來自民間常見的劇種，也稱壯師戲，由宗教性質的師公歌舞演變而來。

3　山歌一般為七言四句體，而壯歡則多為五言四句體，且多用壯語演唱。

4　相關內容參見來賓市興賓區《廣西鰲山志》編纂委員會：《廣西鰲山志》（內部出版物）。

婚之後，由家婆（男方母親）到花婆廟祭拜求籤，卜問花婆兒媳能否生養兒女，這叫「問花」，如果有生育，就祈求花婆賜予「五男二女」，這是「求花」。有時，久婚不孕的夫婦還要請師公到家舉行專門的「求花」儀式。民間還流行在婦女臥室和床頭安置花婆神位，供奉花婆。安立花婆神位要經過複雜的儀式，在家中原有的神位上新立花婆神位，要經過「沖花」儀式，新婚夫婦初次在臥室內安奉神位要經過「立花」儀式。家中的花婆祭拜也是日常重要的儀式性活動，每逢節日或小孩生日，都要祭拜花婆，農曆初一和十五早上，也要專門祭拜祈福，小孩生病或遇到災禍，還要專門祭拜或做法事。久婚不孕的婦女會被認為是「花路」受阻，需要請師公舉行「架橋」儀式求花，求孕一旦成功，還要舉行「還願」活動。後一類活動主要在花婆廟進行，鰲山廟的花婆祭拜活動主要分為兩種，一類是日常性的個體祭拜活動，另一種是定期的集體性祭拜活動，即俗稱的「廟會」。鰲山廟每年舉辦兩次廟會，農曆三月三是「花王節」，農曆六月六是「花婆誕日」。民國二十四年（1935）《來賓縣志》載：「其賽會游神在每歲夏曆六月六日，龍洞、鰲山亦各祀花林聖母，鰲山香火最盛，其賽會游神，遠鄉畢至。」新中國成立後，鰲山廟於一九五二年被毀後祭祀活動仍未禁絕。一九五六年十二月至一九五七年八月，來賓縣境內城廂、大灣、鳳凰、良江、三五、蒙村、寺腳、遷江等十一個區約有三萬餘人次到鰲山參加求神拜廟活動。「文化大革命」開始後，公開的民間祭祀活動趨於絕跡。改革開放後，鰲山廟的祭拜重建開始復甦並在一九八四年廟宇重建後日趨例行化。二〇〇九年以後，當地開始舉辦布伢文化節，除了傳統的祭拜活動外又增加了祈福活動、山歌大賽、煙花表演、師公戲、彩調戲、搶花炮等更加世俗化、娛樂性的活動，各種伴生的商貿活動、旅遊活動也更趨活躍，每次參加活動的群眾都在數萬人以上。

（三）布伢信仰的物質形態

布伢信仰的物質形態主要體現在鰲山景觀、鰲山廟和布伢神像等方面。鰲山是布伢信仰的環境空間，鰲山廟是物質載體，布伢神像則是崇拜偶像。鰲山廟所處的鰲山，海拔四五八米，因其山形神似神廟屋脊安放的鰲魚而得名，登高望遠，遠處群峰奔擁，如萬山朝拜。鰲山景觀獨特，民間素來認為其是風水寶地。鰲山廟舊址位於山腰，山體呈半圓形環抱廟宇，廟旁有一眼清泉常流不斷，當地民眾視為聖水，每逢祭拜都會汲取飲用，或祈生育或求康壽。明萬曆年間（1573-1620），南二里勒馬村張斗、韋妙典主事開始建造鰲山廟。至清朝乾隆二十四年（1759），城廂人貢生藍揖青募捐重建鰲山廟，此後百餘年間，又多次重修、重建。抗戰末期一九四五年被日軍縱火燒毀，次年鄉民重建。鰲山廟在明清至民國時期，一直是來賓八景之首，久負盛名。新中國成立後，一九五二年鰲山廟再次被毀。改革開放後，民間信仰活動和鰲山廟重建開始復甦。一九八四年，陳王村人羅家陪等倡議募捐修復鰲山廟，蒙村街人陳新華兄弟二人受聘雕刻布伢神像。經過多年的恢復和發展，布伢信仰在當地成為重要的文化活動。二〇〇四年，鰲山廟被列為來賓市第一批市級文物保護單位，布伢信仰被列為市級非物質文化遺產。雖然歷史上鰲山廟多次被毀並重建，但當地民眾的布伢信仰，對鰲山廟的組織管理也保持著一貫的延續性，從建廟伊始，當地就成立了鰲山廟理事會，延續至今已至第十二代。鰲山廟主祭花婆，舊廟的祭祀神位共有八位地方神，大婆（即花婆）居中，二婆、三婆依次居右[5]，均是小型木雕式樣，呈蹲坐狀。除花婆外，北山大帝、雷王等神祇也列在受拜之列。二〇一〇年後，又在山下新建了花婆大殿，新廟供奉的花婆神像則頗具現代、外來風格，已經演繹為懷抱娃娃的中年婦女形象，身材高大豐腴，呈站立狀，神似一般寺廟中的「送子觀音」。

三、布伢文化在旅遊開發中的文化表達

文化是旅遊的靈魂，靈魂須有承載的實體和必要的表現形式，傳統文化必須在旅遊開發過程中轉化、表達，才能被旅遊市場和旅遊者所接受。文化旅遊資源是旅遊發展的基礎，根據前文對布伢民間信仰文化的梳理並在此基礎上進行拓展和延伸，針對旅遊市場消費特點和趨勢，進行創意策劃和規劃開發，開發有文化內涵、有市場競爭力的旅遊產品。具體而言，在旅遊開發過程中，布伢文化可以通過以下三個方面得以展示和表達。

（一）布伢文化在旅遊主題和形象中的表達

旅遊區的主題和形像是旅遊開發的核心問題之一，主題和形象定位決定著旅遊區的戰略發展方向、旅遊產品和項目的開發方向、旅遊目標市場的開拓方向。主題和形象主要由兩方面因素來決定——旅遊區的資源稟賦和文化特色是基礎，旅遊市場的消費偏好和趨勢是方向。布伢信仰的觀念形態和文化內涵，在根本上決定了鰲山文化旅遊區主題和形象的可能性方

5　概是受外來宗教的影響，壯族師公對布伢進行功能性分工，花婆遂演變為一神三體的格局，即民間俗稱的「三樓聖母」，不同地區對這三個布伢的叫法不一樣。根據《鰲山三奶婆》壯師唱本，鰲山布伢的大婆叫「洪州婆王」，是上樓花婆；二婆叫「趙州婆王」，是中樓花婆；三婆叫「孤獨婆王」，是下樓花婆。

向。布伢信仰的最根本基礎是生殖信仰，反映了人類對個體生命乃至群體文化延續的渴望。在鰲山的傳統信仰實踐中，求子求育只是基礎性的願望表達，對生命健康、對美好生活的祈求、對生活價值和生命意義的最高追問則是昇華，布伢已由單一的生育神朝全能神轉化。布伢信仰的精神追求和旅遊者在旅遊活動中放鬆身心、追求健康、追尋幸福的願望是相似相通的。特別是在現今城鎮化、工業化快速推進的背景下，工作壓力、環境污染、食品安全成為突出的社會問題，以追求自然、體驗文化、享受健康為目的的鄉村旅遊、民族旅遊、養生旅遊是發展較快的專項旅遊市場，這些應成為鰲山布伢文化旅遊區的主要市場和發展目標。由此，可將鰲山布伢文化旅遊區的形象定位為「鰲山布伢・祈福天下」，主題功能以布伢祈福朝聖為核心，以壯族文化體驗、花文化體驗、養生文化體驗為重點，打造成集朝聖、觀光、休閒、度假於一體的綜合性旅遊區。

（二）布伢文化在旅遊空間和景觀中的表達

旅遊區的空間格局亦能傳達文化內涵及其意象。布伢是花的化身，而木棉是壯族人心中的圖騰和神樹[13]，也是來賓當地的常見樹種，木棉花美麗嬌豔、寓意美好，結合旅遊區的場地特點和項目主題，可將整個旅遊空間分區表達為「木棉花開」的文化意象，一心即「花心」：位於旅遊區中心的花圖騰廣場；一軸即「花柱」：圖騰廣場—布伢大殿—姆六甲大殿形成的朝拜建築中軸線；五區即五片「花瓣」：布伢祈福朝聖區、壯族文化體驗區、健康養生體驗區、花海文化體驗區、生態休閒觀光區。景觀是文化視覺表達的主要途徑，布伢文化可以在建築景觀、植物景觀等方面進行表達呈現。建築景觀方面，以壯族傳統干欄建築為主要風格，如窗戶裝飾可採用葫蘆形的欞條式，屋頂和屋脊裝飾運用牛角、葫蘆、雲雷紋等圖案，挑手和簷部選用如意雲雷紋蓮花頭挑手、魚頭銜象鼻形挑手等壯族傳統式樣，柱頭選用繡球型、瓜瓣型等，柱礎選用燈籠形、繡球形、蜂鼓形等。部分現代風格的度假設施和建築小品可以考慮融合花的形狀和意象。植物景觀方面，突出布伢百花園的文化意象空間，打造花海、花境、花道、花廊、花橋、花世界的景觀格局。

（三）布伢文化在旅遊產品和項目中的表達

旅遊者的旅遊體驗主要是通過對產品和項目的參與而獲得的，產品和項目在旅遊開發過程中的設計決定了旅遊者對旅遊區文化傳統的認知程度。觀念形態的布伢文化，是決定旅遊主題和旅遊空間布局的關鍵因素，並能提升旅遊產品項目的文化內涵和體驗意義。人們常說的文化旅遊項目要有聽頭、有看頭、有說頭，有沒有說頭主要取決於當地文化在觀念形態方面的豐富性。有關布伢、姆六甲等的神話傳說可以整理成富有想像、內容豐富的旅遊解說詞，也可提升策劃成大型的旅遊實景表演項目，師公經文、山歌壯歡也可以和民俗表演結合策劃成參與體驗性的旅遊表演或活動項目。儀式活動可以開發為體驗性旅遊項目和旅遊節慶。在原有「三月三」、「六月六」活動的基礎上，策劃成布伢文化旅遊節，提升品牌度和影響力。圍繞健康養生的主題，結合壯醫養生療法、壯族競技活動、壯族健康膳食策劃健康養生旅遊產品。以布伢文化縱向延伸至姆六甲文化和花文化，可以策劃系列的姆六甲壯族尋根祭祀活動和文化展示體驗項目。以花為主題的旅遊產品也頗受旅遊市場的熱捧，可以策劃花文化博物館、DIY 花藝館和花藝展示館、花文化主題度假酒店、花卉迷宮、香薰花療、花膳食、花海景觀等項目，通過場景化體驗使旅遊者賞花景、聞花香、祭花王、過花節、喝花茶、吃花食、住花房、沐花浴、唱花歌、結花緣，從視覺、聽覺、觸覺、嗅覺、味覺全方位體驗壯族花王文化。物質形態的布伢建築使遊客獲得布伢文化最直觀的視覺感受和心靈震撼，可根據布伢信仰的淵源和鰲山原有建築的布局，恢復重建並擴大原有廟宇，打造布伢祈福朝聖系列項目，設置花圖騰廣場、布伢大殿、姆六甲大殿、布伢文化博物館和布伢文化藝術長廊。此外，壯族文化的物質形態也是本旅遊區旅遊表達的重要內容，主要包括壯族傳統建築、飲食、服飾、工藝品等方面，此處不再贅述。

四、結語

民間信仰是民族文化的重要組成部分，在傳統社會中，民間信仰具有心理調適、文化認同、社會整合等諸多功能，隨著中國社會激烈的現代化轉型，民間信仰面臨著巨大的傳承保護危機，旅遊使民間信仰彰顯其文化經濟價值、文化娛樂價值和文化交流價值，使民間信仰獲得新時期得以傳承和延續的新的功能基礎。以鰲山布伢信仰的思想觀念、儀式活動、物質載體等內容為基礎，結合旅遊市場需求，規劃開發旅遊主題鮮明、吸引力強、體驗方式豐富的旅遊項目，民間信仰文化實現了傳統表達到現代旅遊表達的轉化。在今後的旅遊開發實踐過程中，還應處理好以下幾個方面的問題：（1）神聖與世俗的界線問題，不是民間信仰的所有方面都可以進行旅遊開發，特別是有神聖性、私密性的內容不宜直接展示或讓遊客參與其中。壯族人民對於布伢的認知具有神聖性和情感性，對其相關內容的旅遊開發不能隨意扭曲其文化內涵，某些在家庭和日常生活空間的儀式活動具有私密性，不宜作為旅遊項目開發。（2）商品化與真實性的問題，旅遊開發過度會導致文化商品化和文化失真，最終影響旅遊吸引力。（3）社區參與問題，社區是文化的主體，沒有文化主體參與的文化旅遊沒有本真性可言，沒有社區支持的旅遊區在發展過程中將矛盾困難重重，不具備可持續性。不管是當地政府還是外來的開發商，必須將鰲山周邊社區作為旅遊發展的文化主體、發展主體和受益對象，發揮傳統組織鰲山理事會和當地村民在旅遊開發和經營管理的作用。

參考文獻

〔1〕鍾敬文.民俗學概論〔M〕.上海：上海文藝出版社，1998.

〔2〕李萌.論旅遊與中國民間信仰之間的關係〔J〕.中南民族大學學報（人文社會科學版），2005（1）：243-245.

〔3〕孫天勝，李穎.民間信仰資源旅遊開發問題研究〔J〕.民間文化論壇，2006（3）：82-86.

〔4〕徐贛麗.非物質文化遺產的開發式保護框架〔J〕.廣西民族研究，2005（4）：173-180.

〔5〕孫九霞.旅遊作為文化遺產保護的一種選擇〔J〕.旅遊學刊，2010（5）：10-11.

〔6〕黃桂秋.壯族民間宗教信仰研究與壯學體系構建〔J〕.廣西民族研究，2015（1）：86-92.

〔7〕藍鴻恩.廣西民間文學散論〔M〕.南寧：廣西人民出版社，1981.

〔8〕過偉.壯族創世大神米洛甲的立體性特徵與南方民族「花文化圈」〔J〕.

廣西民族研究，1999（2）：62-68.
〔9〕邵志忠.生殖崇拜與壯族女神文化〔J〕.廣西民族研究，1997（1）：119-123.
〔10〕覃彩鑾，盧運福.多維視野中的來賓壯族文化〔M〕.南寧：廣西民族出版社，2005.
〔11〕過偉.南方稻作民族壯族女性人文始祖〔J〕.文山師範高等專科學校學報，2006，19（3）：6-7.
〔12〕翟鵬玉.花婆神話與壯族生態倫理的締結範式〔J〕.南京林業大學學報（人文社會科學版），2007（4）：39-47.
〔13〕丘振聲.壯族圖騰考〔M〕.南寧：廣西教育出版社，1996.

（原載於《黔南民族師範學院學報》2017 年第 2 期）

布依族雷神信仰

彭建兵

一、中國古代雷神信仰

雷神是中國最早形成的原始自然崇拜之一，其信仰起源於古代先民對於雷電的崇拜，是在萬物有靈觀念基礎上產生的。遠古時代，氣候變化異常，晴朗的天空有時候會突然烏雲密布，雷聲隆隆，電光閃閃。雷電有時會擊毀樹木，傷害人畜。於是人們認為雷神在發怒、在懲罰人類，由此產生了對雷電的恐懼之感，對之膜拜禮敬。

隨著社會的發展，雷神形象從單純的自然神靈逐漸轉變為具有複雜社會職能的人格神靈。在天神信仰沒有出現之前，雷神是人類關於上天的最主要的信仰之神。「天神或者天帝觀念產生之後，雷神成為天帝的下屬神。」[1]雷神的神權地位儘管看上去降低了，但在人類心目中，其地位仍然非常之高。雷神，在古代就衍化為水神的附屬神，具有司雨水的神職。在民間信仰裡，它又具有驅邪辟鬼、祛病除災的神威。這些神職，是人類賦予雷神的，也是對雷神的期望，希望得到其佑護，從而生活越來越美好。

雷神，或稱「雷公」。「雷公」之名稱在戰國時期就已經出現了。屈原《楚辭》卷六「遠遊」中說，「左雨師使徑侍兮，右雷公以為衛」[2]。之後，無論在歷史時期的信仰生活中，還是在文學作品中，對雷神的稱呼就世俗化地稱為「雷公」了。

關於雷神的形象。《山海經》卷十三「海內東經」說，「雷澤中有雷神，龍身人頭，鼓其腹則雷」〔3〕。《史記》卷一「五帝本紀」引證此經說：「雷澤有雷神，龍身人頭，鼓其腹則雷也。」〔4〕《淮南子》卷四「地形訓」說：「雷澤有神，龍身人頭，鼓其腹而熙。」〔5〕可見，早期的雷神形像是人首龍身的。

雷神的形象後來向人格化神靈方向發展，這說明了雷神被世俗信仰所接受的情況。遠古時代的伏羲，傳說是其母華婿在雷澤感雷神而生，所以他是雷神的兒子。〔6〕(P1-2)

據說黃帝也是雷神之子，其母附寶「見大電光繞北斗樞星」而感生之〔6〕(P5)。而有的傳說認為黃帝就是雷神。《河圖帝紀通》中說，黃帝是「雷精」。黃帝又名「軒轅」，而「軒轅，主雷雨之神」〔7〕。東漢時期，雷神已經是力士形象了。東漢王充《論衡》卷六「雷虛篇」第二三中描述了雷神的力士形象。他認為，雷神是畫匠根據打雷之聲勢和力士的形象而創造出來的：

> 圖畫之工，圖雷之狀，纍纍如連鼓之形。又圖一人，若力士之容，謂之雷公，使之左手引連鼓，右手推椎，若擊之狀。其意以為：雷聲隆隆者，連鼓相扣擊之意也；其魄然若敝裂者，椎所擊之聲也；其殺人也，引連鼓相椎並擊之矣。〔8〕

這雖然是作為唯物主義者的王充對雷神信仰的批判之詞，但他沒有想到，其對雷神的描述竟成為之後中國傳統雷神的典型形象了。可見，漢代雷神已經是駕雷車、推雷椎、擊連鼓的力士形象了。東漢之後，雷神的形象開始由人獸合體向純粹的人神形象轉變，其形象經歷了猴形、豬形、雞形、鳥形的變化。

鳥嘴、鳥翅、鳥爪的鳥形雷神形象的出現與佛教有關，不早於唐宋時期。鳥形雷神形像在明清時期十分流行〔3〕。鳥形雷神是影響中國一千多年的雷神形象。在佛教中，有一種叫金翅鳥的護法神。據佛經記載，金翅鳥又稱「迦樓羅」，是屬於天龍八部之一的護法神。它是神鳥修婆那族的首領，為眾鳥之王，以龍為食。迦樓羅的形象多為人面、鳥嘴、羽冠，腰部以上為人身，以下為鳥身。中國最早的迦樓羅形象出現於敦煌壁畫中。天津博物館收藏的白玉迦樓羅圓雕頭戴羽冠，人面鳥嘴，眼睛鑲嵌藍色寶石，嘴呈空洞狀，背生羽翅，身披飄帶，站於雲頭之上，雕工精細。金翅鳥與中國傳統的雷神形象何其相似。唐宋時期，正是佛教在中國發展的黃金時期，也是佛教真正中國化的時期，佛教在中國不但立足了，而且得到了空前的發展，其佛教思想不可能沒有對中國傳統文化產生影響。

道教中的九天應元雷聲普化天尊是雷部的最高神，其麾下有三十六雷公，分天、地、人三類，每類十二名。另有鄧元帥、辛元帥、龐喬天君、雷精、立化慈濟真君等雷部諸神。雷神還有《封神演義》中的一位人物雷震子，他是周文王的第一百子，其突出特徵是鳥嘴，面如青靛，髮似硃砂，眼睛暴露，牙齒橫生，肋生雙翅，身軀長二丈有餘，使用一條黃金棍，是雲中子的弟子，為武王伐紂立下赫赫戰功。雷震子的雷神形象對漢族雷神信仰影響較大。現今民間雷神廟中的雷神形象多為雷震子的模樣。

二、布依族雷神信仰

（一）布依族雷神信仰的產生

在古代科學技術不甚發達、文明處於相對落後的歷史時期，布依族對自然現象無法理解與解釋，於是將其視為神靈、鬼怪來敬仰，通過舉行祭祀、祝禱的儀式，希望能得到其佑護。在萬物有靈的觀念之下，布依族對大自然正常的雷電現象無法理解。一般情況下，春天第一次下雨伴隨著雷聲。夏天、秋天時的大雨經常伴隨著雷電火閃。天上雷電轟鳴，雷公火閃，而與雷電相應的則正是大雨傾瀉，可能引起洪澇災害。

雨水是布依族生產、生活的必需品，而雷電又常與雨水緊密連繫。布依族對農業豐收的期望寄託在充沛的雨量之上。但有的時候，雷電卻給布依族帶來災害，它可以引起洪澇災害，擊毀房屋、大樹，傷害人畜。其對布依族好與壞的兩面性，導致布依族對之既愛又怕，由此產生了崇敬與畏懼的文化心理，並在此基礎上產生了雷神信仰。布依族稱「雷公」為「duezbyac」，雷公即雷神。布依族神話《洪水潮天》中提及了雷神：雷神在天上發威，下著大雨，在房屋頂上叫嚷。這是人們對自然界的雷雨氣象無法正確理解的文藝創作。電閃雷鳴，威力巨大，甚是嚇人。偶爾有房屋、動物、植物及其他物體遭受雷擊，包括人也有遭雷擊而傷亡的情況，給人們造成了巨大的心理壓力。因此對之產生崇拜心理是自然而然的。

布依族十分敬畏雷神，與中國封建政權的推崇不無關係，也與中原文化的長期浸潤密切相關。布依族的雷神信仰應該淵源於漢民族的雷神信仰。在官府的祭祀中，有雷神與風雲雨神一起受祭祀的情形，目的是祈求風調雨順，保佑五穀豐登。布依族神物銅鼓上有雲、雷紋飾。在神聖之物上鑄刻紋飾，是具有特定含義的，表達了一種祈福除邪的宗教意願。

（二）布依族文藝作品中的雷神信仰

布依族的雷神信仰對布依族文學藝術產生了影響。我們可以在其神話傳說、經典古歌、民間故事、山歌等方面找到雷神（即雷公）信仰的歷史痕跡。

1. 布依族認為雷神（雷公）的本性是凶惡的

在布依族創世神話中，有較多關於布依族與洪水的故事。這些故事講述了布依族起源的歷史問題。在《洪水潮天》、《伏哥細妹》、《十二層天十二層海》等布依族神話故事或者民間傳說、民間故事中，「幾乎都是講洪水災害是由雷神與人類矛盾衝突，雷神對人間施行報復所導致」〔9〕。但雷神也可以變為布依族的好朋友。據布依族神話傳說《洪水潮天》敘述，由於雷神的懈怠，嚴重失職，造成人間嚴重的乾旱。於是，布依族祖先布杰就去天上把雷神捉住了，關在籠子裡，不讓它出來。而雷神趁布杰外出之時，取得了布杰幼小的兒女伏哥與細妹的信任而逃出了囚籠。後來，雷神在玉帝等天神支持下，大發雷霆，使人間洪水氾濫。頃刻之間，美好的人間惡浪滔天，人類遭受到滅頂之災。而伏哥和細妹則依靠雷神當初送給他們的葫蘆種，坐在葫蘆裡逃過了死亡劫難。後來，伏哥與細妹兄妹成婚，才又有了布依族的繁衍。布依族古歌《射日・洪水》講述了天乾地旱、雷公降雨的神威。文信捉得了雷公，把雷公關在籠子裡，準備燒雷公。而後來雷公打破鐵籠跑出來了，為了懲罰文信等人而大發神威，降下大雨，但同時雷公又保護了救它出鐵籠的偉榮和偉瑩兩兄妹。[10]（P146-158）這裡的雷公是愛憎分明的。儘管此處救雷公的是偉榮和偉瑩，與《洪水潮天》中提到的伏哥與細妹在姓名上並不一致，但救雷公的都是布依族兩兄妹，且故事的結局差不多。姓名上的差異是各地對布依族創世神話的本地理解與改造，其目的都是把雷公與布依族祖先造世神話連繫在一起。

以上材料說明：（1）雷神是司雨水之神。天上的雨水是由雷神掌管的。（2）要與雷神為善。布依族與雷神交友，才能得到其佑護，才不會遭受乾旱、水澇和滅亡之災。（3）要崇敬雷神。雷神雖然本性是凶惡的，但通過布依族對它的崇敬、恭敬，它可以變成善神，成為布依族的好朋友。

2. 布依族認為雷神是自己的祖先

布依族古歌《祖王與安王》說，布依族祖先盤果是雷公的兒子，也是天上星宿的兒子。盤果娶了龍王的女兒「龍王姑娘」而生下安王。[10]（P113-144）布依族把雷公等降雨水神靈與自己的祖先扯上親屬關係，說明布依族的生產、生活與雷神等神靈存在著很密切的歷史淵源關係，更是為了表達對雷神的親近。布依族認為的與雷神之間的密切關係，是在長期的生產、生活的基礎上，受歷史實踐中的雷神信仰的影響，從而形成的一種超自然的信仰文化在民間文學中的敘事表達。

3. 布依族對歌文化中的「雷公」概念

布依族對歌文化中有「雷公」的概念，是利用雷公的威嚴形象表達憤怒的心理。古代由貴州都勻、福泉、貴定等地遷移到雲南河口的布依族有時候在對歌中出現了不愉快的場面。主方唱了若干首歌，客方都不唱還，主方便認為是客方看不起他們。在這種情況下有的主方就會唱罵人歌。客方受到打擊就會唱歌對罵。客方唱：「唱歌罷唱罵人歌，雷公手拿大鐵砣。罵著一句扯火閃，罵著兩句打腦殼。」[11](P12)布依族一般情況下是講究禮儀的，客方的回罵很有藝術，借雷公的威武譴責主方罵人者，意思是你們這樣做是天理不容的，是要受到雷公的懲罰的。由此可見，雷公在布依族心目中的威嚴地位，它擔當了處理事端的執法者的角色。我們暫且不討論雷公在對歌文化中站在哪一邊，也不論它的執法是否公正，但他們抓住了雷公這個表達「天譴」的執法角色，展示了對歌者的機智，也表現了他們無非是借雷公之名表達自己的憤懣。在雲南河口一帶布依族中流傳的神話故事《唸佛經敲木魚的來歷》敘述了伍利仲的不孝導致母親喪命後雷公託夢給他的事情，表達了雷公威嚴懲惡的形象及性格。「有一天，伍利仲用大簸箕曬稻穀，將母親的雕像置於旁邊吆雞，就到田裡幹活。到了下午未時，突然烏雲滾滾颳大風，他立即趕回家裡收回母親的雕像和稻穀。當天晚上睡覺做夢，夢見雷公嚴厲地說：『如果今天你不先收母親雕像，我就劈了你。原來你向母親搧耳光時我就想劈你了，但是我一直等待你的回心轉意。』」[11](P133)這裡不但講了雷公的威嚴，而且滲入了儒教的孝道思想。在這裡使布依族明白一個道理，即不孝敬父母長輩，就要遭到「天打雷劈」的因果報應，能起到良好的教化作用。

4. 布依族雷神形象

中國其他民族中，雷神的形像一般是男性，稱為「雷公」，是如李逵式的性格火爆的人物。但布依族的雷神除有男性雷神外，也有女性雷神的形象，這是很特別的。

很多布依族古歌中，雷公是男性的。布依族古歌《謙遜歌》提到，雷公是布依族的「雷公大哥」〔12〕。

布依族古歌《洪水潮天》中說，要使人間暴發洪水，可以「拿蛟龍兒子來殺，拿雷公兒子來砍，抓蛟龍兒子來關，這樣才能發洪水」〔13〕(P93)。雷公與雨水有關。如果人們惹怒了它，它就會電閃雷鳴，下起大雨，發起洪水，使人們遭災。得知雷公能發洪水，為懲罰那些忘恩負義的人們，於是「王姜上天喚雷公」，希望雷公能「發洪水淹地，淹世間百姓」〔13〕(P101)。王姜的犁田方式很特別，別人牽牛犁田，他卻牽狗犁田，以五棓子樹作耙梁，紙蛇作耙藤。這樣的結果是導致雲層聚集，是下大雨的前奏。

狗嘴朝上方（北方）叫，
上方（北方）就閃電，
狗嘴朝下方（南方）叫，
下方（南方）就下雨。
四月到卯日，
發洪水淹天，
狗嘴朝上方（北方）叫，
上方（北方）就閃電，

它在天上面，
下雨又閃電，
狗嘴朝下方（南方）叫，
下方（南方）就下雨。
四月到初八，
雷吼起狂飆，
雨點大如鼓，
……
雷叫隆呀隆，
雨落滴噠噠，
四月到初八，
雷吼起狂飆。〔13〕（P105-112）

這裡充分說明了，在布依族的信仰意識中，雷神、雷公是司雨水之神。以狗為媒介祈求雷公、蛟龍降大雨，這是一種祭祀雷公、蛟龍的方式。自古至今的布依族祭祀山神、龍神等神靈的儀式中，存在以狗祭祀的文化遺存現象，即是很好的證明。

雷公不但能降雨水，而且能收回雨水，將洪水導引到溪流湖泊之中，使布依族不遭受洪災之苦難。布依族古歌《兄妹結婚》中就提到了祭祀雷公、天曹、廟神、玉王等神靈，以狗祭祀，方能使洪水消退。「叫狗作壬癸」一句說明了狗的作用在於溝通了布依族與玉王、雷公等神靈之間的連繫，是布依族實現祈願目的的祭祀犧牲。

關於西南諸民族創世神話中的雷公，聞一多認為是漢籍文獻中所見的水神共工[14]。王孝廉不同意上述觀點，認為西南諸族洪水神話所出現的雷神、雷公，都只是超自然神威中的水神，與共工，除了水神的神話性格相同以外，沒有什麼直接的關係。[15]筆者贊成後者的觀點，因為在布依族目前關於雷公、洪水的創世神話中，並沒有發現其形象的具體描述，也沒有說明雷公具有如共工般人首蛇身的形容。即使具有似共公的形容描述，也不能充分說明它就是漢籍中記載的水神共工。它只是在行使其降雨水的神職，所以布依族古歌中的雷神是原始自然崇拜意義上的水神。

在貴陽市南明區雲關鄉二戈村流傳的布依族古歌《水淹歌》中，雷神則是一位溫婉美麗的少女。她的身分是布依族的表哥龍王的女朋友，後來兩人結成了「親家」。這裡的雷神是布依族的表嫂子。當然這只是布依族的一廂情願與情感臆想。布依族之所以與雷神等攀上至親的親戚關係，是要表示與其親近、友好的態度，而不致受其禍害，反倒受其佑護。雷神與龍王結為「親家」，自然是布依族得到了好處。因為龍王是布依族的表哥，雷神就是布依族的表嫂了。雨量下得適當、及時，是農業豐收的保證。但有時候，雷電交加，大雨傾盆，大雨持續不斷，在布依族所居住的高原喀斯特地區，很容易造成洪水之災，使布依族遭受苦難。

在布依族的心目中，雷神與龍王都是天上主宰雨水的神靈。龍王下河入海都可能引得雨水而來，但雨水過量是不行的。下大雨的時候，雷鳴電閃，霹靂雷霆，威力巨大，使人毛骨悚然。雷神、龍王兩位神靈成為布依族的親戚後，親戚之間的關係是友善、密切的，自然不會加害「親戚」。這時候，雷神就成了布依族的保護神。據布依族古歌《安王與祖王》敘述，布依族祖先安王的母親王母（魚女）臨終離別時囑咐安王：

今後掉河就呼喊，
你若遇難就叫喚，
蛟龍啊我的娘舅！
魚兒啊我的外婆！
蛟龍看見把你救下河，
雷公聞訊把你救上天。〔16〕

古代布依族對待雷神的有效辦法，就是與雷神、龍公攀上親戚關係。對於無法強力降服神威無比的神靈，很多民族採取的對策是恭而敬之的態度。而布依族在這方面似乎有創新之處，不但對雷神等神靈恭敬祭祀，而且還採取一種「懷柔政策」，與雷神、龍王等「和親」，攀上至親的親戚關係。龍王是布依族的表哥，雷神是其表嫂，蛟龍又是布依族的娘舅。雖然這種親戚關係有點複雜多變，但不論是哪種親戚關係，都表達了布依族對雷神與龍王的敬畏心理，祈求自己在其保護下，風調雨順，五穀豐收，平安幸福，且不再遭受洪水災害之苦。

（三）布依族雷神祭祀

摩教是布依族的傳統宗教，在摩經及祭祀活動中涉及了雷神。家中有人生病或者出現了不吉利的事情，要請布摩來考察、施法。如果發現是雷神菩薩來家搗亂，就要請堯舜和雷神一起來吃肉喝酒，把雷神送走。祭祀物品有女婿家拿來的豬頭、狗和後家帶來的雞、鴨以及家中早就準備好了的刀頭（祭祀親人所用的豬肉或臘肉）、豆腐和粑粑等。布摩在堂屋設壇，裝一升米，升子上插上雷神牌位，頌摩經《甕勞經》之《沉曬經》後半部，請雷神等神靈吃肉喝酒，由堯舜把雷神菩薩送走。

在「掃屋」、「掃寨」儀式中，要請雷神。一家人辦事總不順利，就要請布摩來「掃屋」。布摩設壇，請雷神等就位，頌摩經，將雷神等送出屋。

一個布依族寨子，若有牛死馬瘟，或有人病難死，都要請布摩來掃寨。布摩來看之後，認為是惡魔惡鬼在搗亂，就要想辦法把它們送走。於是，布摩擇日「掃寨」。先用桃木五塊，畫五方雷神，釘在寨子東、南、西、北各路口，用篩子設壇，在篩子裡擺上裝有米的升子一把，插上各種神靈牌位，點香，斟酒，擺上粑粑、豆腐、刀頭等，用紅布一條，寫上女媧、姜太公神位，掛在竹竿上，用一隻公狗祭祀。布摩頌摩經，請山神、土地等神靈就位。在布摩率領下，寨中男性十餘人組成遊行隊伍。布摩在前面邊走邊頌摩經《少巒經》，其次是抬篩子的，第三是舉著女媧、姜太公牌位的，最後是抬狗的。一行人到寨中各條道路遊走，驅神趕鬼。寨中人在各路口設「水彈」，當遊行隊伍經過時，寨中人就用水潑他們，表示將惡神趕走。遊行完畢，在寨口設壇，請諸神，領生、回熟祭品，聚餐之後各自回家。祭祀儀式後，用茅草為繩，上栓紙馬，攔住寨口，三天內不准外人進寨。

布依族認為雷神是正義的化身。喪失倫理道德如不孝、不仁的人，就會遭天打雷劈。這裡就是把雷神比作懲惡揚善的神靈了，如有的房屋或者人遭受了雷擊，就會被認為是因為不孝順父母或踐踏糧食等惡跡而受到的上天的懲罰。遭難的人家要備辦雄雞、酒、肉、香、紙錢等，請布摩在院落中祭祀雷神（雷公）。

勤勞的布依族在過大年的時候包一個篩子般大的大餈粑，布依語叫「者把岩」，漢語譯為雷神粑。傳說此粑能避雷神，要等到第一聲春雷響後才吃[17]。布依族人生病、出行、求財、功名等事要去敬雷神，占卜吉凶，求其指明出路。

（四）布依族雷神禁忌

羅甸、長順一帶的布依族忌雷。每年第一次打雷，忌耕種七天，要祈禱雷神保佑。打第二次雷後逐漸減少禁忌天數，直到水稻長到一寸高時為止。

布依族有些禁忌是關於雷神的。據說小孩吃飯時不能掉米粒，否則會遭雷擊。春天聽到第一聲春雷要敲擊鍋等炊具，忌幾日內動土，唯恐雷神發怒降下洪水，加害布依族。

河口的布依族在農曆三月至八月禁止結婚，原因是防止結婚之日打雷[11]（P29）。結婚之日打雷，被布依族認為是不吉利的。

三、結語

布依族雷神信仰屬於原始自然崇拜的範疇，淵源於中國古代雷神信仰，但又與漢民族的雷神信仰存在一定的區別。布依族雷神信仰除了保持原始自然崇拜的一些特點外，還具有自身民族文化的一些特點。儘管在當今布依族社會生活中，我們已難以找到雷神崇拜的信仰實跡，但它在布依族古代文學藝術作品等方面有具體的表現。這說明雷神信仰在布依族精神生活中存在著歷史階段性，同時反映了布依族古代農耕社會的一些信仰文化事實。

參考文獻

〔1〕何星亮.中國自然崇拜〔M〕.南京：江蘇人民出版社，2008：221.

〔2〕黃靈庚.楚辭章句疏證〔M〕.北京：中華書局，2007：1826.

〔3〕馬昌儀.古本山海經圖說〔M〕.桂林：廣西師範大學出版社，2007：945.

〔4〕〔漢〕司馬遷.史記〔M〕.北京：中華書局，1963：33.

〔5〕張雙棣.淮南子校釋〔M〕.北京：北京大學出版社，1997：475.

〔6〕〔晉〕皇甫謐.二十五別史・帝王世紀〔M〕.劉曉東，等，點校.濟南：齊魯書社，2000.

〔7〕〔宋〕李昉，等.太平御覽（卷五），引《春秋合誠圖》〔Z〕.

〔8〕黃暉.論衡校釋（一）〔M〕.北京：中華書局，1990：303.

〔9〕王孝廉.水與水神〔M〕.北京：學苑出版社，1994：133.

〔10〕韋興儒，周國茂，伍文義.布依族摩經文學〔M〕.貴陽：貴州人民出版社，1997.

〔11〕雲南民族學會布依學研究委員會，河口瑤族自治縣民族事務局.雲南河口布依族文化〔M〕.昆明：雲南民族出版社，2007.

〔12〕貴陽市南明區雲關鄉二戈村.布依族經典古歌〔M〕.貴陽：貴州民族出版社，2009：176.

〔13〕黎汝標，黄義仁.布依族古歌〔M〕.貴陽：貴州民族出版社，1998.
〔14〕聞一多.神話與詩〔M〕.北京：中華書局，1956：48.
〔15〕王孝廉.西南民族創世神話研究〔A〕//馬昌儀.中國神話學文論選萃（下編）〔C〕.北京：中國廣播電視出版社，1994：421.
〔16〕望謨縣民族事務委員會.安王與祖王〔M〕.貴陽：貴州民族出版社，1994：62-63.
〔17〕黔西南州政協.黔西南布依族文史資料專輯（上）〔Z〕.內部資料，2007：281.

（原載於《黔南民族師範學院學報》2016 年第 3 期）

土家族灶神信仰探究*

覃金福

灶神，又稱「灶王」、「灶君」、「灶王爺」、「灶公灶母」等，是舊俗中與百姓生活最密切的神祇之一，是我國各民族普遍信奉的神靈。土家族也信奉灶神，年節中的祭灶分為送灶神和接灶神。送灶神即把灶神送上天，大部分地區的土家族送灶神儀式是在臘月二十三過小年這一天晚上舉行，也有部分地區的土家族臘月二十四過小年，他們則是在二十四晚上送灶神。接灶神即把灶神接下凡間，接灶神的時間是臘月三十的晚上。送、接灶神時每口鍋中要用清油點一盞鍋燈（清油燈）。俗話說「灶神去時食素，歸時食葷」，送灶神上天時用素食祭品，大多是茶、粑粑、團饊、豆腐等，接灶神時則要用酒、肉等帶葷的祭品。

一、灶神形象

早期的灶神以祖先神形象呈現，例如《論衡・祭意篇》曰：「炎帝作火，死而為灶。」[1](P215) 高誘注《淮南子・氾論訓》曰：「炎帝、神農，以火德天下，死托世於灶神。」孔穎達疏《禮記・禮器》曰：「顓

---

* 收稿日期：2012-12-12
作者簡介：覃金福（1985-），男（土家族），湖北恩施來鳳人，研究方向：民俗學。

項氏有子曰黎，為祝融，祀以為灶神。」從這些記錄中可以看出，早期的灶神形象都是神聖的祖先神，對灶神的崇拜與原始的火的崇拜密切相關。

土家族地區信奉的灶神形象多為灶神公公和灶神婆婆。據湖北省來鳳縣舍米湖彭昌松老人講述，灶神有張公子和李氏夫人兩個。張公子和李氏夫人本來是一對夫婦，但因為張公子嫌棄李氏夫人出身於打魚家庭，其衣服上有魚腥味而休了李氏夫人。後來張公子家庭敗落淪為乞丐，有一天討米討到李氏夫人家中，此時張公子已不認識李氏夫人了，而李氏夫人卻還認識張公子。李氏夫人就收留了張公子，讓他每天在灶邊燒火。有一天李氏夫人就在灶後問張公子還記得她麼？張公子抬頭仔細一看認出李氏夫人就是自己以前休掉的妻子，覺得很羞愧，就爬進灶裡燒死了，灶後的李氏夫人見狀也就氣死了。於是就有「灶前燒死張公子，灶後氣死李氏夫人」這樣的說法，他們兩個死了就成了灶神菩薩。[1]

有的地區土家族信奉的灶神只有一個，且是一個女性。她是從天上下嫁到凡間的女神，一年只有一次回娘家的機會，即過小年晚上的送灶，在娘家過完年後三十晚上土家人再把她從娘家接回人間。宣恩縣黑塘村馬玉珍老人講述道：灶神菩薩是女的，臘月二十三這一天晚上要把她送上天，送回娘家，讓她在娘家過年，三十晚上再把她接下來。[2]

林繼富教授在《灶神形象演化的歷史軌跡及文化內涵》一文中闡述了

1 訪談者，覃金福；受訪者，彭昌松；訪談時間，2011 年 1 月 27 日；訪談地點，湖北來鳳縣舍米湖村彭昌松家。

2 訪談者，覃金福；受訪者，馬玉珍；訪談時間，2011 年 1 月 30 日；訪談地點，湖北宣恩縣黑塘村李才佑家。

灶神形象演化的脈絡[2]：

分期	原始灶神			道教灶神	民間俗神
形象	自然神	動物神	女神、男神（半人半獸神）	女性小神	普通人
人的力量、人性的發展	自然力量	人性萌芽，人的自我覺醒	人性與獸性交織，人性成長，人自身力量壯大	脫離獸性變成完全的人，謳歌人的力量	以浪子、好吃、好色等為角色，灶神被奚落嘲諷，即對神的否定、對人自身價值的肯定

對比漢族信奉的灶神形象，土家族信奉的張公子和李氏婦人形象與漢族的張郎與其妻子形像極為相似，且他們由人演變成灶神的傳說情節也與漢族的傳說大同小異。土家族其他地區信奉的玉皇大帝女兒的灶神形象與漢族信奉的道教女性灶神也很相似，可見土家族信奉的灶神受漢族灶神信仰影響較深。

二、送灶

過去土家族送灶神是在半夜進行的，現在多是在天黑時舉行送灶神儀式。送灶神要準備好粑粑、團饊、豆腐、糕點、茶等祭品，祭祀時將其擺在灶上，每口鍋中點一盞鍋燈，在灶上點一對蠟燭和三炷香，灶門口燒一疊紙錢，作三個揖後燃放鞭炮，這樣就把灶神送上天了。如果有什麼心願，也可在灶前訴說，希望借由灶神轉述給玉皇大帝，從而實現心願。有的地方土家族送灶神時還將糖塗在灶神嘴的四周，塗完後將神像揭下焚化，意為用糖塞住灶神的嘴，讓他上天後只說人間的好話而不講人間罪惡的一面。送灶的儀式在土家族地區方志中多有記載。

《來鳳縣志》（清同治五年刻本）卷三十二載：「十二月二十三，入夜祀灶神，曰『謝灶』，戒妄言。」〔3〕(P447)《鶴峰州志續修》（清同治六年刻本）卷十四載：「十二月二十三日夜，具餳果『祀灶』，窩（鍋）中點燈，曰送灶神上天。」〔3〕(P442)《長樂縣志》（清同治九年補刻本）卷十六載：「十二月二十四日，謂『過小年』。土著則於二十三日夜『祀灶神』，客戶則在二十四日夜，謂送司命上天。」〔3〕(P442)《彭水縣志》（清光緒元年刻本）卷四載：「十二月二十三、四諸日，曰『小年』，午夜，以茶果祀灶，曰『送灶』。」〔4〕(P254)《黔江縣志》（清光緒二十年刻本）卷五載：「十二月二十三日夜，以茶果『送灶』。」〔4〕(P252)《沿河縣志》（民國二十三年鉛印本）卷十八載：「二十四日為『小除夕』，俗謂灶神上天。陳糖果、焚楮香以祀，為『送灶』，亦有二十三日行之者。」〔5〕(P461)《恩施縣志》（民國二十六年鉛印本）卷十二載：「十二月二十三日，以餳『祀灶』。」〔3〕(P436)

也有臘月二十四祭灶神的。《鳳凰廳志》（清道光四年刻本）卷二十載：「十二月二十四日『小年』，設齋供祀灶神，曰『謝灶』。」〔3〕(P634)《施南府志》（清道光十四年刻本）卷三十載：「『小除日』，以餳做餅『祀灶』，謂之『灶餅』；親友饋歲。」〔3〕(P435)《宣恩縣志》（清同治二年刻本）卷二十載：「十二月二十四日曰小年，亦曰小除日。祀灶神戒妄言，謂之謝灶。」〔3〕(P435)《長陽縣志》（清同治五年刻本）卷七載：「十二月二十四日，用飴糖成個，曰『灶糖』，盛以盤；雜糧、茶葉另一盤，為『馬料』。將鍋灶打掃潔淨，排列各盤鍋中，以杯盛油，徹夜長燃，燒香紙，鞭爆

『祭灶神』，謂之『過小年』。」〔3〕(P429)《武陵縣志》（清同治七年刻本）卷三十二載：「十二月二十四日，云『小年節』。家『祀灶神』，謂送司命上天。又，各備米滋、油饊、年糕相問遺，謂之『饋歲』。」〔3〕(P655)《桑植縣志》（清同治十一年刻本）卷八載：「臘月二十四日為『小年』，掃舍宇，『祀灶』。」〔3〕(P625)《龍山縣志》（清光緒四年刻本）卷十六載：「二十四日曰『小年』，亦曰『小除日』。『祀灶神』，掃除庭宇，殺豬雞祀先祖，曰『祭小年』。」〔3〕(P647)《巴東縣志》（清光緒六年刻本）卷十六載：「十二月二十四日，具香燭、酒餌『祀灶』，剪草和豆盛於旁，謂之『灶神馬料』。」〔3〕(P440)

從這些記載可以看出清代土家族地區送灶神儀式還普遍盛行。有的地區認為灶神是騎馬上天的，祭祀時還要給馬準備馬料。目前土家族地區送灶神儀式仍舊盛行，但給灶神的馬準備馬料的習俗已不復存在。馬玉珍老人向我講述道：我們這裡臘月二十三吃過晚飯以後，就用粑粑、茶、豆腐當供品擺在灶臺上，燒上三炷香，點一對蠟燭，還要給灶神燒一疊紙錢，作三個揖，然後放炮火送灶神上天。[3]

二〇一二年我在永順縣雙鳳村調查時，土家年俗傳承人彭家齊老人向我講述了該村臘月二十三送灶神的情況：二十三那天要敬灶神菩薩，二十三過小年，吃夜飯以前用粑粑、團饊、豆腐、香紙敬菩薩，香紙都燒了，就點鍋燈，鍋燈點了以後還要在堂屋裡敬菩薩，這一天是先敬灶神菩薩。點鍋燈要點到半夜，每口鍋子都要點鍋燈，你要是鍋燈不點勒，那灶

3　訪談者，覃金福；受訪者，馬玉珍；訪談時間，2011 年 1 月 30 日；訪談地點，湖北宣恩縣黑塘村李才佑家。

神菩薩上天就要講你屋裡的壞話嘛。[4]

三、接灶

臘月三十的晚上要舉行接灶儀式，把灶神接回人間。過去沒有鐘錶顯示時間，土家族的接灶儀式是在三十半夜雞叫第一聲的時候舉行的，用刀頭肉、酒、雞頭、雞腳等供品接灶神下凡間。接灶儀式在土家族地區方志中也有記載。

《鶴峰州志續修》（清同治六年刻本）卷十四載：「夜深復祀灶神，謂灶神是夕下界。」[3](P442)《長樂縣志》（清同治九年補刻本）卷十六載：「夜深人靜，祭祀祖先、灶神，而後掩門，謂之『燒關門紙』。」[3](P422)《彭水縣志》（清光緒元年刻本）卷四載：「夜以茶果迎灶，如送灶儀。」[4](P254)《黔江縣志》（清光緒二十年刻本）卷五載：「以酒饌接灶，俗謂『灶神去時食素，歸時食葷』。」[4](P252)《沿河縣志》（民國二十三年鉛印本）卷十八載：「二十四日為『小除夕』，俗謂灶神上天。陳糖果、焚楮香以祀，為『送灶』，亦有二十三日行之者。『除夕』復燃，為『迎灶』。」[5](P461)

現在土家族地區年三十晚上接灶神儀式的時間也有所變化，多在天黑時就舉行儀式接灶神下凡間。據永順縣雙鳳村彭家齊老人介紹，以前沒有表嘛，就是三十夜雞第一次叫的時候接灶神菩薩下來，接灶神要用刀頭肉，還要用雞腳、雞頭啊，光用刀頭肉不行啊。也要點鍋燈敬菩薩嘛。現

4 訪談者，覃金福；受訪者，彭家齊；訪談時間，2012 年 7 月 10 日；訪談地點，湖南永順縣雙鳳村彭家齊家。

在三十晚上天黑的時候好多人家就在灶上擺上刀頭肉、雞肉這些來接灶神菩薩。

接灶神時祭品中要有葷，多為刀頭肉、雞頭、雞腳，擺在灶上，每口鍋中點上清油鍋燈，在灶上點一對蠟燭和三炷香，紙錢燒在灶門口，然後作三個揖，放鞭炮，即接灶神下凡間。

除了送、接灶神，土家族過年當天祭祀各種神靈時也要祭拜灶神，儀式和送、接灶神差不多，在灶上擺上豬頭等供品，點上一對蠟燭和三炷香，於灶門前燒一疊紙錢，最後作三個揖。作揖時土家人往往會念：灶神菩薩保佑鍋裡年年都有煮的。過去土家族地區醫療不發達，如果哪一個人眼睛不舒服，就給灶神菩薩在鍋中點一盞清油燈，即點鍋燈，土家人認為給灶神點了鍋燈以後眼睛就會變好。

四、灶神信仰的功利性

「自然界起初是作為一種完全異己的、有無限威力的和不可制服的力量與人們對立的，人們同它的關係完全像動物同它的關係，人們就像牲畜一樣服從它的權利，因而，這是對自然界的一種純粹動物式的意識（自然宗教）。」人類最初的各種信仰崇拜就像早期人類與自然界的關係一樣，具有強烈的功利依賴性，這些信仰與人類的生活緊密相關。

從早期文獻中關於灶神形象的記載可以看出，對灶神的信仰與人類對火的信仰分不開。在原始社會時期，人類通過火可以驅趕野獸，可以溫暖身體，更為重要的是火使人類吃上了熟食物，這是人類文明的一大進步。

「正是火的強大功用效應，在以自然之火或火堆、火塘為核心的原始爐灶階段，奉火為灶神在初民社會和當今我國較為落後的民族中廣泛傳承著。」〔2〕初民社會對灶神的崇拜與火在人類生活中的重要地位分不開，是早期人類對異己超自然力的崇拜。

隨著人類認識的提升，對灶神的崇拜由超自然力的崇拜轉化為一種俗性崇拜，土家人至今仍深信這種俗性崇拜。在過年祭祀灶神時，土家人往往會念叨：灶神菩薩保佑鍋裡年年都有煮的。這種念叨反映了土家人潛意識裡認為供奉好了灶神，自己鍋裡年年都會有食物，家裡人就不會挨餓，對灶神的信仰轉化為一種對基本生活保障需求的祈盼。

送灶神之前，土家人要把家裡打掃乾淨，特別是要掃除灶上的揚塵（即灰塵，下同），因為土家人認為一條條的揚塵就是一條條的罪狀，如果不打掃乾淨，灶神上天就會向玉皇大帝告狀。據來鳳縣舍米湖村彭昌松老人講述，灶神二十三上天啊，他到天上告狀去。灶上的揚塵就是一條一條的狀，送灶神之前都要打掃乾淨啊，二十三之前不打揚塵，他就要去告狀。[5]

有些地方的土家族認為灶神上天是去向玉皇大帝報告凡間家庭情況的，平時不能得罪灶神，否則就會倒楣。據永順縣雙鳳村彭家齊老人講述：灶神菩薩上天，標竿筆直，他就成了煙霧。灶神這個人很直爽，他就向玉帝匯報，哪些人壞，哪些人是好人。壞的你要把他折壽、短命。所以我們鄉里人吵架罵人，你不要得罪灶神菩薩啊，你到人間做了壞事啊，他

5　訪談者，覃金福；受訪者，彭昌松；訪談時間，2011 年 1 月 27 日；訪談地點，湖北來鳳縣舍米湖村彭昌松家。

到天上給玉帝講，壞就是壞，好就是好。你把他得罪了，你就要倒楣。[6]

送灶神時要給灶神神像嘴上抹蜜糖的這一行為，就是為了讓其上天后盡說人間好話，而不說人間的罪惡，這點也正是基於這樣一種敬畏的心理。不管是原始超自然的崇拜還是現在的俗性崇拜，土家人對灶神的敬仰都帶有強烈的功利性。

雖然土家族地區的灶神祭祀在時間和祭祀方式上經歷了一些變遷，但灶神信仰仍深深根植於土家人的心中，灶神信仰與土家人的生活密不可分，並且世代傳承。

參考文獻

〔1〕王充.論衡〔M〕.上海：上海人民出版社，1974.

〔2〕林繼富.灶神形象演化的歷史軌跡及文化內涵〔J〕.華中師範大學學報，1996（1）.

〔3〕丁世良，趙放.中國地方誌民俗資料彙編・中南卷（上）〔M〕.北京：書目文獻出版社，1990.

〔4〕丁世良，趙放.中國地方誌民俗資料彙編・西南卷（上）〔M〕.北京：北京圖書館出版社，1991.

〔5〕丁世良，趙放.中國地方誌民俗資料彙編・西南卷（下）〔M〕.北京：北京圖書館出版社，1991.

（原載於《黔南民族師範學院學報》2013 年第 1 期）

6　訪談者，覃金福；受訪者，彭家齊；訪談時間，2011 年 7 月 21 日；訪談地點，湖南永順縣雙鳳村彭振奎家。

論布依族傳統價值觀論

李遠祥

布依族是一個有著悠久歷史的民族，布依族群眾在長期的社會生活實踐中形成了獨具特色的傳統價值觀，規範和引導著布依族群眾在生產和生活中的行為，維護了布依族地區的生產和生活秩序，既密切了布依族內部人與人之間的和睦友愛關係，又增強了布依族群眾的民族凝聚力和向心力，增進了布依族群眾與其他兄弟民族的團結與合作，促進了布依族地區的經濟社會發展和布依族的繁榮與進步。但是，我們也應當看到，布依族的傳統價值觀產生於小農經濟社會，既有積極因素，也有消極因素，必須在社會主義核心價值體系的指導下，在對布依族傳統價值觀進行批判繼承的基礎上，構建符合時代要求和社會進步的新型布依族價值觀。只有這樣，才能增強布依族群眾的民族自豪感、自尊心和自信心，調動布依族群眾建設社會主義價值體系的積極性，形成強大的民族凝聚力，推動布依族地區經濟社會的發展。

一、布依族傳統價值觀中應當繼承發揚的積極因素

（一）艱苦奮鬥、自強不息的精神

布依族傳統文化中高揚著艱苦奮鬥、自強不息的民族精神。布依族古歌《十二個太陽》述說：遠古時候，天空出現十二個太陽，曬裂了岩石、曝死了草

木。布依族先民們沒有屈服於這種惡劣的自然環境，他們同大自然進行不屈不撓、堅苦卓絕的鬥爭，以年王為代表的布依族先民，接連射落了十個太陽，留下的兩個，一個成為太陽，另一個成為月亮，從而創造了適合人類生活的自然環境。類似的還有《卜丁射日》、《勒戛射日和葫蘆救人》等古歌、神話。布依族的民間諺語也說「困難怕硬漢」，「好馬在力氣，好漢在志氣」，「人窮志氣在，馬倒鞍不落」〔1〕(P92)，等等。正是在這種精神的鼓舞下，布依族人民經過世世代代的艱苦創業，改善了他們生活的自然環境，促進了布依族的繁榮與進步。

（二）高度重視人的作用的人本主義精神

在布依族的傳統文化中，人是宇宙萬物的中心。布依族民間有著豐富的關於天地日月形成的神話傳說，如流傳在黔南和黔西南地區的《混沌王》、《盤古王》，述說混沌王、盤古王創造世界以形成適合人類生存的自然環境的故事。這些神通廣大、法力無邊的神明是布依族人民征服自然、改造自然的代表，是布依族先民的化身。在古代社會生產力水平較低的條件下，布依族先民憑藉自身的力量改造自然並通過這種幻想的藝術形式表達出他們征服自然的強烈願望。

在長期的社會發展中，布依族先民不斷探索自然的奧秘，以便戰勝自然，讓自然為人類服務。流行於黔西南地區的古歌《造千種萬物》，敘述了布依族英雄翁夏因地制宜搬石頭砌田埂、用衣兜撮泥建成了塊塊水田的故事。廣泛流傳於黔南各地的《造萬物歌》，敘述布依族英雄翁傑、阿輝等以無窮的智慧、巨大的力量造就萬物，改造自然，使之適合人類發展需要的故事。不少布依族古歌中還敘述了布依族先民怎樣取來穀種、棉種、樹種，怎樣造犁、造耙、造刀以進行農耕活動等，都從不同側面反映了布依族先民認識自然、利用自然、改造自然的豐富實踐活動。

布依族重視人的作用，一切以人為中心的人本主義精神，在政治上則表現為鮮明的人為邦本的思想。布依族的民間諺語說：「百姓本是官之母，做官要為百姓苦」；「沒有穀種難出秧，沒有百姓官難當」。[1](P93)

布依族人本主義的民族精神，長期以來塑造了布依族人民改造自然、發展生產、組織管理社會事務的主人翁意識，對於調動布依族群眾關心社會事務並積極參與管理起著十分重要的作用。

（三）求是務實精神

布依族是農耕民族，從事農業生產必須遵循自然法則，要適時播種、管理、收穫，按客觀規律辦事，這使布依族人形成了注重認識自然規律、按照客觀規律辦事的求是務實的精神。布依族民間諺語說：「刀有鋼才快，人懂理才智」；「人若不說理，鬼都看不起」；「魚能躍過龍門，人卻不可越理」。[1](P95)這裡說的「理」，即事物發展變化的規律。

求是務實精神必然反映在求是務實的態度上。布依族人歷來反對不務實的空談玄想，布依族民間諺語說：「從果實看樹，從實踐看人」；「嘴講百遍，不如辦事一件」；「無翅就想飛，空想事難成」；「芳香的花不一定好看，能幹的人不一定會說」。[1](P95)布依族的求是務實精神，有利於布依族群眾從本地區、本民族的實際出發，選擇適合本地區、本民族特點的社會發展道路，加快布依族地區經濟社會的發展。

（四）愛國主義精神

布依族在長期的歷史發展和生產實踐中，在與漢族及其他少數民族的長期交往、團結互助及反抗外侮內辱的鬥爭中，逐漸形成了重視民族內部、民族與民族之間的團結精神以及國家統一的愛國主義精神。布依族民間諺語說：「一支筷子易折斷，十支筷子好鐵棒」；「一個背一提，萬人湊成山」；「世上空間大，人間祖國親」。〔1〕（P96）

布依族很早就與漢族和其他兄弟民族相互交往、互相依存、互相融合。早在戰國時期，楚將莊蹻伐夜郎，就有其他民族的人民進入布依族地區。秦以後的歷代也不斷有漢族和其他民族的人口遷徙到布依族地區，布依族與他們密切交往，和睦相處，親善往來，為開發祖國西南邊疆、加強國內各民族的團結做出了重大貢獻。

為了維護祖國的獨立和統一，增進國內各民族的團結和進步，布依族人民進行了英勇的鬥爭。清嘉慶二年（1797），為反抗官府的殘酷壓迫剝削和強徵布依族農民去鎮壓苗族人民起義，布依族婦女王阿崇（王囊仙）和韋朝元領導布依族人民在南籠府（今安龍縣）起義，給清朝地方政府以沉重打擊，有力地支援了苗族人民的反抗鬥爭。鴉片戰爭後，布依族人不堪帝國主義和封建主義的雙重壓迫與剝削，不斷掀起反帝反封建鬥爭。咸豐四年（1854），受太平天國革命的影響，獨山州布依族楊元保領導農民起義。咸豐五年（1855），又爆發了鎮寧扁擔山曾煜華等領導的布依族農民起義和上江布依族羅光明領導的布依族、水族、漢族等共同聯合的起義。此後，布依族群眾還多次掀起反抗外國傳教士進行文化侵略的鬥爭。一九三二年，廣西左右江革命根據地的紅七軍派人進入黔南進行革命活動，在布依族人民中播下了革命的種子；一九三五年，中國工農紅軍長征途經黔南和黔西南，得到布依族人民的廣泛支持，不少布依族青年參加了紅軍隊伍。解放戰爭時期，黔西南地區的布依族青年組成六馬游擊隊和興義游擊隊，配合解放軍解放雲貴高原，為布依族地區的解放做出了貢獻。

布依族「人間祖國親」的愛國主義精神，是布依族人民千百年來維護祖國的獨立和統一、增進國內各民族的團結和進步、促進國家繁榮富強的堅實思想基礎，它在調動布依族人民積極投身社會主義現代化建設，實現富強、民主、文明、和諧的社會主義共同理想中有著重大的現實意義。

（五）決策管理中的民主、平等思想

布依族在長期的歷史發展過程中逐漸形成了獨具特色的原始民主形式——「議榔」或「議各習」的群眾組織形式。這種組織形式一般由同宗同寨的人們組成，也有由超越宗族或村寨範圍的一定區域的人們組成，其職能是：對外，反對外來襲擊、入侵；對內，維護社會秩序、生產秩序和生活秩序。「議榔」設有頭人，布依族稱為「卜板」。「卜板」由「議榔」組織成員——每戶男性家長直接選舉產生。「卜板」沒有任何特權，其職責是主持制定榔規和按照榔規處理各類刑事、民事糾紛。如果他不稱職，群眾可以要求召開議榔會議將其撤換。這種議榔組織具有樸素的民主性質，即恩格斯所說的「自然長成的民主制」。[2]（P94）

議榔這一具有悠久歷史和民族特色的布依族村寨的自我管理形式，可

以作為布依族地區當前的基層政權和基層社會生活的民主建設的借鑑和補充，促進布依族地區的民主政治建設。

（六）團結協作、互助互濟、熱心公益、先公後私的集體觀念

布依族傳統文化高度重視群體的協調、和諧與統一，強調個體歸屬群體、群體高於個體。布依族的生活習俗、道德規範、習慣法等都要求個體在思想和行動上按照群體的規範行事，以維護群體的和諧統一為重要原則。布依族民間諺語說：「魚打堆容易被捕，人合群才能生存」；「一人踩不倒地上草，眾人踩出陽光道」；「和尚衣食靠個人，孤寡衣食靠寨鄰」；「辛苦一個人，換來眾人樂」。[1](P95)

布依族重視群體的和諧統一，主要表現為群體內的個體或家庭以至村寨之間的互助合作關係。「一家有事百家幫」[3](P249)的傳統習慣，在布依村寨裡沿襲不衰。人們在婚喪喜慶、起房造屋等活動中，有無償幫助的習慣，農忙生產時互助換工不計報酬。誰家有人重病或遭遇不幸，上村下寨、左鄰右舍都會帶著禮物前來探望問候。誰家遇到喪事或災禍，大家不但出力，而且還要捐款捐糧相幫。對寨中的鰥寡孤獨、老弱病殘者，大家都非常體貼和同情，自覺捐錢捐糧給他們，並幫助他們幹農活，使他們在衣食住行上有保障、精神上有安慰。布依族的民間諺語說：「樹傍樹成林，人幫人成才」；「一個人不能養活全寨子人，全寨子人可以養活一個人」。[1](P95)因此，在歷史上，較少有布依人淪為乞丐。在這個民族內部，人們團結和諧、互助友愛，時時處處表現出良好的道德風貌。

自古以來，布依族人就有自籌資金、出力動手修橋鋪路、建涼亭、栽

種風景樹的優良風尚。人們儘力美化環境，自覺做各種有益於村民和子孫後代的公益事。這種樸素的集體主義道德觀念深深滲透在布依族的民族意識之中，並體現在社會生活中。

（七）尊老愛幼、重視教育的倫常規範

布依族人民自古就具有尊敬長輩和關懷後代的傳統美德。在家庭中，長輩備受尊重和愛戴，吃飯時總是讓老人坐上席，要先夾好菜給老人吃。在村中老人普遍受到尊重，那些經驗豐富、德高望重、通情達理、見多識廣的老人，自然而然成為村中的「寨老」，由他們負責處理寨中的大事，調解村與村之間的糾紛，所以有「寨有三老，勝過一寶」〔3〕(P250)的諺語。少年兒童同樣受到關懷照顧，在布依族村寨，一般都有一塊專供兒童玩耍的壩子。誰家父母、大人外出辦事，同族人或鄰里都爭著幫助照看小孩。誰家有外出求學的年輕人，全村人都引以為榮，並儘力集資相助，鼓勵其刻苦學習、努力成才。正是這種尊老愛幼的優良傳統，使布依族能夠做到幼有所養、老有所依，充分體現了布依族人民良好的精神境界和崇高的道德情操。

（八）熱情待客、真誠待人的良好習俗

對來訪的客人盛情款待，以客為重，是布依族待客的原則。凡是到布依山寨的，不管是本族人還是外族人，是來自本地還是外地，是親朋好友還是素不相識的陌生人，群眾都熱情打招呼，「請到家裡坐一坐」，以客人臨門而感到體面光彩，熱情接待。鄰居有客人來，也要請喝酒或帶些酒菜去作陪。客人離去時要用方盤載滿酒杯真誠相敬，並頻頻囑咐客人要

「再來作客」。[3](P248)這種熱情好客、以誠待客之風，是布依族人美好心靈和善良品格的反映。

（九）言行文明、禮貌待人的謙恭風尚

布依族人很講究談吐文明，注意言行禮儀，相互尊重。民間流行著「好話一句三春暖，惡語傷人六月寒」[3](P249)的諺語。對那些講禮貌有道德的人，大家常常加以稱頌；對那些不克己謙讓、粗言濫語者，輿論必定會給予譴責。在布依族人的日常生活中，人與人之間交談時首先要尊稱對方，否則會被視為不懂禮節。交談中都習慣把「請」和「老」兩個字放在話語的前面，以示謙虛和對對方的尊敬。與比自己歲數大的人講話時，都要自稱「唯」（布依語「奴」的意思），對陌生人或初認識的朋友講話也多用「唯」。[3](P249)不懂稱呼、說話粗俗的人，不受人們歡迎。

（十）講文明講衛生的生活觀念

布依族村寨大多依山傍水，林木掩映，清靜幽雅，風景宜人。布依族人平時很講究環境衛生，逢年過節更是形成了大掃除的習慣，每年臘月二十五左右，家家戶戶都要徹底搞一次清潔衛生。每逢春秋兩季來臨的農曆三月初、七月十五，要進行「掃寨」活動，各家各戶的房前屋後都要打掃得乾乾淨淨，屋簷下的淤泥和雜草都要撮光鏟盡。而且，在布依族村寨，歷來都有集體清理街道、水井的良好習慣。

二、布依族傳統價值觀中需要揚棄的消極因素

（一）崇拜自然神靈的原始觀念

布依族先民在生產力落後、認識能力低下的條件下，對自然現象無法理解，於是對自然力頂禮膜拜，認為萬物有靈，把高大的樹、奇形怪狀的岩石、山泉、井水、深潭等都視為神靈，加以崇拜，其目的是祈求自然神靈保佑村寨風調雨順、五穀豐登、人畜安康。他們所崇拜的對象都是與人們的生產、生活密切連繫的自然物，反映了布依族群眾對人與自然關係的初步認識，體現了「天地和諧」、「天人合一」的自然觀和生態倫理觀。應當說這種崇拜自然神靈的原始觀念，有利於對自然環境的保護；但另一方面也應當看到，各種崇拜祭祀活動的進行，不但造成布依族群眾在財力、物力上的巨大浪費，影響生產和生活，更重要的是它嚴重束縛了人們的思想，阻礙了新思想的傳播和科學文化的發展，進而阻礙了布依族地區的發展和進步。

（二）原始共產主義和平均主義

布依族群眾認為：「大家都是同族同寨和親戚，有東西不應分你我彼此，有酒大家喝，有肉大家吃，走到哪裡就可以吃到哪裡，為了族人誰花得起錢誰最光榮。」〔4〕（P130）上山打獵時，得到的獵物除用其頭部獎勵捕獲者之外，其餘的按人頭平均分配。這種原始共產主義和平均主義，體現了布依族群眾平等參與、團結協作的傳統，有利於增強民族內部的凝聚力，促進人際關係的和諧，但也嚴重影響了人們勞動致富，助長了不思進取、不願競爭的心理意識。

（三）重農輕商的觀念

布依族是農耕民族，自古以來即以農業生產和農業經濟為基本的價值取向，鑄就了他們重農輕商、重義輕利的文化心態，認為「種田是正道，經商是邪道」〔4〕(P130)、經商是「不務正業」〔5〕(P83)、「經商的人都不是好人」〔6〕(P181)、「布依族做生意富不起來」〔5〕(P83)。因而，他們大都重視農業生產，忽視商品生產和多種經營，致使經濟結構單一、經濟發展緩慢，與發達地區相比差距甚大。

三、以社會主義核心價值體係為指導，建設有利於促進布依族地區經濟社會發展的價值觀

胡錦濤指出：「社會主義核心價值體系是社會主義意識形態的本質體現。要鞏固馬克思主義指導地位，堅持不懈地用馬克思主義中國化最新成果武裝全黨、教育人民，用中國特色社會主義共同理想凝聚力量，用以愛國主義為核心的民族精神和以改革創新為核心的時代精神鼓舞鬥志，用社會主義榮辱觀引領風尚，鞏固全黨全國各族人民團結奮鬥的共同思想基礎。」〔7〕(P26)因此，布依族當代價值體系的建設，必須在社會主義核心價值體系的引領下，對布依族傳統價值觀取其精華、棄其糟粕，使之健康發展。

1. 弘揚布依族「世上空間大，人間祖國親」的愛國主義精神，為促進布依族地區的發展和實現中國特色社會主義共同理想凝聚力量。在當代中國，愛國主義和社會主義是緊密結合的。弘揚布依族「世上空間大，人間

祖國親」的精神，有利於增強布依族群眾對中國特色社會主義共同理想的認同，調動布依族人民積極投身社會主義現代化建設，實現富強、民主、文明、和諧的社會主義共同理想的積極性；有利於加強布依族與漢族及其他兄弟民族在愛國主義旗幟下的相互理解、相互信任、相互依賴，建立平等、團結、互助、和諧的社會主義新型民族關係，促進各民族的共同進步和繁榮。

2. 弘揚布依族艱苦奮鬥、自強不息、求是務實的精神，激發布依族群眾建設家鄉、建設祖國的決心和信心，塑造布依族群眾艱苦樸素、勤儉辦事的生活態度和精神風貌，使布依族地區的幹部和群眾從實際出發，以改革創新的時代精神，積極探索適合布依族地區和布依族民族特點的經濟社會發展道路，實現布依族地區的科學發展、和諧發展、跨越發展。

3. 弘揚布依族重視人的作用的人本主義精神和決策管理中的民主、平等思想，樹立布依族群眾的主人翁意識，增強布依族群眾關心國家和社會事務的積極性，促進布依族地區的民主政治建設和基層群眾自治建設，使布依族黨員和群眾在農村基層組織——村「兩委」（村支委和村委會）的選舉中，選出那些有真才實學、真抓實幹、作風民主、辦事公道、不謀私利的能人擔任村幹部，帶領廣大布依族群眾走共同富裕的道路。同時對選出的村「兩委」和村幹部進行監督，使村「兩委」和村幹部認真履行工作職責，在進行決策、組織管理、辦理重大公共事務和公益事業時，充分聽取布依族群眾的意見、建議，體現布依族群眾的利益和要求，牢固樹立發展為了人民、發展依靠人民、發展成果由人民共享的公僕意識，更好地為布依族群眾辦好事、辦實事，實現布依族地區又好又快的發展。

4. 弘揚布依族的集體觀念和優良道德風尚，不斷充實反映社會主義和諧社會要求的新風尚、新要求，牢固樹立社會主義榮辱觀，增強布依族家庭成員之間、村民之間、村寨之間及布依族與其他民族之間的團結、合作、互助和友愛，使布依族地區的幹部和群眾相互信任、增進理解、加強團結，密切黨群關係、幹群關係。充分調動布依族群眾建設和諧社會的積極性、主動性，促進布依族地區團結互助、充滿活力、安定有序的和諧社會的建立。

5. 辯證對待布依族傳統價值觀，「取其精華，去其糟粕」，發揮其積極作用，剔除其消極因素，促進布依族地區經濟社會又好又快、更好更快地發展：

（1）布依族群眾對自然神靈的崇拜，反映了布依族群眾對人與自然關係的初步認識，體現了「天地和諧」、「天人合一」的自然觀和生態倫理觀。通過對布依族群眾進行科學知識、自然知識和人口、資源、環境相互關係的宣傳教育，使布依族群眾正確認識自然及其規律，正確認識人與環境的關係，樹立正確的自然觀和生態觀，尊重自然，合理開發自然，有效保護自然，實現生產發展、生活富裕、生態良好，人與自然和諧發展的社會主義和諧社會。

（2）布依族傳統文化中的「輕商」觀念已不符合社會發展的需要，應予以拋棄。但農業是國民經濟的基礎，「重農」是發展經濟、保障人民生活的根本，因此，布依族長期生產實踐中形成的農業文化，仍然需要傳承，並需要根據市場經濟的要求，樹立商品意識和市場意識，根據布依族地區的特點和優勢，調整農業產業結構，發展特色優勢產業，提高生產效率和競爭力，促進布依族地區的發展，實現布依族地區的農業現代化。

（3）布依族傳統文化中的原始共產主義和平均主義觀念，體現了布依族群眾平等、參與、團結、協作、共享的傳統。通過貫徹按勞分配與按生產要素的貢獻參與分配的原則和效率公平兼顧的原則，充分利用市場經濟的效率取向，引導布依族群眾樹立市場意識、競爭意識，激發他們勇於開拓、積極進取的精神，創造一個充滿活力的社會環境，實現社會的公平正義。

總之，布依族傳統價值觀中既蘊含著積極因素，也有一些應當剔除的消極因素，通過對布依族傳統價值觀批判地傳承和不斷地創新，建立符合現代社會發展要求的新的價值觀念，有利於增強布依族的民族自豪感和自信心，調動布依族群眾建設現代化的積極性，促進布依族地區的經濟發展和社會進步。

參考文獻

〔1〕韋啟光.布依族的民族精神〔J〕.貴州民族研究，1995（3）.

〔2〕恩格斯.家庭私有制和國家的起源〔M〕//馬克思恩格斯全集.北京：人民出版社，1965.

〔3〕楊宗麗.從布依族的良風美俗看其倫理道德觀〔A〕//貴州省布依學會，安順地區民委.布依學研究：第六卷〔C〕.貴陽：貴州民族出版社，1998.

〔4〕金安江.布依族傳統精神文化與精神文明建設〔A〕//貴州省布依學

會，安順地區民委.布依學研究：第六卷〔C〕.貴陽：貴州民族出版社，1989.

〔5〕敖行雄.織金布依族與市場經濟〔A〕//貴州省布依學會，安順地區民委.布依學研究：第六卷〔C〕.貴陽：貴州民族出版社，1998.

〔6〕楊昌儒.試論貴州少數民族發展中的制約因素〔A〕//貴州省布依學會，安順地區民委.布依學研究：第六卷〔C〕.貴陽：貴州民族出版社，1989.

〔7〕胡錦濤.高舉中國特色社會主義偉大旗幟，為奪取全面建設小康社會新勝利而奮鬥〔A〕//十七大以來重要文獻彙編（上）〔C〕.北京：中央文獻出版社，2009.

（原載於《黔南民族師範學院學報》2013 年第 4 期）

論苗族家譜《龍氏迪光錄》的社會功能

王波　胡展耀

中國是一個歷史悠久的、多民族互融共生的國家，各民族在各自獨特的生產生活實踐歷程中，創造並積澱傳承下來了獨具本民族特色的民族文化，並成為中華民族文化不可分割的重要組成部分。異彩紛呈的民族文獻，無疑是記錄各民族文化及其形成和演變過程的重要載體。不僅如此，民族文獻本身也是文化的重要組成部分。而在各類民族文獻中，家譜是記載家族歷史最重要的方式，它記述著一個家族乃至一個民族的發展歷史，是中國特有的文化現象。[1] 中國少數民族家譜歷史悠久、種類繁多，雖受到漢族家譜的影響，但卻始終保持著自己的民族特色。異彩紛呈的少數民族家譜，不僅極大地豐富了我國家譜的內容，更為我們研究少數民族的歷史和文化提供了十分難得的參考資料。近年來發現於貴州省黔東南苗族侗族自治州錦屏縣亮司苗寨龍氏家族的家譜《龍氏迪光錄》，堪稱少數民族家譜中的奇葩。該譜採用家譜與地方誌合而為一的方式進行纂修，其中除了一般家譜中常見的家族譜系之外，更有大量諸如朝廷文書（第一卷《君恩第一》）、地方風物（第二卷《地靈第三》、《人傑第四》）以及文學作品（第四卷《遺文第六》）等彌足珍貴的文獻資料。可以說，《龍氏迪光錄》名為一部少數民族家譜，但其意義實則遠遠超出普通家譜之外。本文試從民族文獻學的視角，深刻分析和闡釋《龍氏迪光錄》在教化、審美以及認同這三個方面的獨特功能，以期促進這部珍貴民族文獻遺產得到充分的認識和挖掘利用，使其更好地造福於原創社區。

一、教化功能

對我國家譜稍加梳理便不難發現，《龍氏迪光錄》僅從譜名上就顯示出與一般家譜的極大不同。我國家譜文化歷史悠久，有關家譜文獻的名稱也紛繁複雜。有學者曾做過統計，自產生以來，我國家譜的名稱大概不低於八十種，常見的如：譜、譜牒、族譜、族志、祖譜、宗譜、宗簿、宗系譜、家乘、家牒、世譜、世家譜、家傳簿、宗世譜、玉牒、系譜、圖譜、源流考、房譜、祠譜、譜錄等等。[2] 而《龍氏迪光錄》與其他家譜相比，在譜名上的最大特點就在於「迪光」二字。「迪光」指的是龍氏先祖的宏偉業績之光，以此啟迪後世，激勵後人，使龍氏家族「本培而末盛」、「源睿而流長」。[3] 不言而喻，龍氏家族之所以纂修《龍氏迪光錄》，最重要的宗旨之一就是要大力弘揚家族先輩的豐功偉績，從而啟迪和教育後人。

《龍氏迪光錄》的教化功能，首先體現在對龍氏家族後人的道德倫理教化方面。在《龍氏迪光錄》第一卷《祖德第二》中，收錄了「三世祖訓」、「慶爵公九戒」、「杜篡篇」、「卑鐫訓言」和「約齊家訓」等五篇先輩訓言戒律，其中所蘊含的內容十分深刻和豐富，涉及名利、是非、孝悌、誠信、勤懶等現實生活的方方面面。譬如，慶爵公的「九戒」：一戒縱閨門，二戒索飲食，三戒忘恩德，四戒恃富豪，五戒行刁唆，六戒欺孤弱，七戒好遊戲，八戒侵田園，九戒重貨財。再如，華國公碑鐫訓言：一明倫理，二崇厚道，三正體統，四尚直道，五戒用勢，六戒生事。這些內涵豐富的訓言和戒律，歸根結底，就是龍氏家族先輩們在生產生活實踐中長期積累形成的對人與人、人與社會、人與自然和諧相處的生存性智慧的高度總結和概括，通過言傳和身教，對後人倫理道德的培育具有重要的影響。黨的十八大提出，倡導富強、民主、文明、和諧，倡導自由、平等、公正、法治，倡導愛國、敬業、誠信、友善，積極培育和踐行社會主義核心價值觀。社會主義核心價值觀，毫無疑問是與《龍氏迪光錄》中所弘揚的倫理道德觀念是高度契合的，在本質上都是中國傳統道德的精髓。因此，我們在培育和踐行社會主義核心價值觀的過程中，需要進一步總結並吸納少數民族的傳統智慧。

除了倫理道德的教化之外，《龍氏迪光錄》還承擔著對後世進行家族和地方傳統知識的教化功能。如前文所述，《龍氏迪光錄》除了記載龍氏家族的世系之外，更重要的是收錄了數量龐大、內涵豐富的文獻資料，這些文獻資料無不蘊含著龍氏家族先輩對人、社會、自然的認知和理解，對後人具有重要的教化作用。其中最典型的當屬第二卷的《地靈第三》，該部分記錄了大量亮司及其周邊區域的名物，深刻反映了龍氏先祖對自然和地理風水的認知特徵。對於名物的記載，在我國文獻史上可謂由來已久。「名物」一詞首見於《周禮・天官・庖人》：「掌共六畜、六獸、六禽，辨其名物。」所謂名物，是關於具體的特定物體的名稱，根據物體的特徵、顏色等進行劃分。劉興均在《〈周禮〉名物詞研究》一書中對名物進行了較為詳盡的解釋：「名物是古代人們對具體特定之物加以辨識、分類的結果，是關於具體特定之物的名稱，它體現了先民對現實世界的感知領悟以及對萬物類別屬性的把握。」[4]譬如，在《地靈第三・邱墓》中，記載有一個叫作「虎掌形」的地名，編纂者註釋認為，該墳山是在龍李司下屬的文門寨後面，形如伏虎，所以叫作「虎掌形」，這是龍氏家族按照形狀對墳山進行命名的分類認知習慣。編纂者還進一步註釋指出，這是明朝時期先祖妣安人朱氏，因為丈夫的死亡而到文門寨痛哭，死後就被安葬在「虎掌形」。除了這些之外，在第四卷《遺文第六》中還記載了大量有關名勝古蹟和動植物的名物詞，對龍氏家族後人都具有重要的教化作用。

二、審美功能

在厚達一六五〇頁的《龍氏迪光錄》中，著墨最多、內容最豐富的莫過於第四卷——《遺文第六》。此部分獨立成卷，收錄了序、記、碑記、碑文、上樑文、壽文、帳文、祭文、啟、稟呈、引、書後、論、考、書、墓誌銘、紀、傳、跋、寓言、詩、賦、地課、家圖等二十餘種體裁的文學作品，共計一三五篇。當地的文人用詩性思維，詩化地書寫當地的風土人情。

孔子早在二千五百多年前就精確提出文學作品「可以興，可以觀，可以群，可以怨」的社會作用，其中排在第一位的就是「興」。也就是說，包括詩歌在內的文學作品，可以激起人們的情感，引發人們的想像，使人們在無限遐想中獲得審美享受。在《龍氏迪光錄》第四卷《遺文第六》的一開篇，編纂者就開宗明義地指出：「家乘紀實何取乎文？然文亦所以文，其實也。流連光景之篇，君子所不錄，若乃前人著作，卓然可傳。網羅散失固子孫事也。至如後人詩古文辭苟能表揚？祖烈及先代所建祠廟，有記序吟詠。可以感人心，厚風俗者往往一唱三歎綽有餘音。是何？可不錄也。夫事無所激，則其情不動，而其入不深。凡在本支撿閱家乘載考，藝文知必有纏綿。感發油然而不能自己者，試思觀陳琳草檄而頭，風忽愈觀公孫舞劍而草書頓進。況其為歷代之嘉言懿行乎，以遺文殿蓋有深意存焉。」在編纂者看來，該部分收錄的文獻，都是對包括「祠廟」在內的當地風物的真實描繪，但又不僅僅是一般的描繪，而是文學作品，是當地文人「流連光景」、「一唱三歎」的吟詠。

在這一部分譜文中，《文昌閣序》、《吉寨庵序》、《萬園閣序》等文，文辭華麗，虛實結合，生動描繪了亮司周邊的名勝古蹟及其歷史背景；《亮川風土論》等文，觀點鮮明，論而有據，全面闡述了以亮司為中心的亮江中游平地的風土人情；《龍姓分合源流雜考》、《土司建置考》、《十二司沿革分屬考》等文，文風嚴謹，措辭周密，詳細考證了龍氏家族以及亮寨蠻夷長官司的淵源及發展演變歷史；《蕨粉賦》、《黃瓜菜賦》等文，筆觸細膩，內容詳盡，系統介紹了亮司當地盛產的蕨菜、黃瓜菜等野生植物的外觀、品性及食用價值。這些體裁多樣、內容豐富的文學作品，通過詩化的語言，營造了一種朦朧的意境和含蓄的氣氛，從而使得後人在無盡的審美體驗中增強了對家鄉風物的情感。

三、認同功能

人類賴以生存的這個紛繁複雜的社會，之所以能夠有秩序地運轉，重要原因就是人類對自身以及社會世界的分類認知。就人自身而言，可以有多種不同的分類方式：按照性別，可以將人分為男人和女人；按照膚色，可以將人分為黃種人、白種人、黑種人等；按照年齡，可以分為老年、中年、青年、少年和童年等；此外還可以按照黨派、職業、性格、親屬關係、宗教信仰等不同的標準劃分為不同的類別。社會也是如此，人們總是按照不同的標準——如族群、政治制度等——對其進行分類。在分類的同時，人類卻又無時無刻不在尋求自己的類別歸屬。正如美國當代著名政治學家塞繆爾・亨廷頓（Samuel P.Huntington）在其經典著作《文明的衝突與世界秩序的重建》一書中所指出的，人民和民族所面臨的最基本的問題就是「我是誰」。他還進一步認為，回答這一問題最有意義的事物就是祖先、宗教、語言、歷史、價值觀、習俗和體制等，也就是文化認同。[5] 簡言之，就是人們對賴以生活的某一特定民族或地域內最具本民族或本地域特色的事物的一種肯定性認知。「當社會組織從家庭擴大到氏族和部落，成員的連繫紐帶從血親擴大到姻親觀念認同時，氏族成員的認同便已經初步具備文化的內涵。」[6] 作為家族記憶的家譜，無疑是增強家族後代對家族認同的重要媒介。

有學者認為，家譜最初是「是適應於人類社會防止近親通婚、私有財產繼承和祭祀的發展需要而逐步產生和發展的」，它的原生功能就是「明血統，辨昭穆」。[7] 作為家族記憶的《龍氏迪光錄》，記載了自明代洪武四年（1371）始祖龍政忠因征白岩塘、銅關等地有功而受封亮寨蠻夷長官司正長官至今六百餘年完整的家族譜系。更為值得關注的是，迄今為止，亮司龍氏家族仍然保持著定期修訂家譜的傳統，並且每次修訂都由專人撰寫序言，說明修訂的目的和過程。在不斷續修的《龍氏迪光錄》中，龍氏家族每一位成員由字輩而確定其在整個家族譜系中的位置，關係一目了然。如果說譜系的記載可以維繫後人對家族客觀的或者可以說是機械性的認同的話，那麼在《龍氏迪光錄》前四卷中收錄的大量文獻資料，無疑會極大地增強龍氏家族後人對家族的主觀心理認同。尤其是在第一卷《君恩第一》中，收錄了四篇記載中央王朝加封亮司龍氏家族的敕令，在封邦建國的時代，這對一個家族可謂是至高無上的榮耀，從而激發後人對家族的自豪感和心理上的認同感。除此之外，第二、三、四卷中，大量有關龍氏家族的傑出人物、名勝古蹟的描述，同樣會從心理上增強後人對家族的認同感和向心力。

正如前文所述，就內涵而言，《龍氏迪光錄》已遠遠超出一部家譜的價值，而應當被視為珍貴的地方史志。除了上述特殊的社會功能外，它還具有寶貴的史料價值。首先，就龍氏家族的家族史而言，《龍氏迪光錄》毫無疑問是最全面、最詳細地記述了龍氏家族的起源、遷徙、發展演變以及家族榮耀的文獻，是瞭解和研究龍氏家族史最可靠的史料之一。其次，就亮江乃至清水江流域的社會史而言，《龍氏迪光錄》比較詳盡地記載了自明代洪武四年以來該區域的自然、物產、政治、社會、文化等方面的內容，對瞭解和研究清水江流域的社會史具有不可替代的參考作用。最後，就苗族的民族史而言，亮司苗族是整個苗族大家庭中的一分子，《龍氏迪光錄》中所記載了龍氏家族從江西幾經征戰逐步遷徙至亮司的過程，對亮司苗族遷徙歷史的記載，對我們研究整個苗族的遷徙史同樣具有重要的史料參考價值。

參考文獻

〔1〕王華北.中國少數民族家譜研究〔M〕.北京：新華出版社，2013.

〔2〕徐建華.家譜的地方性特色及價值〔J〕.福建論壇（人文社會科學版），2005（9）.

〔3〕單洪根.黔東第一苗寨——亮寨〔M〕.貴陽：貴州人民出版社，2003.

〔4〕劉興均.《周禮》名物詞研究〔M〕.成都：巴蜀書社，2001.

〔5〕〔美〕塞繆爾・亨廷頓.文明的衝突與世界秩序的重建〔M〕.周琪，等，譯.北京：新華出版社，2010.

〔6〕錢雪梅.論文化認同的形成和民族意識的特性〔J〕.世界民族，2002（3）.

〔7〕方榮.家譜的起源、價值、作用和內容〔J〕.檔案，2014（7）.

（原載於《黔南民族師範學院學報》2015年第5期）

貴州蚩尤文化資源的特色分析

龍葉先

二〇一二年，貴州省發展改革委員會向時任省長趙克志同仁提交了《打造「蚩尤文化」品牌的請示》，趙省長在《請示》上批示指出，要儘快推進「蚩尤文化品牌」打造的相關工作。自此，「蚩尤文化品牌」打造成為貴州省政府工作的重要議題。在文化成為競爭資源的現時代，蚩尤文化已成為相關各方爭奪的對象。山東、河北、湖南等其他省市、地區多年前就已著手對「蚩尤文化」資源進行了挖掘整理和開發利用。我國周邊一些國家也意欲對蚩尤文化進行爭奪。可以說，在激烈的蚩尤文化爭奪戰中，貴州目前提出的「蚩尤文化品牌」打造，在一定程度上已失去了先機。那麼，貴州在這樣的形勢下如何才能打造出「蚩尤文化品牌」？筆者認為，貴州「蚩尤文化品牌」的打造，務必劍走偏鋒，著力突出貴州自身的地域特色。而要打造成具有貴州區域特色的「蚩尤文化品牌」，前提就是要瞭解貴州蚩尤文化資源的特色。本文嘗試對貴州蚩尤文化資源的特色進行分析，以期為貴州蚩尤文化品牌的打造提供理論基礎和智力支持。

一、蚩尤文化的起源：丘陵稻作文化

目前，對於蚩尤是人名或是氏族名、酋長名的爭論仍然較為激烈〔1〕(P274-276)，但蚩尤文化當屬蚩尤部落及其後裔在歷史長河中所創制的文化事象應無疑義。在一般意義上，任何人類所創造的文化事象都是人類對其環境適應的成果。世界各處的地理環境與生活條件差異顯著，因而生活於其中的不同族群的適應策略和適應成果也具有了明顯的不同性。可以說，人類文化事象所呈現出的豐富性和多樣性，很大程度上是地理環境與生活條件的差異性使然。

考古證據表明，中華文明應起源於中國中原的丘陵地帶。其中，蚩尤文化或蚩尤文明應起源於江南丘陵帶。[2](P163)如果這個觀點可以接受的話，那麼可以認為，是江南丘陵帶的地理地貌、氣候狀況、生植物條件孕育了蚩尤文化。亞熱帶季風氣候位於地球北緯二十五度至三十五度之間，中原江南丘陵帶正處於這個地帶上。典型的亞熱帶季風氣候具有如下特徵：夏季高溫多雨，冬季溫和少雨，年平均氣溫介於攝氏十三度至二十度之間，平均年降水量一般在八百毫米至一千六百毫米範圍內，水、熱、物產資源都相當豐富，十分適宜人類的生存和居住。中國江南平原帶也屬於亞熱帶季風氣候，為什麼蚩尤文化不起源於此？一方面可能是因為平原帶沒有可供古人類棲居之處。在古代，人類屬於自然界中的弱小群體，為躲避其他凶猛動物的獵食，必須尋找基本能夠躲避甚至對抗凶禽猛獸的棲居之所。在遠古時代人類尚未有建造房屋的能力時，洞居、穴居、樹居就成了他們躲避、對抗凶禽猛獸的重要棲所。但在平原中，天然的洞穴幾乎沒有，同時適宜在其上棲居的樹也不多。因此，如果古人類在平原中生存，則根本無法應對食肉動物的捕食。另一方面，在自然而然的條件下，平原地區的物產通常相對單一，從而無法給人類提供豐富多樣的食物來源，而這些豐富多樣的食物則是人類營養所必須的。人類的營養需要，既有動物蛋白需要，也有植物蛋白、植物纖維的需要。動物蛋白主要通過獵取動物而獲得，植物蛋白則主要依賴野生植物及野生植物果實的採集來滿足。但在平原中，動物通常都是大型動物或凶猛動物，溫順的小型動物較少，古人類因技術問題要獵獲這些大型或凶猛動物的難度相當大。可見，平原地區通常不能滿足人類對動物蛋白的需要。在植物方面，平原地區生長的通常是草本植物，樹木較少，這使得野生果實也較少。因此，在植物蛋白方面，平原地區也不能滿足人類的需要與需求。此外，平原地區因地勢平坦，又處於河流的下游地區，因而很容易發生洪澇災害，在遠古低技術階段，人類顯然無法規避和對抗洪澇災害。

人類不起源於平原，那麼山地呢？山地地帶同樣也不可能成為人類首選的棲居之地。雖然山地地區通常樹茂林密、動植物都很豐富，在居所安全性、營養豐富性方面都可以滿足人類的需要，但山地地帶的山高溝深、落差巨大、林木過茂、毒蟲橫行、瘴氣瀰漫等惡劣條件，顯然不適宜人類的生存和棲居。再者，人類是由猿猴演變而來的。如果人類仍然居住在山地林木茂盛之處，那麼，現在人類則可能仍然僅是猴群中的某一種群，而不可能變成人類。恩格斯在《勞動在猿變成人中的作用》中指出，人手的解放是猿猴變成人的前提。而人手的解放首先必須是雙腳能夠站立，而雙腳站立的前提，則要求樹林稀疏，因為只有樹林稀疏才產生站立的必要。此外，林木茂密，為爭取光照以進行光合作用，各種樹木都努力向上延展，從而使這些樹木的果實距離地面很高，也不利於人類採集（但這對猿猴不構成制約性）。加上海拔較高，即使氣候類型屬於亞熱帶、溫帶，山上與谷底、白天與黑夜的溫差也很大，在人類還沒有發明禦寒物質材料的條件下，人類不可能將這些地區選擇為棲居地。可見，山地也不可能成為人類文化的初孕之地。

而在丘陵地帶，由於丘陵是陸地上起伏和緩、連綿不斷的高地，海拔一般在二百米以上、五百米以下，在地貌演變過程中，又是高原、山地向平原過渡的中間階段，因此，丘陵氣候適當、光照充足、土地肥沃、資源豐富，很適宜人類的生存棲居。比如，丘陵帶的林木密度通常較為適宜、高矮也比較適當，植物類型豐富，野生果實眾多，山坡平緩，大、小型動物種類繁多，不僅能夠為人類提供生存所必須的營養，而且還很適宜人類進行狩獵與採集活動。可見，人類起源於丘陵帶是有道理的。

目前，蚩尤文化的遺存甚為豐富。除史料記載外，大多則遺存於民間村野之中。但遺存在各地區的蚩尤文化中，唯獨江南丘陵帶湖南安化一帶保存有蚩尤屋和蚩尤村。民間習俗通常表現了歷史的記憶，因此，蚩尤文化起源於湖南丘陵應無多少疑問。

文化是人類對環境適應的結果。湖南丘陵帶物產相當豐富，蚩尤部落在與湖南丘陵帶環境互動中又形成了什麼樣的文化呢？

湖南素有「魚米之鄉」之美譽。一方面說明水稻在湖南的普遍性，另一方面也表明湖南水稻的高產性。湖南丘陵帶的氣候、土壤、降水、光照都有利於水稻的生長。據此推測，湖南最有可能是遠古時候野生稻產最為豐富的地區之一。人類取食植物很可能是向動物學習的。而水稻的果實——稻穀，則是鳥群、食草動物喜愛的食物。因此，起源於水稻豐富區的蚩尤部落，也最有可能是最先以水稻為其主要食物的人群。儘管水稻目前已遍及地球所有適宜栽種的地區，但考古發現，湖南應是目前發現水稻遺跡年分最古老的地方。雖然浙江餘姚河姆渡文化遺址出土了七千餘年的稻種標本，但相對於一九八六年湖南北部澧縣大坪鄉平彭頭山出土的九千多年的稻種，還是落後了二千多年。此外，湖南考古還發現了更古老的人工稻。一九九五年，中美合作的「中國水稻起源考古學研究」課題組，就在湖南永州道縣玉蟾岩遺址裡發現了四粒金黃色的稻穀。經鑑定，這四粒稻穀雖然是人工栽培稻穀，但是仍然保留有野生稻、秈稻及粳稻的綜合特徵。[3]（P62-72、P105）據碳測定，該四粒稻穀的年代約為距今一萬二千年至一萬四千年間，比平彭頭稻種又提前了幾千年。據瞭解，這可能是世界上最早的人工稻穀。這些地方正是蚩尤部落的起源之處，表明蚩尤部落可能是世界上最早發現稻作農業的部落。

一種文明首先根植於實物之上。江南丘陵帶水稻的普遍豐富性和易得易采性，成為蚩尤部落進行生產實踐活動的初始條件。當水稻成為蚩尤部落的主要食物之後，隨著人口的增加，馴化、人工栽培水稻等圍繞水稻的生產實踐活動就成了他們的主要實踐活動。隨著這種實踐活動主導性的進一步加強，其他實踐活動都以水稻栽種為中心而展開，因而，稻作文化逐漸成形並不斷地得到豐富發展。因此，在一定程度上可以說，蚩尤文化是起源於丘陵的稻作文化。目前，蚩尤部落主體後裔（苗族）社會中，一年四季仍然存在多種與水稻栽種有關的祭祀活動，如祭田、祭種、祭稻、祭谷、祭倉等。

二、蚩尤文化的歷史發展：由丘陵經平原返山地高原的遷徙

蚩尤稻作文化不像其他文化那樣，起源於一地之後，然後就一直在該地繼續豐富發展，而是經歷了從丘陵向平原遷徙，然後又向山地、高原遷徙的過程。稻作文明是極其活躍的文明。英國認知考古學家斯卡在其著作《人類往昔》中特地敘述了水稻在中國湖南誕生後如何逐步向四面八方傳播的情節，並排出了行程的時間表。〔2〕（P289）暫且不論斯卡的敘述是否正確，但他無疑傳遞了一個信息：活躍的水稻文明必然向四方傳播。

在古代，蚩尤稻作文化傳播的稻作之路與其他文明的傳播之路可能不太一致。其他文明的傳播通常是通過接觸借用，但蚩尤稻作文化卻是由蚩尤後代順著江河而下，通過開闢新地而得以傳播的。這一方面可能是因為水稻本身離不開水；另一方面是水稻本身的嬌柔性及水稻栽種技術的複雜煩瑣性，使水稻文明的傳播需要掌握這種技術的人的流動來實現。因此，蚩尤稻作文化的傳播，實質上就是蚩尤部落民眾不斷遷徙的結果。這與其他文明依賴接觸借用而傳播的路徑具有鮮明的區別。

為什麼蚩尤稻作文化要順江河而往低處平原遷徙？錢定平先生認為，一方面是由於稻作文化產生之後，其自身的自組織機制驅動的結果，另一方面是受蚩尤族喜歡冒險、酷愛遷徙的本性使然。〔2〕（P291）錢先生認為，古人喜歡遷徙，蚩尤部落也像古人那樣熱衷遷徙、冒險。雖然錢先生的觀點頗有啟發意義，但這種觀點有將蚩尤稻作文化的遷徙做神祕性解釋之嫌。很多研究表明，人類的遷徙很大程度上主要是基於生存的壓力。處於狩獵和採集時期的古人，其食物來源基本是野生動物和野生果實。在同一

個地區進行野生動物的獵取和野生果實的採集，野生動物和野生果實勢必會隨著時間的推移而越來越少。因而，不斷遷徙成為依賴狩獵採集為生的古人的生存之道，而不是所謂的天生愛冒險使然。蚩尤族創造了稻作文化，表明水稻已被他們所馴養，這意味著人工栽種的水稻已成為他們主要的食物來源。此時，蚩尤部落應該定居而不是遷徙將更有利於生存，因為遷徙到陌生之地遭遇到的困難總比熟悉之地要多得多和複雜得多。可見，錢先生的觀點是一種缺乏依據的推斷。

如果蚩尤稻作文化的傳播不是由於什麼神祕的自組織機制和族群冒險本性使然，那麼又是什麼原因導致其傳播呢？筆者認為，蚩尤稻作文化之所以順流而下向平原地區遷徙，人口增長應該是其中的最為主要的原因。因為隨著水稻被蚩尤族所馴服，水稻的人工栽種勢必為他們提供了豐富的食物，食物的豐富必然將導致人口的增加，隨著人口的進一步增加，食物的需要量也將不斷增加。由於古代稻作技術落後、低下，水稻產量可能無法跟上增長人口的食物需要量，從而在人口增長的壓力下，向外遷徙就成了蚩尤族不得不為之的選擇。蚩尤部族之所以向平原遷徙，而不向山地遷徙，首先可能是由於平原地區本身就具有野生稻生長的條件；其次，河流流向平原，順水而下要比逆流而上容易得多；再次，蚩尤部族已經發明了定居技能，能夠在平原地區建造防止凶禽猛獸的居所；最後，山地條件更不利於人的生存。

在蚩尤部族向平原遷徙之時，平原地帶應該尚未有人居住。因為，如果沒有發明防止凶禽猛獸的定居技術，那就不可能在平原生存。而要發明這樣的定居技術，進入人工農業階段應該是其必要的前提和條件。因為只有進入了人工農業階段，人類才有充足的時間和精力發明並不斷積累、改進和完善定居技術。由於蚩尤部族是最早發明金屬器的部落，加上平原地區尚未有人居住，不存在部落衝突的問題，因此，蚩尤部族開發平原帶應該相對較為順利。較為順利的平原開發，加上平原氣候的適宜性、土壤更加肥沃、面積更加廣大，水稻產量也就更高，水稻產量高也就可能導致更快的人口增加，人口更快增加的結果就是人口的壓力也就越大。隨著人口壓力的不斷增大，蚩尤部族不斷地向平原推進，最後遷徙推進到了山東丘陵一帶。

丘陵帶是孕育文明之所。當江南丘陵孕育蚩尤部落時，山東丘陵則孕育了東夷集團。由於山東丘陵帶盛產粟類作物，因而，東夷集團創建的文化可以稱為粟作文化。可能由於稻類比粟類的適應性更強，因此，粟作文化南移、西移的情況不多見，而稻作文化則一直遷徙到了中原地區和山東丘陵一帶。蚩尤族遷徙到中原和山東丘陵後，與太昊、少昊的東夷集團聯合而組成了東夷部族聯盟。可能由於蚩尤部族的生產水平相對較高，實力較強，從而被選為東夷部族聯盟的首領。

與此同時，陝南及豫西南丘陵帶也孕育了炎黃部落。起源於陝南和豫西南的炎黃部落，雖然也栽種少量的粟類作物，但其生產活動主要以游牧為主。因此，炎黃部落所創建的文明可以稱為游牧文化。炎黃部落一方面可能由於與蚩尤族部落面臨著同樣問題的原因，即人口壓力，另一方面也可能由於平原的水草豐美和利於放牧，炎黃部落也不斷地順著河流而下，向東部平原遷徙、推進。當炎黃部落遷徙到中原平原一帶時，就與以蚩尤部族為首領的東夷部族發生了碰撞。為了爭奪生存空間，炎黃部落與東夷部族之間發生了激烈的衝突。衝突的結果是東夷部族聯盟敗落，聯盟及酋長首領被殺。部族聯盟中的蚩尤族向南迴遷，太昊、少昊族則大部融入炎黃部落（蚩尤族可能也有部分融入了炎黃族）。隨著炎黃族的進一步發展壯大，人口壓力也進一步增大，炎黃族又不斷地向南遷徙，從而逐漸把蚩尤族擠出了平原帶。蚩尤族被擠出平原帶之後，不斷地向西部遷徙，最後落腳於貴州、雲南、湘西山地和高原一帶。蚩尤族在被擠出平原帶時，之所以不繼續向南部遷徙，一方面可能是由於南部也屬於山地、丘陵帶，不便於遷徙；更有可能的則是，蚩尤族本身就是由西部丘陵向東部平原再向北部平原遷徙的，當他們被擠出平原時，原路返回應該是最為便利的方式。當炎黃部落進一步向退居丘陵帶的蚩尤部落施壓、驅逐時，蚩尤部落又逐漸向西部山區、高原遷徙，從而形成了目前蚩尤部落後裔（苗族為主體）的分布與居住格局。

幾千年來，蚩尤部落及其後裔經歷了從丘陵向東部平原再向北部平原和山東丘陵的遷徙並定居的過程。當蚩尤族成為東夷部族首領時，蚩尤族達到了鼎盛時期。在與炎黃部族衝突中敗落之後，蚩尤族由北部平原和山東丘陵逐漸向南再向西遷徙。文化與文明作為人與環境互動的結果與產物，雖然離不開人，但其存在通常超越了具體的、現實的個人。在此意義上，蚩尤部族遷徙所經之處，儘管已沒有了蚩尤部族後裔民的存在，但其在遷徙途中所遺留下來的與環境互動的族性痕跡，仍然屬於蚩尤文化在該地的留存證明。據此理解，蚩尤文化就不僅僅是蚩尤部族後裔所繼承與創造的文化，而且應包括蚩尤族在歷史上所留存下來的文化事象。由此可知，西部山地、江南丘陵、中原平原、山東丘陵帶等廣闊地區都有蚩尤文化的分布。這些文化，既包括蚩尤族在遠古遷徙過程中、在途經地所遺留的文化，也包括蚩尤族後裔所承繼並創新的文化。歷史遷徙途經地所遺留的文化有如湖南的蚩尤屋、蚩尤場、蚩尤坪，中部內陸的河姆渡文化、良渚文化，中原平原山東丘陵帶的蚩尤冢、蚩尤陵、蚩尤城、蚩尤泉、蚩尤池等。由於苗族是蚩尤族的主體後裔，因此，蚩尤族後裔所承繼並創新的文化就是現今苗族傳統社會中的所有文化事象。

三、貴州蚩尤文化資源的特色：活態存在的綜合性地緣特色

如果苗族是蚩尤部族後裔的話，那麼就可以從苗族目前的分布來推測蚩尤部族在戰敗之後不斷向西部山地遷徙的最後落腳點。經過上千年遷徙，苗族目前已分散在世界各地。但尤以現今的武陵山脈南部和苗嶺山脈一帶最為集中。這一帶正屬於貴州的界域之內，因而可以說，貴州就是蚩尤族後裔的大本營。人是文化的重要載體之一，有人存在就會有文化的存在。以此意義來說，蚩尤文化在貴州的存在就是苗族文化。蚩尤文化就其在貴州的存在與其在異地他區的存在而言，其獨特性在兩個方面凸顯出來：其一是以活態方式存在，並且還不斷地得到發展和創新；其二是綜合了丘陵、平原、山地、高原的地緣特色。〔4〕

文化是人的生活方式及生活痕跡。如前所述，蚩尤部族的足跡遍布了大江南北，因而廣泛分布是蚩尤文化必然具有的特徵。雖然蚩尤文化分布廣泛，但蚩尤後裔的遷徙性而非擴展性，從而除苗族群體仍然是其活性載體而對其進行傳承之外，其他地區的蚩尤文化存在，因蚩尤族後裔的遷徙離去，而實質上僅是蚩尤族曾經的生活痕跡而已。這些曾經的生活痕跡只

能通過考古才能獲知，而通過考古獲知的文化，實質上就是一種已經沒有了生命的文化。所以，分布在湖南的蚩尤屋、蚩尤場、蚩尤坪等的蚩尤文化，當地人除了要依賴其帶來旅遊收入之外，不會再有人感覺到這些場所的神聖性。實際上，這些所謂的蚩尤文化僅僅是一種物質性存在而已，而物質性的存在之所以具有文化意義，主要的是這些物質性背後的情感因素。當物質性存在背後的情感因素消失了，那麼這些物質性存在也就失去了文化的意義。同樣的道理，長江中下游的良渚文化、河姆渡文化（應該也屬於蚩尤文化）以及中原平原區、山東丘陵帶等地區的蚩尤文化事象，如蚩尤泉、蚩尤城、蚩尤陵、蚩尤冢等，實際上也只是一些失去活性的文化事象而已，因為當地人對這些文化事像已經沒有多少感情了。

蚩尤文化在貴州的境遇如何？苗族自認為是蚩尤族後裔的主體，而苗族又以貴州為居住中心和大本營。在這個意義上，蚩尤文化在貴州因存在苗族這個活的載體而使其表現出與其他地區不一樣的存在狀態。問題是苗族是不是蚩尤族的後裔？我們知道，蚩尤部落聯盟在與炎黃部族衝突中戰敗，部落聯盟首領蚩尤被砍掉了腦袋，做了斷頭鬼。我們也知道，蚩尤在漢文獻和正史中一直以邪惡或怪物形象而存在。但是，在苗族民間資料中，蚩尤卻一直保持著心直口快、剛正不阿、和善待人的正人君子形象，而炎帝、黃帝則成為精於詭計、善於陰謀、言而無信的齷齪小人。在勝王敗寇的思維認識中，屬於「寇」的人是邪惡的、醜陋的，應該是要被清除的。「非我族類，其心必異」，「異心者」則應當消滅。儘管斷頭鬼蚩尤被當作「寇」而被醜化，然而，苗族卻不僅將他當作先祖來褒揚、尊崇、祭拜，而且還情願即使被追剿、滅殺，放棄故地流落到蚊蟲肆虐、瘴氣瀰漫、不宜人居的高巔、深谷，也不改初衷。如果僅從生存策略上來說，只要蚩尤部族的後裔放棄把蚩尤當作先祖祭拜而轉向炎黃先祖認同，那麼，他們就將成為炎黃族的「同族類」，而不是「非族類」，那麼他們也就不屬於「異心者」了。只要不屬於「異心者」，也就不太可能成為被不斷追剿和戮殺的對象。從這個角度上看，現在的苗族毫無疑問與蚩尤族存在著很深的淵源關係。

從辯證法角度看，也正是苗族的固執與堅持，才使蚩尤文化傳統在無意中不僅得到了較好的保存保護，而且還得到了不斷的發展創新。[5](P22-26) 作為亞洲最早發明稻作文明的族群（這個觀點尚待商榷），與土地打交道的生產實踐，使蚩尤族成為一個不是很有攻擊性的民族。蚩尤族後裔——苗族逃到苗嶺山脈、武陵山區時，這些地區中的易耕宜種之處已多為其他族群所占據，苗族不是與他們發生戰爭而是落草於山巔和深谷之中。高山之巔、深谷之溝的生存條件和環境，用苗族著名學者石啟貴先生的話來說就是「山高馬踏雲，地瘠人耕石」。然而，也正是這種「踏雲」、「耕石」的生存環境和生活條件，使苗族與其他族群的連繫得以割裂。這樣，苗族的生活就較少受其他族群的影響，從而使蚩尤文化的本源性和本真性得到了較好的保存和傳承。此外，歷史不是一成不變的文物遺存，而是人的實踐活動的不斷展開的過程，而人的實踐活動的不斷展開的過程，不但受原有實踐活動所積累的經驗的影響，同時也受到活動之時所處的環境以及所擁有的條件的制約。從這個角度來說，蚩尤文化正是憑藉著苗族這個活的載體而不斷地在遷徙中保存了自身的本源性、本真性，同時也在不斷地遷徙中得以豐富、創新和發展。由此來看，正是具有了苗族這個活的載體，貴州的蚩尤文化才成為一種動態活性的傳統文化。換而言之，就是一種以活態方式存在的傳統文化，其活態性通過苗族族體成員而得以展示。

文化是一種積累、積澱。蚩尤文化經歷了從丘陵、平原，最後遷徙到貴州山地、高原的歷程，從而綜合了丘陵、平原與山地和高原的地域性特色，成為蚩尤文化在貴州不同於其在其他地區的另一個表現。這種特色主要從衣、食、住、行及信仰精神方面體現出來。

衣飾既反映了人們對環境的適應，也反映了人們的經歷傳統。貴州界域內的東、中、西部地區都有苗族分布。由於居住環境和條件存在著差異，因而分居各地區的苗族的衣飾也有所不同。但是，無論是哪個地區的苗族衣飾，它們的裝飾圖形與圖案，幾乎都記錄了蚩尤族在歷史過程中遷徙的經歷。其中，牽牛過江圖案、河流圖案、馬蹄圖案等最為核心。苗族衣飾被稱為「穿在身上的史詩」正是緣於這個原因。苗族衣飾的類型、裝飾在一定程度上也反映了這個族群在不同地域生存經歷的累積和沉澱。最為典型的是，無論分居在東部，還是分居在中部、西部，苗族都存在著超短裙衣著的記憶，儘管現在不少地區已不再製作和穿著。我們知道，苗族現在不是高山就是深溝的生存條件和環境，不僅氣溫低，而且荊棘密布。僅就實用功能來看，短裙衣著一點作用也沒有。由此看來，短裙衣飾只能是苗族群體對曾經在溫暖平原生活過的經歷的一種記憶而已。再如，苗族衣飾中的綁腿習俗。苗族不論分居何處，也無論男女，在衣飾上都有綁腿的習慣。苗族綁腿不是將褲子與腳包在一起，而是直接綁在腿上。苗族的綁腿是在寒冬季節才綁的，禦寒取向十分明顯，因而苗族的綁腿習俗，顯然是苗族遷徙到山地、高原之後，為適應新的生存環境和生活條件而發明的。苗族的綁腿習俗同時也與苗族在丘陵和平原生存時形成的衣飾——寬鬆異常的褲子或裙子相匹配。

苗族飲食習俗上也表現了綜合性地緣經歷的沉澱。「喜酸」、「愛魚」、「好糯」，是苗族豐富厚重文化中為眾人所稱道的飲食習俗。所謂的喜酸，就是指苗族群體無論分居何處（主要是指國內）都喜歡酸味飲食（國外苗族已沒有這個習俗）。苗族的酸味飲食種類很多，包括酸菜、酸魚、酸肉等。酸味飲食在苗族社會中十分普遍，在某種程度上可以說，凡是可以作為菜類的東西，苗族通常都能做出酸味來。有觀點認為，苗族之所以喜酸，是因為苗族遷徙到山地高原之後缺鹽之故（這個觀點尚待深入分析和考證）。錢定平先生認為，蚩尤族原有居處並不缺鹽，他甚至認為蚩尤族之所以興盛很大程度上正是得益於其占有產鹽地之故。根據錢先生的推斷，苗族的酸味飲食文化習俗當是苗族遷徙至山地高原之後的產物。

苗族愛魚在少數民族中也是比較出名的。苗族的愛魚習俗，不僅表現為愛養魚、愛吃魚、愛吃酸湯魚，更表現為在祭祀中必須要有魚（此現像現在已逐漸改變）。在不少民族看來，在年夜飯中的魚意味著「年年有餘（魚）」，但在苗族看來，「魚」是告慰逝去的先人的：你的子孫仍然同魚一樣自由地繁殖、生活。魚的象徵意義在苗族社會中具有十分獨特的性質，它像徵的是生命而不是財富。比如，苗族父母通過在井裡或河流深淵處放幾條魚，以將身體較弱的小孩寄託給井神、河神看護。苗族的愛魚習俗在某種意義上是丘陵、平原文化經歷的延續。

苗族的祭祀活動也幾乎不能缺少糯米餈粑。只要對苗族文化有較深瞭解的人都知道，苗族招待客人的最高級別不是酒、肉，也不是歌舞，而是專門為來客製作糯米餈粑。糯米在苗族社會中是一種普遍性糧食，從稀缺性來說不如酒、肉，但製作糯米餈粑卻是一種繁雜、繁重的工作，因而糯米餈粑是不輕易製作的。糯稻這種植物環境適應性很強，不管是丘陵、平原，還是山地、高原，它都能夠生長。像愛魚習俗一樣，苗族的好糯習俗也當屬於丘陵、平原文化的遺存。蚩尤族是最早發明稻作文化的民族之一。稻、魚、糯這三種事物具有很強的關聯性：稻的生存需要水，魚就生活在水中，稻生長的地方通常也生長著魚，而糯是稻類作物中的一種。語言是人類對世界認識的載體，在苗族語言中，稻、魚、糯這三種事物同音別調。從人對認識事物的發生學來看，人類應該是先認識稻，然後才認識生活在稻下的魚，最後才逐漸對不同種類的稻進行區別。蚩尤族認識稻應該是生活在丘陵之時。因此，和愛魚習俗一樣，苗族的好糯習俗也應屬於丘陵、平原文化的遺存。由於平原地區溫暖濕潤，餈粑不易保存，因此，便於攜帶、保存時間較長、隨時可以食用的糯米餈粑，應該是苗族適應遷徙和山地、高原環境的結果。

苗族住居建造也十分顯著地體現了綜合性地緣特色。吊腳樓是我國西南地區最為顯著的建築風格。從起源論來說，這種建築風格可能是由蚩尤族所發明和創製的。苗族作為蚩尤族的後裔主體，不僅繼承了蚩尤文化傳統中飲食文化喜稻好魚的習慣，而且還將守稻護魚的生產習慣延伸到住居房屋的建造上來。蚩尤族在馴稻之後，稻成了他們的主要糧食，但稻的生長需要平地蓄水，從而就形成了愛田、惜水的風俗習慣。這種習慣使蚩尤族即便遷徙到山地、高原之後仍然對其生產生活產生影響。比如，為了獲得耕田農地，他們往往十分珍惜地勢平緩之處，將平地緩坡保留下來，修建為能夠蓄水的水田，以便種植水稻。這樣，住所就只能建在山上，山上由於平地不足，為了拓展居住空間，以吊腳方式擴建居所面積和空間成為最佳方法。通過吊腳樓方式拓展居住空間很大程度上則是守稻護魚技術的延伸與遷移的結果。稻穀的儲存是不能直接放在地面的，必須要與地面保持一定的距離，否則會因為受潮而很容易就腐壞爛掉。此外，遠古時代飛鳥獸群糟稻捕魚十分普遍，為了守稻護魚，遠古人類也可能會在稻田邊或稻田上建造看護場所。看護場所與地面保持一定的距離具有一定的防止蚊蟲野獸襲擾的作用。因而，建造與地面保持一定距離的處所顯然與稻作生產存在著密切的連繫。目前，在苗族某些地區仍然盛行著的「水上糧倉」以及仍偶爾可見的稻田上邊或稻田上的簡易茅屋，其功能就是存稻、護稻、護魚。蚩尤族將他們在丘陵和平原地區所探索出的存守稻穀、看護魚的技術，運用到山地的住所建造上來而演變成為吊腳建造技術，具有邏輯上的一致性。目前，吊腳樓住所建造還常用到石塊、石板，這些是山地、高原中常有的建築材料，但在丘陵、平原中則較少。由此可見，吊腳樓實際上就是多種地緣適應性的結果。

貴州蚩尤文化傳統的綜合地緣性在信仰、精神方面更具特色，這有待於我們進一步深入挖掘和整理。

參考文獻

〔1〕王萬榮.蚩尤名稱考辨〔A〕//貴州省苗學會.苗族文化產業發展〔C〕.北京：中國戲劇出版社，2013.

〔2〕錢定平.蚩尤猜想〔M〕.上海：上海古籍出版社，2011.

〔3〕笪浩波.中國稻作起源的動因〔J〕.江漢考古，2009（1）.

〔4〕龍葉先.貴州蚩尤文化資源的特色〔N〕.貴州民族報，2014-06-26（4）.

〔5〕龍葉先.蚩尤文化與貴州文化身分構建〔J〕.貴陽學院學報（社會科學版），2013（1）.

（原載於《黔南民族師範學院學報》2015年第3期）

（二）民族節日研究

「非遺」概念實踐的地方性文本
貴州控抗苗寨鼓藏節：

楊杰宏

改革開放以來，傳統文化的復興與變遷成為國家現代性建構的重要資源及動力，而發軔於二十世紀九〇年代中期延續至今的「非遺」運動為這一現代性建構進程注入了新的動力。這場至今仍處於深化進程中的「非遺」運動對於傳統文化的再認識及現代性啟蒙產生了積極的作用，然而，「非遺」作為基於西方文化背景及學術概念體系的產物，在中國這樣一個歷史悠久、傳統沉澱深厚、民族文化多樣性突出的多元一體國家中的運動式實踐，會不會帶來水土不服、「淮橘成枳」的文化排斥反應，甚至文化衝突？毋庸諱言，當下「非遺」運動中出現的文化遺產政績化、展演化、商品化、同質化，以及文化遺產的地屬、族屬之爭成為當下學術界所詬病的問題，如何對這些「非遺後遺症」提出有效的療方也成為當下學界關注的焦點。

「鼓藏節」在苗族當地稱為「弄略」或「噥略」，皆源於苗語「nongx niel」，是苗族的傳承久遠的祭祖民俗。鼓藏節每十三年舉行一次，以家庭、宗族祭祖儀式與村寨內的吹蘆笙、拉牛旋塘、跳蘆笙舞等集體活動相結合，其中以殺牯牛祭祖為重要內容。舉行活動期間，邀請鄰寨親友參加，成為深化地方、族群認同的標誌性文化傳統。貴州雷山縣的鼓藏節於二〇〇六年列入國家級「非遺」名錄，由此成為貴州民族文化的一張名片。筆者於二〇一三年十一月八日至十六日參與觀察了貴州省三都縣控抗苗寨的鼓藏節活動[1]，基於參與—觀察—體驗的民族志深描，對「非遺」語境下的地方民俗的現狀及困境做了一些思考，希望能夠對當下的「非遺」運動的辯證認識提供一個地方性視角。

一、「藏在深山裡的苗寨」：控抗村的村落背景

控抗村位於黔南州三都縣都江鎮東南隅，從貴陽到三都縣城有二百三十千米，從三都縣城到控抗村有四十多千米。都江鎮到村口是一段近六千米的山地土路。三百餘戶苗家集中居住在一個緩坡上，傳統建築保存完好，加上週邊一直保護良好的自然生態，使控抗村宛若一個世外桃源：干欄式瓦木房鱗次櫛比，錯落有致，寨內古巷縱橫，雞犬相聞；村背後雲霧繚繞，森林茂密，楓林盡染；村邊梯田逐級而下，從村頭到河谷落差近千餘米，氣勢非凡。

控抗村下轄六個村民小組，共三一五戶，寨內以苗族為主體，其間雜居著漢族、水族，苗漢主要居住在一、二、三組中；漢族八戶，通苗語，家內說漢話，仍秉承著傳統的漢文化禮制，春節、元宵、清明、端午等傳統節日仍在此延續；水族近三十戶集中在第四組，水族服飾、語言、傳統習俗仍得到有效保存。村中主要姓氏有王氏、姚氏、潘氏、李氏、顏氏、楊氏、徐氏、白氏等宗族，人口以姚氏居多，姚氏同姓不同宗，分為三個

1　本次調查受中國社科院民族文學所委派，在調查過程中，得到姚學明、姚登明、吳曉東、吳正彪、吳秋林、祖明、文靜、馬秋晨、劉忠培等人的協助與支持，在此謹致謝忱！

不同宗族，同姓但不同家族間禁止通婚。王氏是最早原住居民，這也是鼓藏頭以王氏宗族世襲的緣由。顏氏、白氏為漢族，民國時遷入。從調查中得知，過鼓藏節時，漢族、水族不殺牛，漢族提前殺了黃牛作為待客之用；水族不過鼓藏節，但作為一個村集體成員，主動承擔了節日期間的做飯、接待外客等事務。從村寨族群構成可看出不同民族文化之間的融而不合的特點，另外，因地處偏僻，受外來文化衝擊較小，從而保留了較為完整的地方傳統文化。可以說控抗村的村落格局集中體現了高原山地生態與多民族的人文相依存、現代性文化與傳統文化相共生的特徵。

二、狂歡與展演：控抗村鼓藏節儀式深描

（一）殺豬祭祖

二〇一三年十二月八日，我們抵達控抗村時已是傍晚五點多，整個村子洋溢著濃郁的節日氛圍。村口拉著宣傳布標：「歡迎各地朋友歡度神祕、古老的苗族鼓藏節。」我們到達田野連繫人——姚學明家時，他正忙著殺豬，準備用來作祭祖用的祭牲。姚學明出生於一九六六年，今年四十七歲，身材不高，精神矍鑠，性格溫和，我們都叫他姚叔。他自幼跟隨父親學習傳統祭祖禮儀，掌握一定程度的傳統祭詞，成為村裡為數不多的巫師。姚學明的大兒子姚登明在中南民族大學讀書，小兒子在三都縣讀初中，家庭負擔沉重，這些年的學費及生活費基本上由到福建打工及靠貸款來維持。為這次過鼓藏節，他家買了一頭一點八萬元的牯牛，加上一頭豬、兩頭黃牛，這些大牲就花費了三萬多元，可見這個節日的重要意義。

姚學明的父親叫姚老高，今年七十八歲，是村內為數不多的祭師。祭祀儀式在家門口一小塊空地上舉行，老人朝家門口東向而坐，前方置一簸箕，裡面陳放有錘打過的糯米糰、兩條油炸過的乾魚，旁邊有一碗酒。老人唸誦了將近六分鐘，儀式也就結束了。老人解釋說祭詞主要內容是迎請祖先神靈回家來過節，並說明祭牲豬從小沒有得過病，健壯肥碩，是最好的獻牲，祈望祖先神靈享用並保佑家人平安有福。

（二）攏客

「攏客」是當地的方言，意為收攏客人，即邀請親朋好友到家中做客。「攏客」日為陰曆冬月初七（12 月 9 日）舉行的。按傳統，鼓藏節一般要過十三天，以亥日（狗）始，終於亥日。以前寨子未通公路時接客點是在寨子東、西方向上的兩條山路。自二〇〇七年修通公路後，外來客人大部分從村頭公路進入寨子。早上九點多，寨子路口已經車水馬龍，人聲鼎沸，熱鬧非凡。來客所乘車輛主要有貨車、摩托車、小轎車、面包車、微型車。客人在此整理好衣物、禮物後下山進入寨子內的東道主家裡。禮品以禮錢與禮物為主，禮物是傳統的一扁擔糯米稻穗、公雞、鴨子。

從客人來源情況來看，主要分為村內、村外的親戚朋友，村外以小腦、高盤、丹寨等鄰近村寨為主。作為東道主的主人家皆以來客多為榮，其中一個判斷因素是聽門口鞭炮聲的次數。據調查，姚叔家客人大致來了近二百人次，當天晚上住宿於他家的客人多達二十一人。節日期間從早到晚，隨時有來自不同地方的客人。每一撥客人進來，姚登明家人都要忙著準備酒肉。待客宴席一律為肉燉青菜火鍋，青菜是寨子裡自產的，肉類為豬肉與牛肉，火鍋湯料以大蒜、青辣子、香菜為主，並配備有辣椒蘸水。鼓藏節期間不能吃豆腐，相傳很久以前過鼓藏節時，村裡流行一種病叫鬼屎豆，又稱為豆屎病，是吃豆腐導致的，所以此後過節時不能吃豆腐。[2]

整個鼓藏節期間的攏客分為兩次，中間隔了兩天，第一次是請客人到家做客，吃肉喝酒，欣賞蘆笙舞；第二次是參與砍牛儀式，第二天早上分完牛肉回去。這說明了鼓藏節的兩個階段是以蘆笙舞、分牛肉作為標誌的。

（三）蘆笙舞展演

1. 鼓藏頭家請神

十二月十日一早，我們吃過飯後就去了村頭山頂上的鼓藏頭家。鼓藏頭名叫王有輝，四十一歲，身高一點六米左右，忠厚敦實。與其他地方的選舉制不同，控抗村的鼓藏頭是世襲的。榕江、臺江等地的鼓藏頭夫妻扮演老祖宗角色，不能隨意活動，而控抗村的鼓藏頭顯然自由得多，可以在村裡隨意出行。

九點二十二分，開始祭祖儀式。王有輝把祭品一一陳放於主屋的正北方，祭品為：一個鐵盆裡放著切過的豬腸、豬心、豬肺等內臟，鐵盆中間擺放著一個碗，裡面有一塊豬肉；旁邊一個盤子裡放著炒過的小乾魚；鐵盆後面為三碗白酒，其上各置一雙筷子；酒後為一碗泡湯米飯及一碗豬肉（裡面有三片煮熟的豬內臟）；米飯後為一鐵口缸，裡面陳放有生米及一

2　這一傳說由三峽大學研究生劉忠培蒐集而得。

截三寸長的竹管，竹管是劃開為兩半後合成的。擺放好祭品後，王氏宗族的長老——八十三歲的王治坤開始唸誦祭詞，大致內容為迎請族中歷代祖先神靈前來享用祭品，交代祭品的來歷及種類，並告之今天舉行活動的主要內容，祈求祖先神靈庇佑年成豐收，子孫平安吉祥。唸誦祭詞時，王治坤把口缸內的米粒撒在地上，然後用竹筷蘸了酒水滴在地上，又分別夾了些乾魚、米飯、肉放入口中嘗一下，以示為祖先準備了好酒好肉。祭畢，參與儀式的族人過來抓小乾魚片吃。

2. 穿百鳥衣

九點三十五分，鼓藏頭家陸陸續續來了不少村民，男女都穿了苗族傳統服飾——百鳥衣。百鳥衣裝飾繁複，底裙都繫著白色的雞毛。百鳥衣只有在盛大節日才穿。做這樣一件衣服，耗工費時極多，布及圖案皆手工紡織、刺繡而成。鼓藏頭家內親吃過飯後開始穿戴百鳥衣，女眷在內屋，男子在正屋裡。男女都先穿上黑色衣褲，再穿戴百鳥衣，在帽子頭飾上繫上一根麻繩。百鳥衣男女有別，男的為長袍形制，上身與下身衣服垂條羽毛相連，女的則分開，且在上衣與裙子中間系一塊四周繡有黑白方塊圖案的小圍裙。

3. 巡舞出行

等鼓藏頭一家穿戴整齊走出來時，族中長老示意鳴炮，一個後生拿著三個高兩寸的小鐵筒走到正屋走廊右側點燃了引線，鐵筒裡裝了炸藥及雷管，聲響巨大。三響過後，眾人一齊歡呼。這標誌著這一天的蘆笙舞活動正式開始。

鼓藏頭王有輝吹著蘆笙走在隊伍前面，兩個吹蘆笙的中青年男子相隨，他們後面是由二十五個身著盛裝的中青年男子、婦女組成的方隊。王氏宗族舞隊作為全村領舞者，須走在整個舞隊的前方，其後為姚氏、徐氏、楊氏、潘氏、顏氏等宗族方隊。整個舞隊的巡舞方式及線路為：首先在鼓藏頭家前方的上月亮坪前舞三周，再巡舞至姚登明家前方的中月亮坪舞三周，至村尾的下月亮坪舞三周，最後集中在小學操場上，由全村舞隊在場內舞三周，舞畢退出操場，在場邊等候吃午飯。頭輪午飯先招待遠道而來的官員及外地記者、學者，村委會專門組織了接待隊，引客上座、上菜、添飯、敬酒都有條不紊。飯後進行蘆笙舞活動，不再分宗族方隊，為集體娛樂形式，一直到深夜兩點多才結束。

（四）村寨集體拉牛旋塘

十二月十一日為旋塘日。旋塘因牽牛旋繞圓塘而名，即以寨內各個宗族方隊為單位，跳著蘆笙舞，牽著牯牛到村下方的圓塘中旋轉一週。我們於八點十五分趕到鼓藏頭家時，家中院子裡已人滿為患，其中記者、攝影者及外來的參觀者近二十人，這些外來者或隱或顯地影響、改變著傳統節日的形式與內涵。鼓藏節已經不只是傳統的村寨內部的祭祀儀式了。

1. 請神祭祖

與昨天蘆笙舞儀式相同，鼓藏頭吃過早飯後舉行請神祭祖儀式。今天儀式由鼓藏頭王有輝一人主持，祭品少了炒乾魚，其他則與昨天一樣：一盆切過的新鮮豬內臟，中有放著一片肉的一個碗，後分別為酒水、泡湯米飯、熟肉、盛放有小竹管及米粒的鐵口缸。王有輝一邊唸誦迎請祖先神的祭詞，一邊把米粒撒在地上，並用竹子沾了酒水滴在地上，並分別嘗了下米飯及熟肉片。祭畢，家人收拾祭品，然後開始穿戴百鳥衣。

2. 豎立旌幡

八點四十五，開始製作旌幡。旌幡是在一根長約十二米的竹竿上繫上三條寬約六十釐米、長約十米的麻布織錦，一條為黑色，無圖案，與男子黑衣顏色相同，另兩條為黑白相間的條紋，圖案以方形、菱形、網形為主。每個家族的旌幡數依人數而定，家族人口多的一般為九竿，少者也不能少於三竿。村內至今還保留著傳統的旌幡製作工藝，這一工藝費時費力：先把麻紗織成麻布，再把麻布用藍靛菜煮泡成靛黑色，然後在石灰沸水裡煮泡三道，最後用清水漂洗，加上打磨、刺繡，整個工序近二十多道。拴系旌幡時旌幡不能著地，一直由旁人抬著，旌幡每隔半米用白布條拴系。旌幡系好後，王有輝從牛棚裡牽出牯牛，眾人給牛披上一塊粉底繡有紅、黃花及雙喜圖案的綢布，牛頭上掛了一條黑白條紋刺繡的布條，兩個牛角各套了一個銀圈。豎立旌幡時，兩個記者因爭搶拍攝位置而爭吵起來，寨老與王有輝趕緊上前予以制止，聲明節日期間絕對不能發生此類不吉利事件。

3. 巡舞出行

近十點時，王氏宗族的旋塘方隊開始巡舞出行，出行方式與昨天的蘆笙舞隊出場相同，也是由鼓藏頭率隊，吹蘆笙者及跳舞者跟隨其後，不同的是前行隊伍中多了幾個挑著象徵祖先遺物的老者，牽牛者走在舞隊最後。前面的引路者、寨老及壓陣的執旌幡者皆不穿百鳥衣，一律穿著黑衣，身披黑白織錦披風，只有中間的演奏者、舞者穿著百鳥衣。整個方隊人數多達六十六人，規模超過了昨日的方陣。寨老擔任了祭師角色，走在隊伍最前頭，他頭戴插有翎毛的竹笠，手持砍刀，一邊揮舞一邊唸唸有詞，帶領隊伍在前面開路；鼓藏頭在後面挑著棕繩、酒桶相隨，一路上喝著牛角酒，然後把酒噴灑到路邊觀眾身上，以作祈福；後面相隨的五個挑酒的中年人，前兩人也是邊喝邊噴灑向路人，後三人則把酒倒入牛角後敬給路人；敬酒者後面為兩個寨的人各持一根中間劃開到末端的竹管，邊行邊彈竹管；在彈竹管者兩旁，另兩個老者則手持一根木棍，朝地上做刺殺狀，然後扔到地上再撿起來反覆剛才的動作；其後為演奏者，有敲鑼者，吹芒筒、蘆笙者，一路樂聲相隨，舞者邊行邊舞，舞蹈動作為雙手在胸前上下晃動，身體左右搖擺。巡舞方隊先在鼓藏頭家的月亮坪跳蘆笙舞三周，然後向山下寨子進發。王氏宗族方隊行至村道岔路口，已有其他宗族方隊在旁邊迎候，旌幡林立，過道兩邊觀者如堵。等王氏方隊巡舞過去，依照傳統次序其他宗族方隊也跟隨而進，迤邐巡行於寨中小道。至寨中、寨尾的月亮坪皆繞舞三周，因兩個月亮坪場地狹小，跳舞時分成了裡外幾圈，內圈以祭師、鼓藏頭、寨老為主，演奏者在其外，最外圍為舞者，執旗者站立於場地中間。在兩個月亮坪中跳完三週後，方隊浩浩蕩蕩地往寨子下方的圓塘進發。

4. 拉牛旋塘

抵達村子下方的圓塘前時，先鳴炮三響，再燃放鞭炮。鞭炮聲過後，王氏方隊從東北入口處進入場內，牽牛者從東南角入場，皆繞塘舞一週，繞完後牯牛從東北方向牽出塘外，方隊退至塘內東邊迎候其他宗族方隊入場。其後，姚氏、徐氏、李氏以及由潘氏、顏氏、吳氏雜姓組成的四個方隊陸續入場表演，入場式整整舉行了近兩個小時。村內各個宗族方隊全部到位後，由王氏方隊領舞，各個方隊依次而進，團旋而舞，集體旋塘三週後舉行鬥牛活動。在這個方圓七十平方米的圓塘內，近兩百個身著百鳥衣的男子繞著場子翩翩起舞，中間是五十多面獵獵飄揚的旌幡，圓塘周邊的山坡上、道路邊、樓房上站滿了觀眾。整個過程蘆笙不斷，鐵炮轟響，鞭炮齊鳴，銅鑼喧天，氣氛熱烈壯觀，從中可以感受到悠遠滄桑的苗族歷史以及神祕寥廓的民族心靈史，給人以強烈的視覺衝擊及文化震撼。

（五）宗族拉牛旋塘

十二月十二日為以家族為單位的拉牛旋塘日。參與宗族拉牛旋塘者由每家派出的代表組成，由族中長老帶隊，婦女在隊伍後面，皆不穿百鳥衣，男子穿黑衣，婦女穿傳統服裝。抵達圓塘前先燃放鞭炮，從東南入口進場，在塘內繞行一週，到塘內東北角時，由長老抓一把黃土放在牛後背上，以祈求土地肥沃、五穀豐登。繞完後從東北處出來。到家後主人把牯牛關入圈內，喂上青草，然後再去參加第二家的旋塘活動。

整個寨子有近兩百頭牯牛需要旋塘，旋塘時禁止多頭牛同時進行，只能單頭進行，而且第二天為牛日，屬忌日，不得再舉行旋塘活動，所以這一天的宗族拉牛旋塘活動從早上七點多開始，一直持續到晚上十點多，但還是因牛太多而沒有全部完成旋塘儀式，沒完成的只能等到牛日的後一天舉行了。

（六）砍伐殺牛架

砍伐殺牛架木料必須在砍牛儀式前兩天內完成，具體時間不定，有的一大早就去砍伐，有的到了傍晚才出發。十二月十三日傍晚五點多，我們跟隨姚叔到都江畔砍伐殺牛架，砍木者共有五人，從控抗村坐車近半個小時到達公路邊的都江畔。江面寬近五十米，大家脫了褲子後依次涉江而過。一個殺牛架需要三根圓木，粗約一個大碗口，長約三米。選木也有講究：必須是樹枝分叉較多的楓香木，意喻著多子多福、多進錢財。找到要砍伐的楓木後，姚叔取出祭品（米、魚、河水）放在樹邊，然後唸唸有詞，大意為向山神求木，並請祖先神靈下凡保佑砍伐過程順利平安。這只能算是一個小儀式，祭詞只念了短短的兩分鐘。木料砍好後，大夥扛著木料，依次涉江回到停車處。木料放在路邊後，砍木者五人圍成一圈分享帶來的祭品。姚叔說祭品不能帶回去，必須在回家前吃完，意喻著與祖先共享福澤。砍回來的楓木放在家門口畜圈邊，並在上面放了一些「藿木」枝，門上也插著「藿木」枝，主要是防止外來鬼魂作祟。[3]

（七）安土地公儀式

安土地公也就是土地神祭祀活動，以家庭為單位舉行。在砍牛前舉行這一儀式，主要有三個儀式功能：一是祈求土地老爺保佑砍牛儀式順利圓滿，二是希望今年土地肥沃、五穀豐登，三是保佑全家健康平安有福。耕牛與土地有內在連繫，旋塘儀式中把土擦於牛背就有土地增殖、莊稼豐收

---

3 當地苗語稱為「Hong[35] mu[31]」（藿木），為常綠喬木，苗民認為有闢邪趨吉之效，在儀式中經常使用。據吳曉東調查，榕江烏略寨稱其為推牛旋枝。

的祈望。從控抗村的安土地公儀式來看，時間集中在砍牛前的兩天內，姚叔家是在十四日傍晚舉行的，祭品為糯米、三條乾魚、一碗酒水。姚叔把酒瓶裡的酒倒入碗中，然後開始唸誦祭詞，大意是向土地神說明給他供獻的祭品種類，包括了糯米麵、乾魚、酒水、雞鴨等，對土地神一直對家人的保佑表示感激之情，並祈福砍牛儀式順利圓滿、土地增殖肥沃、五穀豐登、六畜興旺、家庭和順美滿等。唸完祭詞後，從糯米麵、乾魚中用筷子各取小許，放入酒水裡，然後倒在瓢裡灑到地上，儀式結束。

（八）砍牛儀式

十二月十五日這一天並不砍牛，砍牛儀式在子夜一點多，但村民觀念中仍視為同一天的活動內容，因為整個儀式過程是連在一起的，砍牛儀式前不能睡覺，一直要守到鼓藏頭家通知砍牛的炮聲。砍牛儀式程序有以下幾個部分：

1. 獻牲（鴨子）

鴨子獻牲是在砍牛前一天的午後舉行。十二月十五日下午二點四十分，姚學明手裡提著一隻鴨子，站在牛圈前唸誦祭詞，大意是向祖先神靈稟告作為獻牲的鴨子的來歷，祈求祖先神靈享用，並保佑砍牛儀式順利圓滿、家人平安幸福等。念畢，主人舉起鴨子使勁地朝牛頭上砸，直至將鴨子砸死為止。整個儀式近五分鐘。村民說道行高深的巫師在唸誦祭詞時可以讓牛流淚，可惜我們未看到這一場景。

2. 編篾繩

篾繩用來拴殺牛架，從砍伐楓香木製作殺牛架到砍伐青竹編篾繩，都嚴格秉承了傳統手工藝。篾繩由篾條編織而成，其製作過程為：先把青竹劃分成八根細篾條，由一人把八根篾條的頭端緊握在手中，另兩人各拿兩邊的四根篾條，像編髮辮一樣地把篾條相互穿插，編成了結實牢固的篾繩；篾繩編好後，還要使勁往兩邊拉扯，以增強篾繩的韌性。

3. 安殺牛架

安殺牛架都在午後進行。先用鐵錐子在地上鑿洞，洞口寬二十五釐米，深約半米，以能夠插入楓木為原則，兩個洞口相距近半米，為了使兩根插木相互交叉，兩個洞口都是對斜方向挖的。洞挖好後，把兩根粗二十多釐米、高二米多的楓木插入洞中，中間交叉處用篾條緊緊拴固，然後在左、右邊木樁上方做了兩個篾繩套口，再拿一根楓木橫穿在兩個套口中，成為一個三角形叉口，此叉口是用來卡壓牛頭的。安好殺牛架後，橫木從左邊叉口中抽出，砍牛前把牛頭按在叉口內後再穿插固定。每個殺牛架上都放著藿木樹枝，一則起闢邪作用，二則剖牛時墊在地上，防止泥巴沾到肉上。

4. 砍牛儀式

砍牛者必須由舅舅來擔任。姚叔家的砍牛者是姚登明的小舅子，名叫江老大，不到三十歲，之前沒有砍過牛。所有砍牛儀式必須在鼓藏頭家發出第一聲炮令後才能舉行，而炮令往往是聽到凌晨第一聲雞鳴後發出。如果哪一家違反了規矩，以後村裡發生其他不祥災難，全由這家人來承擔，實際上也從沒有人違反過這一祖制。說來也怪，我們到村寨的七天時間裡，一直晴空萬里，但這天下午突然下起了大雨，雨勢到晚上更大，沒有停止的跡象。所有殺牛架上方都搭上了簡易雨棚。快到子夜一點時，大家聽到了從鼓藏頭家發出的炮令，等候著的人們起來開始準備砍牛儀式。姚學明從牛棚中牽出牯牛，把牛頭按到殺牛架上，再插上橫桿，把牛頭固定在裡面，牯牛沒有任何反抗舉動。江老大先把斧頭在殺牛架上沾了下，拿開後在半空中比畫了三下，然後朝著牛腦中間猛砍數次，整個過程不到三分鐘，整頭牛就癱軟在地。牛頭朝著東邊的姚叔家，此為吉兆。族中一老者拿了一根竹籤插在牛舌頭上，以防牛魂到陰間告狀。[4]其後江老大又拿了一把短刀捅牛喉嚨處，鮮血噴湧而出，旁人用大盆接住，接滿後用藿木枝覆蓋其上。同一場地上的五頭牛幾乎在五分鐘內被砍死，而整個村寨的近三百頭牯牛也在這一時刻被砍死！整個儀式過程中，外來的記者、攝影師們在場內來回穿梭，現場一直閃爍著照相機的閃光燈，有的記者還打著強光燈，以保證影像質量的高清晰度。

（九）送牛魂儀式

砍牛儀式結束時已是凌晨一點半，雨依然下個不停，圍觀者大都回屋睡覺。二點半開始舉行送牛魂儀式，族人把藿木枝墊在地上開始對牛體剖膛切割。男主人從牛肚中取出肝、髒、肺、脾等內臟，用一根麻繩拴系在一塊交給族中一個年長者，長者一手提著內臟，一手持一根竹棍，唸誦送牛魂祭詞，其大意是把牛魂送達祖先魂居地，向祖先稟告獻牲情況。姚叔家族的長者唸誦了近六分鐘。月亮坪中的另外四戶同時舉行送牛魂儀式，

4 牛魂告狀傳說有兩種：一種是到陰間閻羅王處告狀，閻羅王認為人類虐待牛類，就會懲罰人類。另一種是牛被砍死後，牛魂就會到祖先神靈處。祖先神靈見到一下子來了這麼多牛魂，就問它們是什麼原因。牛魂回答說是來作祖先神靈的祭牲。祖先神靈聽了很高興，要求人類每年都祭獻牛牲，人類不堪其苦。牛舌被穿插了竹籤後就說不出話，即使到了閻羅王、祖先神靈處也不能告狀了。

有一老者唸誦祭詞長達十六分鐘，他說時間拖長的原因是裡面提及的地名、祖先譜系名稱較多。祭畢，大家返回屋內共饗牯牛內臟，有些學者認為「吃牯藏」的名詞源於此。

（十）分牛肉

切割好的牛肉被搬回樓下，放入一個大簸箕內。清晨八點多開始分牛肉，內親以家族中的爺爺、父親、伯父、叔父為大，外親以舅舅、女婿、姑父、姑媽、姨媽為大，可以優先分到好肉，以牛腿、瘦肉、牛頭肉為貴。從早上到上午，姚學明家熱鬧非凡，既有客人分到肉後辭謝而去，也有村中親戚過來送牛肉的。村道上也四處是挑著牛肉的村民，整個村裡洋溢著一種歡樂、祥和的氣氛。

（十一）封寨

封寨習俗是鼓藏節的一個傳統，聽村民介紹，封寨之俗是因為牛魂還沒有抵達祖先神靈處，有些還在寨內遊蕩，所以通過封寨防止牛魂外出，同時防止外面邪氣進入寨內。傳統的封寨習俗是從分完牛肉後的中午開始，一直到第二天中午，現在已經把時間壓縮到下午四點到五點的一個小時，封寨時間內村內的人不准外出，外邊的人不能進來，即使是村民到山上砍柴也不能入村。

（十二）捕魚祭祖

封寨並不是鼓藏節的最後環節，聽村民介紹，最後一個節日程序是後面兩天的捕魚祭祖儀式。那兩天，村民各家帶上漁網、網兜、魚簍等漁具到都江裡捕魚，把魚拿回家後再舉行祭祖儀式。儀式結束才宣告鼓藏節落下帷幕。鼓藏節從十二月八日的殺豬祭祖始，以十二月十八日的捕魚祭祖結束，共十天。因時間關係，我們沒有參加封寨及捕魚祭祖儀式。外來參觀者也在封寨前離開了村子。

三、探討與思考：控抗苗寨鼓藏節——「非遺」概念實踐的地方性文本

（一）「非遺」的名實之爭：鼓藏節的多元表述

關於「牯臓節」的名稱存在多種表述，比較常見的有「牯藏節」、「鼓藏節」、「牯臓節」、「吃牯臓」、「鼓社祭」、「祭鼓節」等。二〇〇九年黔西南苗族自治州雷山縣以「鼓藏節」之名申報國家「非遺」項目獲得成功，所以在官方的表述中以「鼓藏節」為主。

「鼓藏節」名稱表述的多元化原因主要在於對「鼓」、「牯」的不同理解——是以「鼓」而名，還是因「牯」而名？對此民間與學術界都存在不同的解釋。如在互動百科中對「鼓藏節」的定義為：鼓藏節又叫祭鼓節，是苗族屬一鼓（即一個支系）的支族祭祀本支列祖列宗神靈的大典，俗稱吃鼓藏。阿土認為，鼓藏節，苗語稱為「牯噥江略」，意為鼓社節，即以血緣宗族為單位的祭鼓活動。鼓藏節是祭祀神楓樹和蝴蝶媽媽的。鼓藏節每十二年舉辦一次。「鼓」是祖先神靈的象徵，所以鼓藏節儀式活動都以「鼓」為核心來進行。鼓藏節的儀式由鼓社組織的領導「鼓藏頭」、「操辦」，「鼓藏頭」經由群眾選舉產生。我們在控抗村調查時發現，村民認為「鼓藏節」的名稱與「鼓」沒有關係，而是與砍牛儀式結束後的吃牯牛

內臟相關的，準確名稱應為「牯臟節」或「吃牯臟」。但這裡也存在一個問題，即「牯牛」是漢語，在漢語還未傳進來時不可能稱為「吃鼓藏」，是傳入漢語「牯牛」後才有此名？還是原先就有不同於此的名稱？

「鼓藏節」的名實之爭也與這一傳統文化的不同時期、不同地域間的文化差異及文化變遷有內在關係。黔南、黔東南、黔西南及桂西北等不同區域的鼓藏節存在著較大的差異，如臺江縣巫腳鄉的鼓藏節中鼓貫穿了整個節日活動：求鼓、制鼓、醒鼓、打鼓、送鼓、藏鼓〔2〕，而我們調查的控抗村的鼓藏節中只有在攏客時才敲銅鼓，其他儀式中並未使用銅鼓；鼓藏節期間的禁忌也有不同，吳曉東在榕江縣烏略寨調查中發現，節日期間不能吃蔬菜〔3〕，而在控抗村則不禁蔬菜，禁吃豆腐；節日期間的傳統苗服、蘆笙舞、對歌、拉牛旋塘、做殺牛架、殺牛儀式、分肉等方面也存在不同程度的差異；鼓藏頭的產生有些區域是世襲的，有些是選舉產生的，選舉產生的鼓藏頭也存在宗族內選舉及村寨中選舉的差異；鼓藏頭的活動禁忌也有地域差異，如在榕江、臺江等地的鼓藏頭夫妻不能隨意活動，只能在家中被當作老祖宗受到村民侍候，而控抗村的鼓藏頭可以在村裡隨意出行。控抗村的鼓藏頭王有輝說：「十里不同天，每個地方的鼓藏節都有不同的過法，哪兒的正宗不好說。」

「鼓藏節」的名實之爭及多元表述不只是一個孤立的個案，它折射出「非遺」概念在地方實踐中的表述困境，如怒族的「仙女節」與「鮮花節」，納西族的「麗江洞經音樂」與「納西古樂」、「東巴」與「達巴」，青海藏族的「熱貢藝術」與「吉喆」等同樣存在類似問題。對於以口頭傳統為主的民族文化遺產而言，「非遺」項目名稱的界定經歷了一個從口頭表述到書寫表述、地方表述到官方表述的演變過程，在這個過程中，因音義翻譯與文化翻譯不統一而導致了名稱表述的困境。「非遺」如何表述？筆者以為應秉持「名從其主」、「名從其實」兩個原則，充分尊重地方文化的主體性與真實性及完整性。作為「非遺」項目名稱的「鼓藏節」既成事實，但在其名稱後應標上苗語名稱：鼓藏節（nongx niel）或鼓藏節（嚷略）；鼓藏節在不同苗族地區存在著同源異流的變異特徵，這些不同區域的鼓藏節構成了這一苗族傳統文化的完整性，未列入的其他地域的鼓藏節應通過後期擴張項目形式列入「非遺」項目，以利於可持續地保護、傳承好這一地方傳統文化。

（二）現代性語境中的「非遺」困境

中國自鴉片戰爭以來發生了「千年未有之大變局」，建構現代性國家成為從上到下的國民的集體意識及行為，在這百年多的現代性進程中，傳統文化幾度作為建構現代性國家的阻礙因素而備受污名化批判及摧殘。改革開放以來，多元文化價值觀逐漸成為主流話語，以及在重視傳統與現代性相結合而實現經濟騰飛的亞洲「四小龍」的榜示作用下，傳統文化被視為促進國家現代化進程的有利因素而受到保護及利用，「非遺」概念的引入及自上而下的國家實踐也是基於這樣一個宏大的時代背景。但我們也不能不看到這樣一個令人奇特的「非遺」悖論：傳統受到「保護」是以其具有建構現代性的可利用的因素作為前提條件的，而非反之；「非遺」的可利用因素往往蘊涵於它自身的地方性、獨特性、多元性等文化特質中，而這些文化特質在現代性衝擊下呈現同質化、展演化、商品化趨勢。

「深山不能避世。」我們在控抗苗寨的鼓藏節調查期間，就身臨其境地見證了現代性語境中的「非遺」困境：寨子裡的巫師已經所剩無幾，會唱《苗族古歌》的老人寥寥無幾；儀式及祭詞已大為簡化，儀式的神聖性逐漸消淡；「鼓藏節」的鼓聲難聞，《鼓藏節歌》、情歌對唱成為應景展演，不再是自發生成的民俗行為；寨子裡的石板路已被水泥覆蓋，鋼混建築正在增多；廣播裡很少聽到傳統民歌，更多的是流行歌曲，連小學生們也在哼唱王菲的《因為愛情》；年輕人已經遠離傳統苗裝，手機不離手，電視、手機、麻將、電子遊戲正在取代傳統的歌舞娛樂方式……如果說上述文化變遷是大勢所趨，只能順應其變，更讓人擔心的是一些自以為是的破壞性指導，我們在節日期間就見到有些記者嫌祭師的開路舞不「唯美」，親自上陣設計動作；有些攝影師讓行進中的舞隊停住，以便定格住那理想的畫面；村裡專門組織了專供對外宣傳的「苗服模特」展示，記者們忙著指導「模特」擺出鏡頭需要的各種造型；有人把現場錄像製作成 DVD 在當地高價銷售；有些「專家」向村民「兜售」加大宣傳、開發旅遊的「脫貧妙方」，只是不知這種「良方妙藥」果真是村民的真實需求嗎？把寨子宣傳、開發成千村一面的旅遊地，最後剩下一地雞毛誰來買單？

讓我們糾結的點也在這兒：控抗苗寨作為一個傳統村寨，從研究意義而言，無疑具有活化石般的價值；但身處這樣一個現代性轉型的時代語境下，發展是硬道理，我們不能把這些活態傳統變相地淪為博物館裡的「古董」，成為現代性的廉價展品。關鍵是如何在保護傳承好這條地方性文脈的同時，結合傳統中的創新因子，激活主體能動性，尊重文化持有者的文化主權，探索出一條可持續發展的路徑。

（三）「非遺」語境下傳統的現代性重構與傳統再生

我們一直在想，整個控抗村經濟狀況不甚寬裕，為什麼要不計成本地過這個節日？據粗略統計，過這樣一個節日，全村花銷不下於二千多萬元。答案可能是在傳統根基中，對於一個經歷了漫長而艱難的遷徙歷程的民族而言，慘烈的歷史記憶有時需要這種慘烈的儀式來激活，由此而言，儀式的意義絕非可以用經濟學來衡量。

在看似傳統危機重重的表象下，我們也深刻感受到了傳統在現代性境遇中艱難突圍的韌性與力量：遠在沿海地區打工的村民，在外地求學的青年不遠萬里、不計成本地趕回村裡參加這一傳統節日；即使貸款也在所不惜地買牯牛，殺豬宰牛，盛情款待客人；村民對犯了節日禁忌的外來者予以規勸、斥責；寨老們堅拒了記者提出的把二百九十多個牛頭統一擺放到學校操場的「宏大設計」；村委會由觀望轉向參與、支持，其實也是傳統這只無形的手在產生作用，鄰近苗寨曾發生過因村委會對鼓藏節持觀望態度、支持不力而在下屆選舉中全部落選的事件；外來者作為「他者」有干擾、破壞傳統文化生態的負面作用，但客觀上通過「他者」的宣傳、欣賞、評價深化了民眾對地方及族群的「我者」認同，同時通過省內外媒體的大力宣傳報導，證實了「鼓藏節」這一傳統苗俗在控抗村仍「活著」的文化事實，為以後爭取自己的「非遺」利益奠定了輿論基礎。

「誰是鼓藏頭？」成為參與者的一個新話題，鼓藏頭不再是這一傳統節日的操辦者，血緣性宗族也不再是唯一的主導力量，控抗村鼓藏節的文化空間已經超出了村落邊界，它實際上演變成為一場國際、國家、地方以及官方、民眾、學者、記者等多元力量共謀的「非遺」展演：「非遺」概念的提出是基於「保護人類文化多樣性」的共識，由此成為「國際公約」。而這一概念引入國內後，成為「融入國際社會」、「與國際接軌」、「軟實力」、「實現民族復興」的重要文化表徵，同時也構成了國家建構現代性的優質資源；從地方層面而言，「非遺」成為提升地方名聲、滿足政績訴求的重要工具；而地方政府的這些功利訴求與民眾的地方認同有著共性的一面，畢竟作為地方利益共同體，「非遺」項目「花落誰家」，不只是名實之爭的問題，更深層的是關係到地方的整體利益，我們在控抗村就聽到不少民眾對「鼓藏節」的國家級「非遺」項目名號旁落鄰縣而忿忿不平的評論，其中就有對當地政府辦事不力的怨言，他們舉出諸多「鐵證」來佐證只有這裡的「鼓藏節」才是最古老、最正宗的。我們在控抗村調查期間，見到了來自國內外的記者、學者、遊客，還有州內不同部門的官員，他們作為在場者，或隱或顯地參與、影響、改變著這一傳統民俗的內在構成及運作機制，而作為東道主的村民通過利用、迎合這些國際、國家、地方的有利因素使這一傳統民俗活動的順利舉行，借此提升村落聲望，維繫村落秩序，協調族際、人際關係，深化族群及地方認同。

綜上可察，在「現代性」及「非遺」的雙重語境下，控抗村鼓藏節一方面呈現出傳統信仰根基逐漸淡化、節日的展演與狂歡功能不斷強化的趨勢，另一方面又顯現出傳統文化強健的再生能力：它不斷利用、吸納時代的合理性因素得以重構與再生。傳統本身構成了現代性的有機構成，它不僅為現實的生存發展提供了豐富的經驗，同時為未來的可持續發展注入了動力。可以說，控抗苗寨鼓藏節為考察當下「非遺」概念實踐提供了一個鮮活生動的地方性文本。

參考文獻

〔1〕阿土.國家級非物質文化遺產名錄：苗族鼓藏節〔J〕.貴州民族研究，2010（6）.

〔2〕貴州省編輯組.臺江縣巫腳鄉苗族的吃鼓藏〔A〕//苗族社會歷史調查（一）〔M〕.貴陽：貴州人民出版社，1986.

〔3〕吳曉東.神祕的祭典：貴州榕江縣烏略寨吃鼓藏紀實〔M〕.北京：中國文聯出版社，2007.

（原載於《黔南民族師範學院學報》2014年第4期）

卯節──水族女性崇拜的節日

梁光華　蒙耀遠

水族有兩個重大而喜慶的節日：一是端節，一是卯節。今試對水族卯節的由來和卯節所蘊含的文化內涵及其重大價值進行研究解說。

一、卯節概說

卯節，水語稱「tsje^{13}ma：u^{35}」，諧「借卯」音，意為吃卯、過卯。水族過卯節時間為水曆九月、十月（即農曆五月、六月）內的卯日，通常選擇辛卯日，避開丁卯日。水族地區過卯群體分四個批次：第一卯時間在水曆九月的第一個卯日，地點和範圍主要是今荔波縣水利水族鄉的水利、水岩、水串等村約二十餘個自然寨；第二卯時間在水曆九月的第二個卯日，地點和範圍主要是今荔波縣水利水族鄉洞托、水丙等村十個自然村寨；第三卯時間在水曆九月底或十月上旬的第三個卯日，地點和範圍主要是今荔波縣玉屏鎮水扒寨、水甫老寨、板悶、板安、水江等十個自然寨；第四卯時間在水曆十月的第四個卯日，地點和範圍主要是今三都水族自治縣九阡鎮、周覃鎮的水備村和荔波縣的水堯、永康水族鄉、佳榮鎮、茂蘭鎮、洞塘鄉的水族村寨。在上述四個批次中，以第四卯的範圍最廣，人數最多，大約近二百個水族村寨隆重地過第四卯，因此三都水族自治縣九阡一帶是過卯群體的中心地帶，水各卯坡最具有代表性。

水族卯節舉行重大祭祀活動時有固定的活動地點——卯坡。節日期間要在卯坡祭臺上隆重供奉「（卯）」字圖騰，祭祀祖先，婦女到田壩進行祭稻活動，水族人過卯還要進行戲豬活動。水族青年男女要到卯坡對唱情歌，談情說愛，自由擇偶。整個卯坡人山人海，場面壯觀，因而水族卯節被喻為古老東方情人節。

圖 1　三都水族自治縣九阡鎮水各卯坡上的「卯」字雕塑

二、水族卯節的文化內涵解讀

（一）「卯」字供奉

為隆重慶祝卯節，水族人會在卯坡上豎立石刻水書「（卯）」雕塑（見圖 1），供人瞻仰；每年過卯節，水族人都要在卯坡祭臺中隆重懸掛巨大的彩色水書「◁▷」字圖騰（見圖 2）。水族人如此重視「◁▷」字，有什麼

圖 2　荔波縣玉屏鎮水族卯坡卯節供奉的「卯」字圖騰

特別的講究？「◁▷」字有什麼特別的文化內涵值得水族人在卯坡上豎立石刻雕塑呢？在卯節卯坡祭臺中央隆重懸掛巨大的彩色「◁▷」字圖騰供人朝拜瞻仰的內涵是什麼？

查閱水族百科全書──水書，水書中的「◁▷」字是象形圖畫水字，此字的取象造型是女性生殖器官的寫徵。女性生殖器官能孕育生命，繁衍後代。水族企盼族群繁衍壯大而在蘇寧喜節供奉女神牙花善、牙勞、牙的，又把孕育生命、繁衍後代的生殖器官取象造型創製象形圖畫水字「◁▷」字，在卯坡上祭臺中央懸掛巨大的彩色「◁▷」字圖騰供人朝拜瞻仰，這正好體現了水族卯節對女性生殖繁衍崇拜的深層文化內涵。

（二）民間傳說

水族卯節的由來，有一個悠久而動人的民間故事在水族地區廣泛流傳。祖岱年、周隆淵收集編寫的《水族民間故事選》〔1〕，石尚彬等編寫的《水韻天書》〔2〕均記錄：在遠古時代，水族老祖公拱恆帶領族人來到龍江上游的九阡水各一帶，攆走野獸，開荒造田，繁衍生息。水族先民辛勤勞作，豐衣足食。田裡的水稻長得像一棵棵小樹，收割時需要用斧頭砍；地裡的南瓜，一根藤牽過九道嶺，結出的瓜果多得像河裡的鵝卵石一樣，數也數不清。每當水稻抽穗揚花和南瓜牽藤結瓜的時候，姑娘和小夥子們成群結隊地上山採花椒，下水揀田螺，在坡上對唱歡快歌曲。然而有一年在水稻揚花的季節，蝗蟲鋪天蓋地而來，啃吃田裡的水稻，災情越來越嚴重，水族先民憂慮恐慌，老祖公拱恆也束手無策。面對蝗災肆虐、水稻被殘的局面，老祖公拱恆的女兒水仙花姑娘接連幾天到稻田邊唱起憂傷的歌，這如泣如訴的憂傷之歌聲感動了天帝。天帝便派了六鴨道人下凡幫助，指導水族先民打掃房屋，清掃灰塵，燒製草木灰，將灰塵和草木灰撒到稻田中殺死蝗蟲。蝗蟲沾到灰塵和草木灰後，成片成片地死去。凶惡的蝗蟲被消滅了，水族先民喜獲了豐收，又過上了幸福的生活。為了感謝、紀念、崇拜給水族先民帶來幸福生活的水仙花姑娘，水族此後每年都會在水曆九月、十月的辛卯日，在水稻茂盛揚花的時候，一是由婦女祭稻，將清掃房屋所集之灰塵與草木灰撒到稻田中殺蟲；二是青年男女自發地聚集到卯坡對唱歡快感恩的民歌，希望天堂裡的水仙花姑娘能聽到水族後代歡快感恩的歌聲，能分享和保佑水族後代永遠過上幸福的生活。水族的這一習俗，逐漸地演化、固定為一個重大而喜慶的節日——卯節。水族青年男女在卯坡上所唱的歡快感恩的民歌也逐漸演變、固定為對唱情歌，以便自由擇偶。

水族卯節由來的民間故事，其主要人物為女性——水仙花姑娘。水仙花姑娘如泣如訴的憂傷之歌感動了天帝，天帝才派六鴨道人來幫助、指導水族先民戰勝蝗災，喜獲水稻豐收，過上幸福生活。後來水族人每年在水稻茂盛揚花之時必須由婦女清掃房屋，將灰塵和草木灰撒到稻田中祭稻（見圖 3），青年男女在卯節到卯坡對唱歡快感恩的民歌，進而演化為對唱傾吐愛慕的情歌，以便自由擇偶（見圖 4、圖 5），其實質是感謝、紀念、崇拜水仙花姑娘；感謝、紀念、崇拜水仙花姑娘就是感謝、紀念、崇拜水族女性，因而水族卯節是為感謝、紀念、崇拜水族女性而演化成的重大而喜慶的節日。

圖 3　三都水族自治縣九阡鎮水族婦女卯節祭稻

卯節由感謝、紀念、崇拜水仙花姑娘演化為水族崇拜女性的重大節日，還可以從水族特別敬重崇拜女性的習俗生活及語言文字諸方面來得到印證。

圖 4　水族卯節卯坡對唱情歌之一

圖 5　水族卯節卯坡對唱情歌之二

（三）婦女崇拜

水族是極其敬重、崇拜女性的民族。水族從古到今都企盼族群繁衍壯大，子孫香火昌盛，因而在水曆四月丑日有一個「蘇寧喜（su^{33} njen^{31} ɕi^{35}）」節。過蘇寧喜節，祈求婦女懷孕生子，水族人要用豐厚的祭品供奉祭祀「牙花善（ja^{53} fa^{33} sa：n^{13}）」。牙花善是水族對祖神婆婆，即對最尊貴的女神的敬稱。牙花善能保佑水族婦女懷孕生子，繁衍族群，所以祖神婆婆、女神牙花善在水族社會中享有至高無上的地位。在祭祀女神牙花善的同時，水族還要供奉「牙勞（ja^{53} la：u^{53}）」、「牙的（ja^{53} ti^{33}）」。「牙勞」、「牙的」指的是已婚婦女的女性祖宗，水族人認為牙勞、牙的在世時德高望重，而作古後均已成為女神仙。蘇寧喜節供奉祭祀女神牙花善、牙勞、牙的的魚肉祭品，供奉之後只能供婦女們享用，而男人們則是絲毫不能享用的。水族婦女的這一特權，充分表明水族是何等的敬重和崇拜女性。

（四）喪葬習俗

水族是注重厚葬的民族，水族從古到今的喪葬儀式都相當隆重。水族家庭男女老人去世，須砍牛砍馬、殺魚宰雞祭奠老人。女性老人病重，子女必須請老人外家前來探視慰問。女性老人壽終去世，子女必須在第一時間向老人外家報喪，且須等外家親戚到達與亡故女性老人告別後方能入殮。舉行葬禮時，迎接去世女性老人外家的弔唁隊伍，孝男、孝女、孝媳著素裝到村口跪地迎接（見圖 6）。男性老人去世，孝男、孝女、孝媳只需站立恭迎弔唁隊伍。在為女性舉行隆重的開控悼念活動中，專門有「敬外家」儀式，即在孝堂擺設長桌宴，請德高望重的三老作陪，通過誦唱

圖6　都勻市陽和水族鄉為母親開控時，孝男、孝女跪迎母親外家的弔唁隊伍

「詰俄牙」的方式褒獎女性老人一生哺兒育女、操持家務、傳承良好家風等功德，席間孝子多次向亡故母親外家的老人和親友跪拜叩謝。在水族喪葬儀式中，水族人對女性老人壽終亡故而前來弔唁的外家親友的特別敬重的禮儀，明顯優於男性老人，這充分體現了水族對女性的敬重和崇拜。

（五）女性特權

水族卯節被譽為古老東方情人節。水族青年男女過卯節時是最為開心愉快的，男女青年可以在卯坡上對唱情歌，傾吐愛慕之心，充分交流感情，自由擇偶訂終身，父母不加干涉。在平時生活中，水族青年男女的婚配，傳統的方式依然主要是通過「父母之命，媒妁之言」來確定的。唯有在過卯節期間，水族青年男女才可以在卯坡上對唱情歌，自由擇偶訂終身，這是為什麼呢？這一自由婚配特權從何而來呢？這是因為卯節是對給水族先民帶來幸福生活的水仙花姑娘的感謝、紀念和崇拜，進而演化為對女性的敬重崇拜，所以在卯節期間水族賦予女性青年在卯坡對唱情歌、自由擇偶的特權，父母對此給予尊重和認可。如果卯節不是對女性敬重崇拜的節日，水族女青年也不會有卯坡對歌擇偶的自由。

（六）女性稱謂構詞

水族是篤信敬奉神仙的民族，在長期的語言積澱過程中，水語正好有水族崇拜母親、崇拜女性的語言構詞記錄。水族水語敬稱母親為 ni^{35}，水族供奉祭祀神仙祖宗，把神仙敬稱為 $ni^{35}sjen^{13}$，把供奉祭祀神仙祖宗的神位敬稱為 ni^{35} $haŋ^{35}$。水族水語之所以把敬稱母親的 ni^{35} 來構成神仙、神位等詞的詞頭，在水語裡形成獨特的「ni^{35} 字結構」，就是對女性敬重和崇拜的語言構詞標誌。

三、結語

水族卯節是感謝、紀念、崇拜女性重大而喜慶的節日，其「卯」字又是女性生殖繁衍崇拜的寫征圖騰，這無疑是遠古母系社會對女性崇拜在水族當今社會生活中的一個珍貴殘存；研究水族卯節對女性崇拜的深層文化內涵，在人類學、社會學、民族學、民俗學等諸多學科研究中具有重大的價值。這在貴州十七個少數民族，乃至在中國五十六個民族的發展史上，都具有重大的價值，值得學術界和全社會高度重視。

水族的卯節和端節，是水族內部不同支系在歷史發展過程中形成的兩大重要節日，約定俗成了「過卯不過端，過端不過卯」的習慣，因而形成了各具特色的「卯節文化圈」和「端節文化圈」。隨著歷史的發展、社會的進步、人民生活的富裕，水族大家庭各支系間廣泛交流，現代媒體的傳播影響，水族卯節文化圈和端節文化圈群眾對本民族卯節和端節這兩大節日的強烈認同，對卯節、端節文化所表達本民族的共同企盼和心願的普遍認同，對當代幸福富裕生活的享受和祝福，對中國共產黨領導下當代盛世生活的感恩和祝福，使得水族大家庭各支系節日互動的面更寬、頻率更高，節日氛圍越發隆重，節日文化的影響力也日漸擴大。鑒於水族端節二〇〇六年已被列入第一批國家非物質文化遺產名錄，但是社會對水族卯節的認識解讀仍停留在古老東方情人節熱鬧有趣的淺表層面上，對水族卯節蘊含的深層次文化內涵解讀尚存偏差，所以特撰此文予以研究，旨在引起全社會對水族崇拜女性的重大節日——卯節的高度重視與關注。

參考文獻

〔1〕祖岱年，周隆淵.水族民間故事選〔M〕.上海：上海文藝出版社，1988.

〔2〕石尚彬.水韻天書〔M〕.貴陽：貴州民族出版社，2014.

（原載於《黔南民族師範學院學報》2015 年第 1 期）

水族端節的教育價值初探

黃勝

對於「節日」，《現代漢語詞典》給出的解釋為：紀念日；傳統的慶祝或祭祀的日子。各民族都有自己的節日，其內容豐富多彩，既包括精神文化，也包括物質文化，反映各民族群眾在長期歷史發展中沿襲下來的群體文化。節日是文化系統的重要組成部分，它根植於文化土壤之中，以特定的儀式縱向傳承並橫向傳播文化，對文化系統的運行起著不可替代的效用。〔1〕（P62）從民俗學、社會學、文化人類學的角度來看，節日具有特定的社會價值、文化價值、經濟價值等；從教育學、教育人類學角度來看，節日具有特定的教育價值。

水族端節又叫「瓜節」，水語稱「借瓜」或「借端」。〔2〕（P105）端節是水族同胞所歡度的最為隆重、最盛大的民間節慶。貴州省三都水族自治縣、獨山縣、都勻市一帶絕大多數水族都過這一節日。依據水族典籍水書、水曆的規定，端節在水族曆法年底、歲首「穀熟」時節舉行，節期正對應農曆的八月至十月，端節從首批至末批，延時五十餘天，因此被稱為世界上延時最長、批次最多、特色濃郁的年節。二〇〇六年，水族端節被列入首批國家非物質文化遺產名錄。這標誌著水族端節越來越受到社會和民眾的關注，影響也越來越大。

端節的宗旨是慶賀豐收、辭舊迎新、祭祀祖先、聚親會友。水族端節的活動主要有祭祀和賽馬等。祭祖分別在除夕夜和大年清晨進行。除夕與初一相連的兩頓飯忌葷食素，唯獨魚不在禁用之列。水族祭祖的魚叫「魚包韭菜」，是將韭菜、栗仁等塞滿魚腹後，燉煮或清蒸而成，祭祖之後便可食用。賽馬則是端節的最高潮，時間在亥日（相當於漢族春節大年初一）午飯後進行。賽馬活動有固定的場所，叫「端坡」或「年坡」，人們吃過年酒後便成群結隊地從各村寨趕來這裡，賽馬時端坡人山人海。端節賽馬的形式非常獨特，叫作「擠馬」。當指揮者一聲號令，騎手揚鞭策馬，在山谷互相衝闖，在抗爭中擠出山谷向坡頂衝去，誰先到遠坡頂，誰就是勝者。

端節是水族文化的重要體現。文化與教育具有緊密的關係，文化本身具有一定的教育價值，因此，探討水族端節文化的教育價值具有重要意義。本文從教育學、教育人類學等學科知識出發，初步分析水族端節蘊涵著的豐富教育價值。

一、水族端節的民族認同教育價值

許慎在《說文解字・十五卷下》中說道：「方以類聚，物以群分。同條牽屬，共理相貫。雜而不越，據形系聯。」同一民族的人與人之間存在著一種族屬親近感、文化認同感。費孝通先生將其解釋為「民族認同感」或「民族自覺的認同意識」〔3〕（P12）。民族認同感是一種群體性的心理特質，這種民族認同心理是客觀存在的，它是民族凝聚力的重要體現，是民族文化得以傳承、發展的重要動因。

節日文化是一個民族共同創造、共同享受的文化，節日文化中流淌的是一個民族的傳統文化精神，就像遺傳基因一樣，從先輩那裡一代一代地傳下來，把那些流傳千古的優秀文化品質注入後代的血液和生命之中，從而構成這個民族獨特的文化精神內涵和特殊魅力。每逢佳節倍思親，在節日中，最容易喚起人們對親人、對家鄉、對祖國的情感，喚起人們對民族文化的記憶、對民族精神的認同，喚起我們同宗同源的一種民族情懷和文化同根性的親和力。因此，節日是民族文化認同的主要像徵，比如中國的春節、中秋節、清明節等重大節日是中華民族的精神文化財富，這些節日成為增強和維繫中華民族認同感的重要文化紐帶。

端節也具有維繫和增強水族人民認同感的教育價值。端節中的祭祖、賽馬等活動使平日裡忙碌的人們放下手中的工作都聚焦到節日喜慶中來了，端節期間人們互相拜訪，互相送禮，共享餐宴，對增加人們的互相瞭解、促進民族內的和諧與團結、增強水族人民對自身民族文化的認識有著不可忽視的作用。端節是水族家人團聚、緬懷祭祖的重要日子，孩子們在這一時刻，特別能體會到父母的仁愛和養育自己的艱辛。人們在歡度端節時那種積極向上的心理狀態，祈求風調雨順、充滿希望、互相祝福、歡聚團圓的傳統情懷，都會極大地增強人們的凝聚力、向心力，這種教育影響是潛移默化、深刻而久遠的。因此，端節成為水族人民互相認識、瞭解、交流、學習本民族文化的重要途徑和形式，對增強民族的凝聚力和形成水族人民的認同感有著重要的教育意義和教育價值。

二、水族端節的倫理道德教育價值

道德與生活相連繫，倫理道德規範往往通過生活細節表現出來，並在生活中對人進行倫理道德教育。節日中的倫理道德教育也有這個特點，即教育與生活緊密相連，人們在節日中自覺或不自覺地接受有關倫理道德的教育。

在中國，習俗習慣是民俗的法約表現，是國家法律的基礎和補充，國家的統治管理需要有效地運用民俗的力量。節日民俗是整個民俗中的一個重要組成部分，當然也擁有其獨特的道德教化的力量。黨中央制定的《公民道德建設綱要》中就指出：「各種重要節日、紀念日，蘊藏著寶貴的道德教育資源。」的確，節日文化蘊含著豐富的道德教育資源。

水族端節中的祭祖、賽馬等主要活動都體現了水族人民敬奉祖先、尊老愛幼、互敬互愛、家庭和睦、鄰里和諧的「和合」精神及對倫理道德的理解和把握。祭祖一般由家庭中地位高或年紀大的人來主持。首先，在供桌的香爐裡插上三支香，用來敬天、地、祖先。有的人家不燒香，就用燃燒米糠取代，這樣表示去世的老人在陰間香火不斷。然後，用一個酒杯，倒滿酒倒在供桌前，用筷子把每樣菜都點一下，表示老祖宗酒也用過了，菜也吃過了。最後，人們開始用餐。「初一」上午要挨家逐戶去吃祝賀性的新年飯，當地稱「吃年酒」。每到一家，按輩分依序入座，互挽手臂，在「秀、秀」的祝福、歡呼聲中乾杯。吃年酒必須家家都去，若有一家未去，就是對這戶人家的極大侮辱。孩子是吃年酒隊伍的重要角色，據說孩子的歡笑會帶來好運，所以人們都非常歡迎孩子們到自己家來玩、吃東西、喝酒。賽馬之前也要舉行祭典。寨老要在端坡上設一供席，上擺各種各樣的祭品，隆重祭祀開闢端坡的祖先。由寨中德高望重的長者主祭，長老佇立桌前，神情肅穆，端著斟滿酒的酒杯，口中唸唸有詞，大多是對祖先的懷念和吉祥如意的話語，祈求保佑端坡賽馬活動平安無事，來年風調雨順、五穀豐登等。

因此，端節對於水族人民來說具有深刻的倫理道德教育價值，是培養水族人民敬重祖先、尊老愛幼、互敬互愛等倫理道德、高尚情操的民族原生態課堂。在端節期間，人們需要格外認真地遵守禮儀。端節中體現的是水族人民歡樂、祥和、激情、真誠、和諧、友愛的精神風貌。這對水族民眾尤其是對青少年的倫理道德教育意義和教育價值是不言而喻的。

三、水族端節的知識與智慧教育價值

端節是水族人民認識和演繹本民族歷史文化的重要機會。例如，水族端節祭祖的魚叫「魚包韭菜」，是將韭菜、栗仁等塞滿魚腹後，燉煮或清蒸而成，祭祖之後便可食用。相傳，水族的遠祖由南方北遷時，送行者送上一包食物，即是內有九種青菜的煮魚。遠祖依靠這種食物充飢來到黔南定居，後來魚包韭菜便成為水族人最喜歡的民族風味食品。水族家庭在端節期間準備、製作、食用魚的過程也是對青少年進行本民族生活、生存歷史及文化知識的教育過程。

水族在釀酒、紡織印染、刺繡等方面擁有豐富而成熟的技藝與智慧。端節是展現水族科技文化的大舞臺，是青少年學習本民族科技知識的大課堂。例如，在端節裡酒是水族人民的重要飲料，水族自家釀酒有大米酒、糯米酒、雜糧酒和甜酒之分，其中以三都縣九阡地區的「九阡糯米酒」最為馳名。這種酒色澤棕黃，香味馥郁，清甜甘爽，一九五七年曾上過國宴。水族釀酒工藝獨特，水族很早就使用了蒸餾的釀法，發明了專門用來釀酒的器具。在端節裡歡快飲酒等活動無疑可以激發水族青少年對釀酒科技知識的興趣，直接或間接地對青少年進行科技知識與智慧教育。

端節是水族民眾的大聚會，它從各個不同的角度和側面反映著水族的社會生活，在端節裡人們可以學習到如何做一頓美味佳餚、如何遵守民風民俗、如何尊老愛幼、如何與人友好相處等基本的生活知識及智慧。

此外，水族端節賽馬場地一般設在高坡陡嶺、道路崎嶇的山地上，這對騎手們的技藝和素質是一個考驗，競賽者必須勇敢、沉著、敏捷並具備高超的騎術才能奪魁。端節中的賽馬活動使參加者在競賽中相互較量、切磋和學習，並獲得共同進步及愉悅的心理體驗，能起到磨煉意志、開啟心智的教育作用。

四、水族端節的審美教育價值

端節賽馬活動具有健身、審美教育價值。端節賽馬有很高的審美觀賞價值，賽馬場上騎手們鬥智鬥勇的對抗性競賽，騎馬人在騎馬飛奔中技術技巧的運用、馬匹的速力等都引人入勝，給人以美的享受。[4](P39)因此，水族端節中的賽馬，在長期的歷史演變過程中，逐漸形成了獨特的民族風格，具有強身、健體、娛樂、觀賞等多方面的審美教育價值。

端節是水族音樂、舞蹈藝術教育的天然課堂。端節期間，水族村村寨寨敲擊銅鼓、皮鼓，鼓聲此起彼伏，水鄉山寨被歡快的音樂聲、歌唱聲所包圍。在喜慶端節裡人們互相切磋、交流，學習音樂、舞蹈，直接或間接地接受原生態的水族藝術教育。

端節中的水族服飾給人以美的視角感受。端節期間，人們都會把漂亮的服飾穿在身上，男女服裝皆以青、藍色為主。男子穿大襟布衫，衣襟鑲邊飾，青布包頭、長褲。女子穿大襟圓領衫，領襟衣袖有繡飾，青布包頭，系圍腰，著長褲，褲腳鑲花邊，穿繡花布鞋；喜歡佩帶銀項圈、銀鎖、銀鐲等銀飾；圍腰上端鑲繡片、銀泡為飾，以花草、蝴蝶為主要圖案；穿時系銀鏈，掛鉤處有鏤雕的銀蝶或銀花朵，十分精細。水族圍腰較長，系在衣服外面，既美觀又保護衣衫。端節中還可以欣賞到已經被列入國家非物質文化遺產名錄的、巧奪天工的水族馬尾繡。因此，端節是水族服飾的一次展覽盛會，使人們在得到視覺美享受的同時還得到關於服飾、形體美的知識和教育。

此外，在端節中，青年人趕端坡不但為了看賽馬，還把這場盛大的聚會看成是物色情侶的好機會，端節歌中唱道：「哥騎馬，去相姑娘；女梳妝，去看情郎。」因此，端節是水族青年人進行愛情審美活動的重要日子，也是接受婚姻愛情教育的重要日子。

五、水族端節的和諧教育價值

水族是一個崇尚自然、和諧的民族，在生活中、節日活動中體現出樸素的天人合一的價值觀和哲學思想，在端節中主要反映在人與自然的和諧、人與人的和諧兩方面。

人與自然的和諧。端節期間，水鄉山寨沉浸在節日的氣氛中，銅鼓聲此起彼伏，悠揚的歌聲和蘆笙調從早到晚迴蕩在翠竹掩映的竹樓裡。當夜幕降臨，水鄉山寨星光點點，傳來陣陣歡聲笑語。此情此景，無不顯示出人與自然融為一體的和諧關係，體現了水族樸素的天人合一哲學思想和價值觀，對青少年直接或間接地進行和諧價值教育。

人與人之間的和諧。端節活動主要是水族群體及家庭團圓活動，通過祭祖、賽馬等活動形式，人與人之間來往頻繁，感情和思想得以交流，人與人之間體現出一種淳樸的、天然的和諧關係。因此，端節是對青少年進行人際和諧教育的自然課堂。

總之，水族端節具有豐富的教育價值，它是水族對民眾尤其是對青少年進行民族文化認同教育、倫理道德教育、知識與智慧教育、審美教育、和諧教育的重要日子與天然課堂。當然，它所表現的還是一種自然的教育價值，從端節蘊涵的豐富文化內涵來看它所發揮的教育價值和作用還遠遠不夠。筆者認為，在水族地區有必要整合社會教育、家庭教育、學校教育的資源和力量，大力挖掘和利用端節的教育資源和教育價值，以便更好地為水族地區經濟社會發展服務。

參考文獻

〔1〕吳宗友，曹榮.論節日的文化功能〔J〕.雲南民族大學學報（哲學社會科學版），2004（6）.

〔2〕劉之俠，石國義.水族文化研究〔M〕.貴陽：貴州人民出版社，1999.

〔3〕費孝通.簡述我的民族研究經歷和思考〔J〕.北京大學學報（哲學社會科學版），1997（2）.

〔4〕梁傳誠.三都水族「端節」民間賽馬述評〔J〕.黔南民族師範學院學報，2002（3）.

（原載於《黔南民族師範學院學報》2008 年第 5 期）

水族卯節調查實錄

——貴州三都九阡鎮水各村水各大寨調查個案

陳顯勳

水族卯節流行於一部分不過端節的水族地區，節期為四天，按古老的遺俗以水曆九、十月（農曆五、六月）的卯日開始，按不同地區先後分四批逢卯日輪流過節。貴州省三都水族自治縣九阡鎮水各村水各大寨的水族卯節在水族「卯節」中為第四批「卯」，也是最後一個最為熱鬧、最負有盛名的卯節。自二〇〇五年以來，各級政府不斷加大對水族卯節特別是對三都水各大寨水族卯節的建設力度，對外展開大量的宣傳報導，讓「卯節」這個水族傳統節日逐漸為外界知曉。面對當下全球經濟一體化及外來文化對水族傳統文化的衝撞與滲透，水族卯節這一古老民族節日的現狀如何？政府部門及社會參與後傳統與現實又產生了哪些碰撞和嬗變？當地水族同胞對卯節的將來又有哪些展望？水族卯節將如何保護和可持續性開發利用？為此，筆者於二〇一一年七月走進三都水族自治縣九阡鎮水各村水各大寨，對水各大寨水族卯節文化進行了深入調查。

二〇一一年七月九日，筆者乘車抵達水各大寨吳興榮家[1]，通過夫婦倆連繫到水各村村委會主任蒙炳

1　吳興榮，男，農民，44 歲，高中文化，長期在外接攬建築工程，其父生前是水書先生；其妻馮瓊，45 歲，高中文化，原水各村婦女主任，夫妻倆對水各村特別是對水各大寨的情況都很熟悉。

朝並約定採訪時間。隨後走訪調查水各大寨水族群眾的節前準備情況、水各大寨的風土民情、水各大寨過卯的過去和現狀、水各大寨過卯的相關傳說、政府部門參與後對水各大寨的傳統過卯活動的影響及利弊等。採訪對像有七十歲左右的老人、四十歲左右的中年人和二十歲左右的青年人。

一、水各大寨概況

水各村與九阡鎮的水條村、白廟村、水懂村、板高村和周覃鎮的水備村、三院村毗鄰，位於三都水族自治縣九阡鎮西南部，距九阡鎮政府四千米，距三都縣城六十千米，距荔波機場二十七千米。全村總面積二十三點二平方千米，轄九個自然寨，十五個村民小組，五百一十八戶共二千一百七十二人，水族人口占百分之九十九。水各大寨是水各村最大的自然寨（由四個村民小組組成），也是全鎮最大的一個自然寨，有一百八十戶共八百八十人。全寨只有吳、蒙兩姓，其中蒙姓只有幾戶。據說蒙姓是以前該寨吳姓無男丁人家招贅發展而來的。水各大寨民風淳樸，民俗保存完好，大部分民居仍保持著水族特有的木質干欄式建築的風貌。

二、水各大寨卯節

（一）卯節的歷史

卯節，水語稱「借卯」，意為吃卯。過「卯節」的水族村寨把卯日作為新年節日。卯日依據水族曆法來推算。水曆九、十月，即農曆五、六月，水書稱為「綠色生命最旺盛的時節」，辛卯日被稱為「最順遂的日子」，是過卯節的上吉日。水族人認為，過節逢辛卯就預示風調雨順，人壽年豐。與此相反，丁卯日被視為凶日，是過節的忌日。過節逢丁卯日會招致旱災、蟲災與瘟疫。分批過卯節在古時約定俗成。水家節日歌唱道：「第一卯／水利的卯，第二卯／洞坨的卯，第三卯／水扒浦卯，第四卯／九阡卯。九阡寬／吃卯殿後。」荔波境內水族過頭三批卯節，第四批卯節，除三都的九阡、水各、周覃外，荔波的　鮮、水維、永康等地的水族也過最後一批卯日。在水族中，有「過端不過卯，過卯不過端」的傳統。按照水族的族規，凡過端節的村寨，就不過卯節，而過卯節的，就不過端節。關於這種風俗，較一致的傳說是，古代水族的祖公拱登有兩個兒子，哥哥被分住到上邊的內外套地區，弟弟被分住到下邊的九阡地區。原先約定好，豐收後到祖公處團聚慶祝。後來感到相距路遠，往來不便，就決定哥哥過端節，弟弟過卯節。時至今日，各地水族基本上是同宗同姓的一同過節。

（二）水各卯節的組織

二〇〇五年前，水各大寨的卯節都是以家庭為單位自發進行祭祀和卯坡活動的。二〇〇五年後，水各大寨通過政府引導，資源整合，市場運作，群眾參與，精心挖掘，打造民族民間文化，走出了一條旅遊帶動群眾增收致富的道路。在這一活動過程中，有了相應的組織機構和組織分工，如水各大寨成立了「水各大寨旅遊協會」等。在二〇一一年水各大寨卯節活動中，縣委縣政府、縣直各相關單位和各種社會組織等都投入大量的人力物力，對水各大寨卯節進行全方位開發和旅遊包裝，讓節日活動更加豐富多彩。

（三）水各卯節的過程

1. 準備

二〇一一年七月九日（七月十一日當天才是卯節），筆者親臨水各大寨進行實地調查，已看到部分人家開始清掃屋內和房前屋後的衛生，並且開始宰殺雞、鴨、鵝、豬等，泡黃豆、泡糯米、做豆腐和染黃糯米飯等準備工作也在進行中，以備卯節用於祭祀和招待客人。採訪中，水各村村委會主任蒙炳朝介紹，現在水各大寨過卯有兩種層面的節慶活動：第一是民間自發的傳統意義上的過卯，到了卯節的前一兩天，水家人就像漢族人迎大年一般，開始動手灑掃庭除，打掃衛生，將陽塵（屋內灰塵）撒放到稻田裡（水家人認為陽塵能殺蟲）。寅日為年終除夕，這一天要認真清掃房屋院壩，為祭田敬祖擺上魚、肉、酒、飯等供品，並且要準備豐盛的佳餚款待賓客。卯節期間，水各大寨都會整夜敲銅鼓、木鼓，或唱歌娛樂；第二是政府部門參與，由政府部門統一策劃實施過卯。隨著時代變遷和外來文化的交融，現在第二種「過卯」得到了水各一帶水族人民的理解和接納，而且過節的場面更加宏大，氣氛也更加熱烈。

2. 迎賓儀式

二〇一一年七月十一日上午十一時，舉行迎賓儀式。遠方客人、國外遊客相繼到來，迎賓門前，人聲鼎沸，火銃、長號聲、銅鼓聲、木鼓聲、水歌聲響徹九霄。十六把長號向天空舉起，道路兩旁插著印有水書字樣和魚圖騰的彩旗。水族姑娘們捧出斟滿米酒的酒碗，唱著甜美的水歌，用水家人特有的方式向遠道而來的貴賓和客人敬獻自家釀製的醇香九阡酒，迎接客人進寨。

3. 祭祖儀式

中午十二時，在猛敲銅鼓九下後，祭祀儀式正式開始。水書先生吳秀林，頭包黑頭帕、身穿黑長袍，手舉一大把芭茅草和竹枝，不時揮舞，口中唸誦祝禱之詞。長木桌上的祭品有：一頭煮熟的小香豬、一塊熟豬肉、四條韭菜包魚、一只煮熟的雞或鴨、一小捆煙葉、一把糯米穀穗、一些水果、一壺九阡米酒和若干酒杯、一碗黃糯飯、一扎冥錢、三至九根燃香、一塊白豆腐、一小碗米。水書先生用指頭撮起碗裡的米，向四方撒出去，讓天感知，讓地感知，讓祖先感知，讓他們庇佑年輕的後代和遠道而來的客人。寨老和水書先生用長桌上擺著的醇香米酒和豐盛的供品敬祖、祭天，以祈一年風調雨順、無病無災、萬事如意。

4. 民俗表演

水族民俗表演這一項目，在傳統的水族「過卯」中是沒有的，它屬於政府參與後的「嫁接」產品。中午十二時三十分，水各水族民俗表演在水各卯文化展示廳前的表演場準時舉行。男女主持人在渾厚的銅鼓、木鼓聲中緩緩入場，用水語、漢語向客人們介紹水族的民俗。舞臺上，一群水族婦女手拿草標唱水族雙歌，另一群水族婦女悠閒地紡紗線，兩個年輕水族小夥揮舞粑棒打熱騰騰的糍粑，外圍一群婦女隨著銅鼓、木鼓的鼓點節奏歡快地跳起圓場舞，一隊水族婚禮隊伍緩緩走進舞臺中央，新郎英俊、新娘嫵媚，送親隊伍的輕鬆、悠閒，把水家人悠久的歷史文化以及對和諧家園的追求展現得淋漓盡致。最後，水族民俗表演在主持人「夫妻對拜，送入洞房」的高亢聲中結束。

5. 祭稻田儀式

卯節當天，水各水家人要進行巡田祭禾除草活動。卯日清早，各家各戶蒸好黃糯飯。吃完早飯後，家庭主婦及女青年穿上新衣，各家自備「梅秧」（在一點五米長的新竹竿上捆紮一把新芭茅草，夾上一塊豬骨，黏上一點糯米飯、糍粑），用竹籃裝上酒肉、黃糯米飯、糍粑等供品，來到自家稍大一點的田坎上，用糯米草鋪成供桌，用帶來的供品進行祭祀。然後脫鞋下田，拿一根梅秧插在田中央，呼喊「禾神靈保佑，秧苗長勢茂盛，穀粒滿倉……」，之後又轉到另一塊田再進行相同的祭祀活動。凡是稍大的田都要插上「梅秧」。

七月十一日下午二時三十分，全寨的祭稻田儀式在距水各大寨一點五千米左右西南的卯坡下的一塊稻田邊舉行。稻田邊站滿了身著節日盛裝、手持芭茅草的水族婦女，四周插滿了五顏六色的印有水書字樣和魚圖騰的彩旗。現場人頭攢動，被圍得水洩不通。祭祀臺上擺放著一壇米酒、一頭煮熟的小香豬、一塊熟豬肉、一只煮熟的雞或鴨、一大把糯米穀穗和一些水果等供品，以及用竹筒做的水槍和象徵人丁興旺的人像剪紙圖騰，祭祀臺四周的香火燃得正旺。祭祀臺邊站著八九個頭包黑帕、身穿黑長袍的水族寨老和水書先生，讓人感到神祕和莊重。

祭祀稻田開始。在水書先生吳秀林老人的帶領下，水族寨老和稻田邊身著節日盛裝的水族婦女一起揮舞著手中的芭茅草、竹枝和打水槍，口中唸著祭詞，祈禱風調雨順、五穀豐登和人畜興旺。祭祀稻田儀式的高潮是水各大寨的八個男人將一頭發情的母豬放到祭田中戲耍（從前一天晚上對水各大寨旅遊協會會長吳天全的採訪中得知，這頭發情的母豬是一月前在三都廷牌訂購的，毛色純黑，不能有雜毛，重 270 斤，購價 1050 元），據說祭田當天男人們對發情的老母豬進行戲耍可保寨子人畜興旺。另一個高潮就是在田中舉行搶鴨子活動。據介紹，搶鴨子活動可驅蟲驅災，帶來風調雨順、五穀豐登。在現場，無論是祭祀的人們還是來參加活動的客人，都盡情釋放自己的情感，積極地參與到這一活動中，嬉戲、打水仗、爭搶鴨子，田裡田外積極互動，場面極其熱鬧。

6. 卯坡對歌

水各大寨卯坡所在地叫怒臘坡，是位於水各大寨西南面一點五千米左右的一座小山。山型大小適中，坡緩頂平，長滿小樹、灌木和綠茵茵的野草，坐落在稻田和玉米地當中。卯坡與其他山的不同之處是，山腳溪流潺潺，水邊有形狀奇特的岩石，一口巨大的龍鳳井終年湧泉，潤澤四周農田。當地有世代傳唱的小龍女與水族小夥子相愛殉情的故事，因為這個被當地人喜愛的神話愛情故事，趕卯坡的習俗才得以流傳至今。

七月十一日下午三時十分，祭祀稻田儀式完畢後，人群朝卯坡湧去，非常熱鬧。上山小路兩旁擺著各種貨攤子。上山的人群自然分成兩類：一類是在山腰和山頂蹲坐在傘下對歌找情人的少男少女；另一類人聚集在山腳，他們是已經不用對歌的已婚人、乘涼的孕婦、老人或中學生及遊玩的孩子，孩童和學生們是未來上坡對歌求偶的見習者。當地俗話說「不會唱歌，別上卯坡」，小夥子手拉手圍著姑娘們對歌，而姑娘們則始終害羞地將手中的傘遮住臉，當地人稱之為「傘內唱歌傘外音」。青年男女對唱的內容大致如下這裡只摘錄了其中的幾段。由水各大寨青年吳國除進行漢譯。：

（一）

卯坡情歌唱起來，逗得鮮花排對排。
逗得鯉魚游不動，逗得情妹走不開。
好朵鮮花生卯岩，花高手短夠沒來。
幾時得花到哥手，口含仙水潤花臺。

（二）

借卯坡上妹勸哥，勸哥莫要疑心多。
堯人山配都柳水，你纏我繞打沒脫。
妹是水家一枝花，日織綾羅夜紡紗。
一天能織三尺布，哪個不想妹當家。

（三）

太陽落坡怕分離，提起分離眼淚滴。
不是妹要分離你，爹媽在家等消息。
送妹送到堯人山，捨不得妹鼻子酸。
遠遠望妹悠悠去，好比拿刀割心肝。

節日中的卯坡歌聲飛揚，熱鬧非凡。水族青年男女的對歌，內容豐富多彩，情意綿綿，歌調婉轉，悅耳動聽。小夥子和姑娘們一首接一首唱，一直唱到夕陽映紅卯坡時，才依依不捨地分手，顯得格外感人、和諧。當晚也有些男青年大膽地追隨姑娘到寨內，上門找姑娘通宵達旦地對歌。

三、結語

水族是一個熱情開放、能歌善舞的民族，在歷史發展進程中形成了自己原始古樸的民俗民風，在長期的生產生活實踐中創造了自己獨特的文明，並擁有自己的語言、文字和曆法。經筆者對水各大寨的歷史文化、節日文化以及其他民俗文化的考察，發現水族卯節節日文化在飛速發展的現代化進程中還能保存完好，但同時，也正在受到來自行政和外來文化的干擾，下一步如何讓水族卯節文化得以很好地保護和發展值得深入思考。

首先，隨著政府和社會各界的不斷打造和投入，九阡鎮一帶的水族卯節已不再是單純的傳統的民族節日，而成為水族社會重要的節慶文化活動。在政府直接參與下，當地的經濟、旅遊等都得到了長足發展。村民們在慶賀自己傳統民族節日時，通過開辦農家樂、九阡酒酒坊等經營活動產生了直接的經濟效益，改善了社會生活條件。然而，政府參與下的卯文化節又給傳統「卯節」帶來一定的衝擊，讓傳統卯節活動增加了許多非傳統節慶活動項目，如卯節當天的敬「霞神」（水族敬霞神有專門的日期）、廣場祭祖表演（過去卯節祭祖是以家庭為單位在家祭祀）、水族民俗表演等。

其次，參加卯坡活動的人數雖多，但真正在山上對歌的青年男女相對較少。組織者還籌備經費外請知名的水族歌手（歌王）來現場對歌，以增加節日氣氛，失去了原來民間青年男女自發對歌找情人的文化含義。卯坡對歌已逐漸演變為迎合外來客人需求的偽民俗。由此不難看出如今的卯坡對歌的窘況，同時也折射出水族地區學校對民族傳統節日文化教育的缺失，以及在現代多元文化的衝擊下，水族青年卯坡文化意識已經淡薄，卯坡文化的保護和傳承正在出現嚴重的斷層。

最後，在當地大力發展和打造文化旅遊經濟的今天，如何讓水族傳統民俗節日「卯節」回歸本位，如何讓水族傳統民俗節日「卯節」在得到更好的保護和傳承的同時將現代優秀水族文化因子更好地融入其中，使之健康、持續發展，恐怕是我們特別是當地政府亟需思考和解決的問題。在進行文化旅遊開發時，應尊重民族自述，不可過度開發和包裝，甚至作秀。地方政府應當重視民俗文化的教育和培養，強化民族認同感和文化傳承功能，只有這樣，水族卯節的開發才能得到可持續的發展。

（原載於《黔南民族師範學院學報》2014 年第 4 期）

貴州都勻繞家「冬節」的社會功能

宋榮凱 許明禮 許興華

一、引言

貴州都勻地區世居少數民族很多，他們都有自己相對穩定的聚居區域和人文生態。例如壩固鎮和王司鎮的苗族，基長、陽河和奉合鄉的水族，江洲鎮、墨沖鎮、平浪鎮、凱口鎮和擺忙鄉等地的布依族等，他們都有自己獨特的民族節慶文化。[1](P149-173)而聚居在洛邦鎮繞河村的繞家也是都勻世居民族之一，這個民族創造了自己較為完整的文化體系。繞家族源、語言、文化、風俗和社會心理明顯有別於周邊其他民族，尤其是繞家的民族節慶文化。最能展現繞家風情的節日就是「冬節」。在二〇一二年繞家「冬節」之時，我們應邀赴繞河同當地人們歡度節日。二〇一三年繞家「冬節」，我們組織黔南民族師範學院預科部三十六名師生參與了繞家「冬節」的相關慶典活動。通過兩次活動深入考察繞家傳統節慶「冬節」在社會功能等方面的獨特性。

繞家自稱「育」，凱里和麻江苗族稱其為「阿幺」、「夭家」；畲族稱繞家為「嘎育」；史書上稱繞家為「夭家」、「夭苗」和「繞家」。[1](P178-179)一九九七年貴州省民族事務委員會組織都勻市民族局、洛邦鎮幹部和繞家代表赴雲南河口縣瑤山鄉進行民族識別考察後，考察組建議將都勻繞家識別為瑤族，但未得到繞家人的認可。鑒於繞家人外出學習、生活、務工等需要，現已將繞家人的戶籍身分掛靠「瑤族」稱謂。筆者在研究中徵求繞家人意見，他們對從學術上將繞家人按照瑤族稱謂進行研究並無異議，但出於當地俗稱和尊重需要，在行文過程中仍用「繞家」或「繞家人」進行表達。[1]現今繞家主要居住在都勻經濟開發區洛邦鎮繞河村（上繞家）和麻江縣龍山鎮河壩村（下繞家）。都勻繞河繞家和麻江河壩繞家同源，自稱來自江西，初遷平越（福泉），繼遷三都爛土，再遷都勻王司基長和陽河。基長支系再遷麻江河壩，陽和支系遷至繞河。本文以都勻經濟開發區洛邦鎮繞河村繞家「冬節」為研究對象，意在梳理繞家「冬節」基本內容並探析其社會功能。

二、繞家「冬節」

繞家「過冬」歷史悠久，現已列入都勻市非物質文化遺產加以保護。「冬節」是繞家一年一度最隆重的節慶，一般稱為「過冬」、「冬節」、「繞家年」或「過繞年」等。

繞家過「冬節」來歷和依據明確。繞家人民按照繞家曆法[2]結合農曆和農時，把每年農曆三月到十月安排為農忙季節，再把冬月至次年二月安

1 都勻市民事務委員會文件（勻族業字〔1997〕06 號）「都勻市繞家人赴雲南河口瑤族自治縣族稱認定考察紀要」，都勻市民族宗教事務局文件（勻族議復〔2007〕01 號）「對都勻市人大十一屆一次會議第 132 號建議的答覆」。

2 繞家曆法是指用十二甲子與二十八宿輪推，這與漢族天干地支輪推為「六十甲子」相同。繞家甲子對推為八十四，用於時日，即八十四天轉一次，用於年則八十四年轉一次。貴州省民族事務委員會政法處編：《繞家十二甲子和二十八宿輪推對照表》，收錄於貴州民族識別資料集（第十集：繞家——瑤族），第 66-67 頁。

排為農閒季節。確定每年冬月第一個丑日為歲除，以冬月第一個寅日（虎日）為歲首，歲首日這天就是「冬節」。現以二〇一二年壬辰歲、二〇一三年癸巳歲和二〇一四年甲午歲為例予以說明。根據推算，二〇一二年的冬月初六（陽曆 12 月 18 日，星期二）是醜日，這一天是繞家歲除；冬月初七（陽曆 12 月 19 日，星期三）為寅日（虎日），這一天就是繞家「冬節」。二〇一三年，冬月第一個丑日是十一（陽曆 12 月 13 日，星期五），這一天是繞家歲除；第一個寅日（虎日）是冬月十二（陽曆 12 月 14 日，星期六），這一天就是「冬節」。再以二〇一四年推算，繞家歲除是冬月十一（陽曆 2015 年 1 月 1 日，星期四）；第一個寅日（虎日）是冬月十二（陽曆 2015 年 1 月 2 日，星期五）。

在歷史上，過「冬節」這一天就是繞家曆法的正月初一。相傳繞家崇拜虎，平時因為忌諱不能稱為虎，即叫作「yo」，即「公」的意思，這是對虎的尊稱。十二生肖中的「虎」即「寅」，所以繞家以每年冬月第一個寅日為歲首舉行「過冬」活動，祭祀祖宗，以代表對先輩的懷念。〔2〕（P217）繞家「冬節」在傳統上是一種帶有時令性、祭祀性和節慶性的慶典。因此，繞家「冬節」的主要活動除了表明除舊迎新、慶祝豐收外，還有最重要的活動就是每家每戶都要祭祖。祭祀用品包括甜酒、水果、糍粑、魚、豆腐等。由於繞家「冬節」已被列為非物質文化遺產，其不僅限於民間活動，也是繞河行政村固有的節慶。由於參與歡度繞家「冬節」的各方面客人較多，所以繞家「冬節」不僅僅是繞家人自己的活動，也成為關心支持繞家社會、經濟、文化發展，致力於傳承和弘揚地方優秀民族文化的民族工作者所嚮往的平臺。

三、繞家「冬節」的社會功能

（一）基層政府組織與民間自發組織相結合的組織協作功能

傳統繞家「冬節」是由寨老組織協調和運作的民間活動。隨著社會發展進步以及社會主義新農村建設步伐的推進，繞河村支部和村委會這樣的基層機構逐步滲入到民族節慶的組織運行中，並充分利用民族節慶展現繞家人的精神風貌。

1. 村委會協調落實和安排「冬節」有關事宜

村委會將如何過好「冬節」列入每一年的工作計劃。村委會召開專門會議，具體落實繞家過冬有關事項，這些事項主要包括：

第一，按照繞家曆法準確推算繞家過冬的具體時間以便做出相應布置安排；第二，對村委會和各組組長以及有關可能參加接待的人員進行任務分工；第三，決定和開列明晰的擬邀請前來參加慶祝活動的人員名單，確定接待規模；第四，對可能產生的有關支出費用進行預算。

2. 通知各村寨做好相應準備

繞河村共有二十一個自然寨。為迎接來賓和客人，力爭做好家庭接待、文明禮貌和村容村貌整潔等相應準備工作，充分展現繞河村繞家人在新農村建設方面的成就和風貌。

第一，展現繞家人們勤勞致富、生活美滿的精神面貌；第二，展現繞家民眾文明健康的生活風尚，如家庭院落的布置，房前屋後環境衛生的清掃；第三，展現繞家人熱情好客的精神面貌，比如提前邀請親友和客人到家中做客，提前做好過「冬節」所需的各種物質準備，比如米酒（分為祭祀用的甜酒和白酒）、河魚、豆腐、蔬菜及其他的食品等。通過上述準備，當客人走進繞河村寨親眼看見繞河谷風貌時，會感覺到繞家「冬節」濃郁的節慶氛圍。

（二）增強民族凝聚力和認同感功能

1. 增強民族認同感

繞家「冬節」是全體繞家人的節日，用繞家人的話來說：「時興過冬節的就是繞家，不時興過冬節的就不是繞家。」[2](P216)繞家「冬節」在增強認同感方面的社會功能主要表現在繞家過「冬節」是繞家民族心理認同的標誌。這種心理認同表現在：「冬節」是繞家人共同的節日，就整個繞河村社區而言，上至村組幹部下至各戶普通百姓，所有人都要為迎接「冬節」做準備；就每一個繞家家庭而言，上至耄耋老人下至牙牙學語的孩童，也為「冬節」的到來喜形於色。各村寨內外，親戚之間、朋友之間、友鄰之間見面打招呼都可能會問，「你家今年準備得怎麼樣了」，或者「你家今年邀請多少客人來過冬呀」等等之類的話題。這種「我們的節日」或者「我們繞家的過年」展現出來的是民居聚居區和民族地區社區特有的社區文化，即民族認同文化，或者稱之為「我們的」或者「我們民族的」或者「我們這裡的」這樣的民族認同觀念。這種心理認同恰恰是民族地區社區文化環境表現出來的重要特徵。

2. 增加民族凝聚力

第一，增進繞家人內部民族凝聚。居住在繞河村的主體居民是繞家人[3]，繞家人利用這樣的節慶增強民族凝聚力是不言而喻的。在節慶期間，就連麻江縣龍山鎮河壩村下繞家的部分客人也要步行六七個小時翻山越嶺來參加「冬節」活動。因為從社會關係看，繞河繞家是典型的鄉村社會，而鄉村社會是「以血緣和地緣為社會連繫紐帶的，人們行為規範、人際關係和社會秩序等都是建立在血緣、地緣關係基礎上」〔3〕（P128）。在繞河繞家內部，繞河主要姓氏是許姓、楊姓和水姓，且長期以來都互為姻親；在麻江河壩，繞家主要姓氏是張姓、曹姓、楊姓、龍姓和羅姓，繞河與河壩之間的繞家同源，也存在姻親關係，所以繞家「冬節」恰好強化了這種內部凝聚力。

第二，增強繞家人與周邊不同民族的凝聚力。繞河村土地面積二十三點五平方千米，其東面是麻江縣宣威鎮的筆架村、中寨村和琅琊村等村寨，有布依族、苗族、仫佬族、畲族和漢族等民族；在南、西和北三面，分別有都勻壩固鎮的擺茶村和多傑村，大坪鎮的幸福村，洛邦鎮的附城村、甕桃村和馬場村與之緊密相連，居住著布依族、水族、苗族和漢族等民族。每年過冬，繞河村都要邀請上述行政村的人們到繞河村來參加活動。繞河村的繞家人因為婚姻、社會生產、生活以及種種交往與周邊民族有著或多或少的連繫，這些村民或是受到邀請或是自行前往參加繞家「冬節」活動。客觀上，繞家「冬節」自然成為覆蓋繞河村及其周邊各民族之

3　都勻經濟開發區洛邦鎮繞河村平寨小學填報《繞河村 2013 年文化戶口冊》顯示：2013 年繞河村有 8 個村民組 21 個自然寨，有 676 戶 2625 人，少數民族 2588 人，占總人口的 98.6%，繞家人口約占 95%。

間的聚會[4]，在「冬節」這天，各民族友人到繞河去「走親訪友」，體驗「繞家文化風情」。這種社會交往活動是愉悅的、健康的、和諧的，起到增加不同民族之間的凝聚力的作用。

不僅如此，在更遠的地方，收到邀請的不同民族也來到繞河，他們的到來強化了不同民族之間的交流和凝聚力[5]。以黔南民族師範學院預科部為例。這次預科部受到繞河村委會邀請，組織了三十六名師生前往參加活動。這些師生中有貴州省內不同地區的少數民族，如貴陽地區的滿族、黔西北威寧縣的回族和大方縣的彝族、黔北道真和務川縣的仡佬族、黔東北印江和沿河縣的土家族、黔東南黎平縣和天柱縣的侗族、黔西南州冊亨縣的布依族等，客觀上起到了增強民族之間的凝聚力的作用。

（三）展現和傳承傳播民族文化

繞家民族文化內涵豐厚，並在繞河存在發展了幾百年。

1. 展現和傳承繞家居民的物質文化

繞家的物質文化豐富。繞河村分轄八個村民組二十一個自然寨。至二〇一三年止，除了從龍關塘等村寨外遷組成的米辦寨民居建築風格趨同於附近民族（磚混結構混凝土二至三層房）外，其他村寨仍然保留著古樸的

4　繞河村在行政隸屬上屬於都匀經濟開發區，它與附城村、甕桃村和馬場村一起組成了洛邦鎮全部 4 個行政村 37 個村民組，2012 年，全鎮有 4914 戶 17283 人，居住著布依族、漢族、水族、畲族、壯族、苗族、繞家人等多個民族，少數民族人口占總人口的 96%以上，是一個典型的民族大雜居鎮。數據來自都匀經濟開發區洛邦鎮人民政府辦公室，2013 年。

5　2013 年應邀參加繞家「冬節」的部分單位有：都匀開發區管委會及其所屬各單位、洛邦鎮政府及其所屬各單位、州博物館、都匀市文化局、黔南民族師範學院預科部等 30 餘家單位。取自繞河村委會 2013 年繞家「冬節」慶賀名單。

三層式三開間或五開間木質結構房屋（俗稱「干欄樓」），這種木質房約占整個繞河各寨房屋的百分之九十五以上。進入繞河谷，首先映入眼簾的就是這些獨特的民居。劉世彬教授《繞河兩岸繞家人・依山傍水乾欄樓》對繞河各寨民居進行過描繪：繞家木結構的吊腳樓依山傍水就勢。前面吊腳後面靠山，往往是三層結構。底下一層簡單裝修一下用來堆放犁、耙、鋤、石磨等勞動工具，有的也用來圈養豬、牛。二層三間前面加一個吞口，中間一間為堂屋，用來祭祖、迎客，左、右廂房前為火塘，後面住人，裝修得比較規整。在廂房前都留有走廊，裝修有木欄，可以用來晾曬苞谷、辣椒。在房前或兩側房山外修有曬樓，用來曬米或休息，或者用來做衣服、制蠟染、搞刺繡。最上面的一層裝修後用來堆放糧食等。屋頂蓋的是黑色小瓦。整個房子通風、透氣、方便。[4]（P18）

2. 傳遞和展現繞家人質樸的社會生活文化

繞家人的社會生活文化豐富多彩。繞家文化屬於村落文化，這種文化是經過長期積澱形成的。繞家人擁有質樸的民風，純樸、厚道、熱情、誠實，人們講究倫理，思想意識相對封閉，鄉土特色濃厚，生產生活也比較保守。在「冬節」期間，這種民風得到完美的展示。除自釀米酒外，二〇一二年「冬節」招待客人的主要菜餚是繞河黃牛肉；二〇一三年招待客人的主要菜餚則是繞河鴨子和河魚。這些膳食在繞河已經是最上檔次的美食了。二〇一三年接待客人同時開席約四十桌。席間，唱甜美的繞家民歌勸酒。整個村寨都是猜拳行令聲和陣陣歡笑聲。

王鞏漢《繞河情韻》一文展現了繞家人在待人接物上的精神風貌：

繞家的待客晚宴分外講究。掌燈時分，側房裡的火塘竄起熊熊火焰，用鐵三角支起的小鐵鍋頃刻騰起濃濃白霧。鍋裡煮的是嫩豆腐和鮮蔬菜，鍋四周擺滿酥香辣、煙熏臘肉、鮮辣煎蛋、油炸黄豆之類的美味佳餚。主人請客人入席後，給客人一輪又一輪地斟酒、拈菜。待在菜吃掉一半後，主人突然離席外出。不到半袋煙工夫，主人手捧一隻木盆回到席間，接著從木盆裡撈一條條活鮮魚梭進滾開的鍋裡。之後，主人給客人盛飯，大夥用魚下飯美美地吃了起來。客人吃飽後，主人又開始敬酒了。敬酒要唱繞家歌，這是婦女們的拿手戲。主人使個眼色，他的妻子、姑娘、媳婦就合唱起歡快的酒歌，頻頻給客人斟酒、敬酒。我平日滴酒不沾，這會也不得不往口裡倒了兩杯。繞家有賀客習俗，無論寨上哪家來了貴客，只要知道了，都會主動前去祝賀，熱鬧一番。席間，婦女們悠揚悦耳的酒歌聲飛出木樓，飛向繞河峽谷。不多久，就來了十多個前來賀客的繞家人，主人給他們每人滿滿地斟了一杯酒，爾後，所有在座的人由主人領著齊唱「合心酒」。待曲終了，共同舉起酒杯，齊飲「合心酒」。此時此刻，酒宴進入高潮，主人客人同處於歡情激盪之中，熱情、豪放、歡快的氛圍籠罩著整個堂屋，飄散在繞家寨中。〔5〕(P303)

3. 展現和傳遞繞家人的語言和藝術文化

繞家語言屬介於苗語「中部方言北部次方言」中的「北部方言」和「中部方言」之間的一種語音，它跟苗語黔東方言有百分之六十左右的相同、相近和同源。〔6〕(P308-322) 由三十五個聲母（包括清塞音、清塞擦音和清擦音等)、四十個韻母(包括 10 個單元音韻母、21 個復合元音韻母和 9 個鼻音韻母)和五個聲調組成。在都勻繞河和麻江河壩繞家人生活中心區附近,其他不同民族的居民也或多或少地聽得懂繞家話的一些語言或詞彙。在繞河,凡是在這裡出生長大的人,無論男女老幼,無論說話唱歌,都用繞家話進行交流,繞家「冬節」是繞家人語言交流的最佳場所。

繞家民歌中的「呃嘣」(又稱「大歌」或「迎客歌」)已經列入省級非物質文化遺產名錄〔7〕(P22-28),繞家「板凳舞」列入都勻市非物質文化遺產名錄。在「冬節」這樣隆重的節慶裡,用繞家音樂舞蹈藝術向客人們展現和傳遞其民族優秀文化傳統,是繞家「冬節」慶典的必備內容。

繞家民歌用漢語摘抄部分如下:

> 我們起來唱歌,尊貴的客人來了!是啊!我們的客人來了,來到我們家,一口淡淡的紅薯酒、一鍋青菜煮來待客真是不好意思。來!我們敬客人一杯酒,客人你不喝在做什麼?不要愁眉苦臉的,我窮你是知道的,客人你回到家。[6]

四、結語

綜上所述,一年一度的繞家「冬節」是獨特的,它充分展現了繞家民族文化在共享、整合、適應和傳承等方面的特點。當然,繞家「冬節」作為一種民族文化符號所表現出來的社會功能也是多樣的、立體的和多維

6 《繞家民歌・迎客歌》,黔南民族師範學院韋祖雄教授整理。

的，其組織協調、民族認同和凝聚以及展現和傳承民族文化等方面，僅僅是其社會功能的部分內容，而這些社會功能都是多年來繞家人在和自然以及社會的互動中創造出來的優秀文化，這些優秀文化現已成為繞家居民社區環境文化建設的重要組成部分，也是繞河社會主義新農村建設在民族文化板塊上不可或缺的重要內容，它的確值得我們研究、宣傳、弘揚和分享。

參考文獻

〔1〕都勻市史志編纂委員會.都勻市志・民族〔M〕.貴陽：貴州人民出版社，1999.

〔2〕莫讓言.繞家過冬節〔M〕//政協都勻市委員會.都勻民族風情錄.貴陽：貴州大學出版社，2011.

〔3〕鍾漲寶.農村社會學〔M〕.北京：高等教育出版社，2010.

〔4〕劉世彬.繞河兩岸饒家人〔Z〕.黔南州機關印刷廠，2006.

〔5〕王覃漢.繞河情韻〔A〕//政協都勻市委員會.都勻民族風情錄〔M〕.貴陽：貴州大學出版社，2011.

〔6〕吳正彪.貴州都勻繞家話的語言特點初探〔A〕//貴州民族學院歷史系.貴州民族論叢（1）〔M〕.貴陽：貴州民族出版社，2002.

〔7〕盧延慶.尋遺黔南・黔南州非物質文化遺產名錄〔M〕.北京：中國文聯出版社，2008.

（原載於《黔南民族師範學院學報》2014 年第 3 期）

黔南布依族「六月六」節日的文化特徵及社會價值

樊敏

我國著名民俗學家鍾敬文說「民間流行的節日，是各民族所同具的、必然要有的文化」，是「一種文化事象」。[1] 節日文化，是全世界所有的民族共有的一種文化現象。任何一個民族都或多或少地有著具有本民族特色的傳統節日。這些節日大多都已延續了數百年乃至數千年，成為人類社會客觀存在的、共同的文化現象，反映出人類社會共同的文化心理需求。因此，我們應當研究這些民族節日文化，努力滿足人類社會共同的精神需求，以促進人類社會的和諧發展。

黔南地區布依族「六月六」節日已有千百年的悠久歷史，一九八一年農曆六月初六，在惠水縣拉林鄉董朗橋舉辦貴州省第一次布依族民歌大賽後，報請中華人民共和國國家民族事務委員會認可，正式稱為布依族「六月六」歌節。布依族「六月六」節日是在特定的時節進行的程式化的布依族生活樣式之一，是包括布依族各種生活內容在內的特殊文化現象，即包括各種物質生活、習俗禮儀、民間信仰、社交娛樂等方面的內容，其表現形式則是布依族在這一特定節日的各種活動。

一、「六月六」的節日內容

黔南布依族獨特的自然生態環境與民風民俗造就

了黔南布依族「六月六」豐富多彩的節日內容，有生產祭祀、有對歌娛樂、有尋偶談情、有才藝展示……形式多樣，豐富多彩。

「六月六來打保符，阿天阿地保五穀，青竹仙翁賜寶劍，人人都來打保符。」獨山、平塘、荔波三縣相鄰的布依族，每年「六月六」村村寨寨「打保符」[1]、吃「保符酒」，家家戶戶將沾滿牲血的「秧標」[2]插在稻田裡，以警告螞蚱等害蟲不得危害莊稼，祈求神靈保佑五穀豐登。

當每年「六月六」來臨之際，惠水、長順、平塘、羅甸、都勻、龍里、貴定、荔波等地的布依族男女青年個個身著節日盛裝，聚集在一起對歌。在對歌時，男女雙方一般都是兩人以上結伴演唱，往往是以一人為主，其餘數人伴唱幫腔。歌詞分為傳統的和即興創作的兩種。通過對歌，姑娘若是找到了自己的意中人，就會贈送粽粑和襪墊。然後，雙雙避開人群，到坡上或河邊繼續輕聲對歌，談情說愛。日落月升，許多人都不捨離去。每年的這一天，惠水的董朗橋、老鷹坡，長順的古羊橋，平塘的清水橋，羅甸的邊陽，都勻的營盤，龍里的羊場，貴定的石板，荔波的朝陽等地，人山歌海，熱鬧非凡。

平塘、長順等縣的布依族地區，在「六月六」這天，家家戶戶要把自紡、自織、自染、自縫的衣物帳被全部拿出來晾曬在庭院裡。有首童謠唱道：「六月六呀，六月六，龍王曬龍袍，老虎曬皮骨，饒布依（即我們布依人），晾衣物，曬被縟，滿庭滿院花花綠綠，看誰手藝巧，天王來評

1　「打保符」諧音「打豹虎」，具有神意。
2　「秧標」是用白紙打製而成的「青鋼竹葉劍」。

迣……」據說這樣可以讓天神保佑農作物、被縟不被蟲蛀，全家老少有吃有穿，日子過得歡歡樂樂。「六月六」晾曬衣物帳被，還可讓大家藉以考察誰家的婦女心靈手巧，紡織的衣物最多最好，讓客人們看到誰家主婦或姑娘勤耕善織，從此，這家的姑娘必將贏得眾多小夥子的青睞。

黔南布依族地區有民諺道：「有心過端午，六月六也不遲。」其原因是歷史上或因戰爭干擾，或因農事正忙，故而推遲日期補過端午節。平塘清水一帶傳說：當地楊姓祖先楊昌豪於明洪武某年端午前夕奉命率師出征，官兵要求過了端午再出發。楊說：「軍令如山，不能有違，有心過端午，六月也不遲。」後來隊伍凱旋，已是六月初，楊就下令六月六補過端午。因此，布依族地區過「六月六」時，就流行包粽粑，而且包的糯米要用糯米草灰或楓香葉染黑。更講究的人家，還在染黑的糯米中放入少量炒香的花生、芝麻一同包成粽粑，有的還要包入一片臘肉或香腸。粽粑的形狀有三角粽、六角粽和枕頭粽等。

獨山麻尾一帶布依族卻與眾不同，「六月六」之際，已婚的布依族婦女普遍流行「走娘家」。「六月六」這天，她們抬著糯米甜酒（醪糟）、米酒、面條、大米、水果（主要是桃子），還有雞、鴨、豬肉等食品來孝敬父母；有的還根據父母的年庚八字，給老人做高壽、添糧補壽等，希望父母健康長壽。因而在當地「六月六」又被人們稱為「布依族的母親節」。三都周覃一帶的布依族則稱「六月六」為老年節，已出嫁的女兒都會帶上禮物攜子女回娘家看望父母，給老人添福補壽、送去節日的問候和祝福。

二、「六月六」節日的文化特徵

高占祥在《民族文化的盛典》一文中總結說：「中國文明的博大精深育化出豐富多彩的民族節日」，「節日文化是以文化活動、文化產品、文化服務和文化氛圍為主要表象，以民族心理、道德倫理、精神氣質、價值取向和審美情趣為深層底蘊，以特定時間、特定地域為時空布局，以特定主題為活動內容的一種社會文化現象。它是人類文化的組成部分，是社會文化的一個重要分支，是觀察民族文化的一個窗口，是研究地域文化的一把鑰匙」。[2] 布依族「六月六」節日文化具有鮮明的民族特色，具有時間性、週期性、社會性、群體性、地域性、民族性、綜合性、豐富性、穩定性和變異性等我國民族節日的普遍性特徵，同時，還有以下明顯的具有布依族意蘊和內涵的文化特徵。

一是祭祀文化。在人類社會早期，由於生產力和科學的不發達，人們對一些自然現象還不能用科學道理加以解釋，於是就通過舞蹈動作，模仿大自然及動物的種種形態，以表示對祖先的崇拜、對萬物之神的敬仰，以此來取悅神靈，祛除人世間的災難，保佑人畜平安、五穀豐登。這種原始的祭祀活動，逐漸演變為節日活動而固定下來，代代相傳直到今天。布依族先民也由於對自然力的不理解和敬畏的心理，普遍信仰多神，崇拜祖先，以原始宗教意識作為其精神支柱。因此，在「六月六」節日裡往往要舉行求神拜祖的祭祀活動，因而，布依族「六月六」節日的起源又與其原始宗教信仰密切連繫在一起。

布依族是傳統的稻作民族，農曆的六月正是水稻秧苗返青時節，秧苗長苗分蘖，最容易受到病蟲災害。這段時間是農作物生長週期中一個非常重要的時期，它直接影響到莊稼的收成質量和數量，所以布依族群眾在「六月六」節日期間要祭祀「水神」、「田神」、「天神」、「穀神」、「牛神」等。祭祀分為家祭和村祭兩種，家祭是各家各戶在家裡神龕前由家中老人主持的祭祀活動；村祭是以自然村寨為單位，由寨老在村旁有古樹的地方，或田壩或河邊有奇石之處舉行的祭祀活動。一般多用豬、雞、狗、酒、粽粑等作為祭品，目的是企盼風調雨順、五穀豐登、人畜興旺、四季平安。這種祭祀活動反映出布依族關於生態環境、氣候特徵等方面的地方性節令文化知識，融合了布依族關於農業生產等方面的豐富的農耕文化知識，也反映出布依族人民追求與大自然和諧共處的美好願望。

二是歌文化。唱歌是布依族人民最喜愛的文娛活動，布依族「六月六」稱為歌節，唱歌、對歌是「六月六」主要的活動內容，是布依族「六月六」節日的主旋律。作為節日期間必不可少的歌聲，是表達情感、烘托氛圍、凝聚民眾的特殊手段。布依族地區有許多傳統歌場，如惠水的董朗橋、老鷹坡，長順的古羊橋，平塘的清水橋，都勻的營盤橋，等等，每一個歌場都有一個美麗動人的故事傳說，如《阿水與阿花》、《白老喬與謝喬妹》、《古剛與九姑》等。在平塘清水橋還流傳著這樣一首歌謠：「一年有個六月間，六月橋上遇歌仙，世上姻緣她作主，傳歌留名幾千年。」[3](P288)相傳，古時候有一位美貌善良的歌仙來到人間，在農曆六月六這天，她在清水橋頭遇到一位勤勞勇敢的布依族小夥子，兩人通過對歌，相互瞭解，情投意合，結為良緣。後來此事傳開，青年們都想在「六月橋」上尋找如花似玉、能歌善唱、勤勞聰慧的伴侶。於是，每年農曆六月初六這天，很多青年男女都到歌場來對歌，展示自己的聰明才智，盼望能找到理想的情人。男女青年對歌時，雙方互通姓名、地址，唱起熱情洋溢的相識歌，接著便是唱表達相互羨慕的讚美歌和情真意切的愛慕歌。雙方在唱相愛歌之前，往往要先唱饒有風趣的盤歌，長時間的相互摸底，盤天問地，說古道今，考問生產勞動等知識。真正的歌手要唱情歌十二部——邀請歌、敬酒歌、開排歌、初會歌、讚美歌、定情歌、消夜歌、盤歌、排歌、分離歌、送別歌……例如下面這首《定情歌》，便是男女雙方經過對唱情歌增進瞭解之後男女之間的相互對唱：

男唱：調過歌頭起歌聲，開口跟妹要把憑，
妹拿把憑交給我，記妹情意一百春。
女唱：飄帶長，飄帶長，這根飄帶繡鳳凰，
手藝不好仁義在，留妹仁義在歌鄉。

分別之際，倆人既已定下情緣，便通過歌聲表達出同結連理、永不分離的心願，如下面男女對唱的《送別歌》[4]即是如此：

男唱：一里送妹出寨門，寨腳有樹梭羅林，
記倒梭羅記倒妹，問妹何時哥鄉行？
女唱：哥你送妹到寨腳，寨腳有棵好梭羅，
哥是梭羅千年在，妹變青藤來跟哥。

不僅歌詞信手拈來、隨編隨唱，而且還晝夜唱個不停、對個不停，白天在橋頭、河邊、山林腳對唱；晚上互相邀約到寨子裡對唱，分不清高下，結成了情緣。唱歌、對歌的形式既增添了節日喜慶、熱鬧的氛圍，又聯絡了感情，加強了民族的凝聚力，還點燃了愛情的火花，促進了民族的繁衍和發展。

三是酒文化。酒與布依族的節日密切相關，年豐歲稔，布依族群眾舉杯同慶；悲苦哀痛，又借酒消愁；追念先輩業績，以酒抒懷；驅邪逐煞除穢，借酒助威。可以說，凡逢節日必用酒，如若無酒不成節。布依族「六月六」同樣通過節日用酒的種種習俗，從一個側面展示布依族節日的文化特質和民族文化的奧秘。布依族先民心目中具有特殊魔力的酒，在「六月六」節日中，滿足著驅邪除穢、敬神祭祖等布依族群眾的心理需要。酒，作為先民們最初發明的一種普通飲料，由餐桌奉向神壇，由物質文化形式向觀念文化形態發展。酒，被神聖化了。在待客聚餐中，飲酒用酒習俗還往往發揮出聚合人群、凝結人心、加強友誼的特殊作用。在這些場合中，酒擺脫了神的支配，酒文化表現出鮮明的世俗化傾向。

布依族熱情好客、豪爽飲酒，自古以來就有「無酒不成禮」、「無酒不成席」的文化傳統，其影響非常深遠。酒文化的表現很突出:「六月六」祭祀要用酒，「六月六」聚會要喝酒，「六月六」期間饋贈親朋好友也離不開酒，已婚婦女「六月六」「走娘家」的禮品中，酒同樣是不可缺少的重要禮品。布依族素有「無歌不成敬」的酒禮酒俗，更為「六月六」歌節文化再添韻味，也展示了布依族酒文化和歌文化的相互融合。「六月六」席間酒過三巡，肴過五味，主人一定會奉上優美婉轉的酒歌來助興。唱敬酒歌是酒席的高潮，先由主人端起一碗酒，向客人們邊敬邊唱。歌的內容多是互相祝頌，往往唱到釀酒的起源、制酒的過程及飲酒的禮俗等。席間，主人還要邀請善於歌唱的姑娘或中年婦女來向客人敬酒，她們有的拎著壺，有的端著放碗的方盤，來到客人身旁，先斟上一碗酒，再唱起熱情洋溢的敬酒歌：

昨夜得聽客要來，提起掃把去掃街；
兩邊掃起人字路，掃條花路等客來。[5](P181)
一杯米酒表心懷，穀米不好自家栽，
淡酒不好自家造，要敬歌師開歌排。[4](P81)

宗朋好友以及四方賓客在細細品味布依族佳餚美酒的同時，也體驗到布依族真摯純樸的一腔深情。

四是糯食文化。糯食文化是布依族「六月六」重要的節日文化特徵之一。甜酒和糯米酒是「六月六」主要的節日飲品。粽粑以糯米為主要原料；「走娘家」的禮品甜酒、待客祭祀的糯米酒也由糯米釀造而成。布依族喜吃糯食，不僅僅是因為糯米味美、營養價值高，而且是布依族作為古老、傳統的稻作民族對稻穀特殊的、深厚的甚至是神聖的情感——布依族穀種的「種」一詞和「靈魂」一詞是相同的詞，都寫作「wan」。布依族認為糯米的「魂」最多，因此產婦坐月，以能吃糯食為佳；人到晚年，體力不好，以為自身魂魄所剩不多，便以糯米為老人添糧祝壽為俗；五色糯米飯更是布依族的特色食品；在婚禮酒宴中、起房上樑時，糯米粑則是吉祥、富貴的象徵。糯食文化是布依族穀魂崇拜所表現出來的一種文化事象。

布依族在長期的生產勞動和生活實踐中，不僅製作了豐富多樣、美味可口的糯米食品，而且創作了許多有關糯食的故事、傳說、詩歌、舞蹈。

「六月六」節日裡的粽粑從表面上看是為了增添節日氣氛，若進一步細究，可看出這種食品便於攜帶、食用方便，在炎夏的六月季節，多放幾天也不會餿，更適用於「六月六」後布依族繁忙的農業生產活動，從另一個側面反映了布依族糯食文化與生產勞動的密切關係。布依族糯食文化的形成，與布依族生活習慣、生產方式、民族意識和民族的歷史傳統文化等方面有著密切的連繫，有物質方面的因素，又有精神方面的因素，其內容是相當豐富的，因而它才得以保存和發展，形成布依族文化中的一個重要因子，並通過「六月六」等節日文化得到淋漓盡致的展現和傳承。

五是工藝文化。布依族的傳統工藝有蠟染、楓香染、扎染、刺繡、織錦、紡織等，內容十分豐富。精美的布依族工藝，不但具有鮮明的民族風格和優秀的藝術傳統，而且還具有華貴、瑰麗、渾厚、古雅的藝術效果。心靈手巧的布依族婦女，幾乎人人能紡、能織、能染、能繡。是否能紡善織、長於刺繡，不僅是青年人選擇配偶的標準，同時也是婦女顯示其才能的具體表現。姑娘從十二三歲起就開始學習紡紗、織布、印染、刺繡，她們通過母教女、姐教妹，形成了世代傳承的民族藝術。

「六月六」節日裡，布依族青年男女身著的盛裝；送給情人的襪墊；「曬龍袍」時，晾曬在布依族庭院裡的衣物帳被；「走娘家」時，婦女背小孩的背帶；等等，都是布依族紡織工藝、染布工藝和刺繡工藝的生動體現和美麗展示。布依族地區氣候溫和，土地肥沃，適宜棉花生長，布依族婦女很早就習慣並擅長種植棉花、紡紗織布、養蠶抽絲、刺繡織錦，並縫製具有本民族特點的衣褲、頭巾、圍腰、枕套、床單、被面、帽子、鞋襪等。其花紋圖案多喜用植物花卉、蟲魚鳥獸、民間傳說及民俗風情為題材，美觀大方又有文化內涵，色調鮮明而又富有浪漫氣息，體現了布依族人民的心理、願望和氣質。布依族工藝文化之所以有如此強大的生命力，在於它有著廣泛的民眾性和民族藝術的傳統性，是布依族文化資源中一個絢麗的花環。傳統文化是一個民族的靈魂和象徵，「六月六」節日活動便成了傳承和展示這一傳統文化最直接、最有效的方式。

六是敬老文化。敬老是布依族的傳統美德。在「六月六」裡「走娘家」是敬老、愛老、尊老的具體表現。「六月六」這天是兩個六，就是「福祿」（復六）之意。布依族民間習俗認為，這天給老人做高壽、添糧補壽等都特別的吉利；這天給老人買衣服，更有「衣祿」之意，說明老人福祿常在，有吃有穿；送給老人的大米稱「增糧米」，表達為娘家祈禱五穀豐登之意；面條稱「長壽麵」，希望父母長命百歲；甜酒預示老人的生活甜蜜長久；桃子意為王母娘娘的仙桃，吃了延年益壽……所以，「六月六」在很多地方又稱「增糧添壽」節。其實，作為嫁出去的姑娘，給父母的關愛確實太少，在節日期間「走娘家」獻一份微薄的孝心也在情理之中，而「六月六」的特殊日子，又恰恰符合了布依族傳統文化中對「六」這個數字的崇敬和喜愛，那麼「六月六」節日彰顯和弘揚中華民族尊重老人、孝敬老人、關愛老人的傳統美德也就理所當然了。

三、「六月六」節日的社會價值

布依族「六月六」節日之所以能長期傳承，或者說「六月六」節日之所以能根植於布依族群眾之中而富有長足的生命力，不僅僅在於其具有布依族文化特徵的意蘊和內涵，也尤其社會價值所決定。它集中表現在布依族藉助「六月六」節日活動將達到的目的或可以實現的願望。

一是有利於布依族文化的教育、宣傳和傳承。民族學家陳永齡教授說：「節日文化特別凝聚著多方面的民族傳統，許多民族習俗的精華、多彩的文化傳統都在民族節日活動中展現出來，特別是缺少文字的民族，更要利用節日活動作為傳統文化的學習機會。」〔6〕(P43)「六月六」節日是布依族進行民族文化教育的生動的大課堂。對沒有民族文字的布依族和學校教育比較落後的地區來說，這一價值更顯重要，所以民間有「送孩子上學，不如帶孩子趕街」的俗話。這種教育植根於人們的意識之中，流露於言談舉止之間，成為精神與氣質，成為民族文化在個體成員身上的表現。例如布依族的許多音樂，在民間廣為流傳，但人們絕不是在學校裡或通過師傅授藝學會的，而是在「六月六」歌場上和聚餐中逐漸學會的。在「六月六」節日對歌、社交、祭祖中，不斷向布依族的後輩進行民族傳統和民族歷史的宣傳和教育，讓人們學到各種交往禮儀。所以從古至今，「六月六」節日活動在長期的潛移默化中進行著布依族文化的宣傳教育，才使其禮儀如識以及生產、生活知識代代相傳。

二是有利於布依族民族精神的凝聚、積澱和弘揚。社會學家認為，完整意義上的人是形與神的統一體，是生理與心理的有機構成；對人的教育即對人的心理素質的影響，主要來源於兩大系統：學校教育和宗教活動。「六月六」節日源自布依族群體的祭祀活動。布依族信奉「萬物有靈」和「祖先崇拜」，民間宗教活動特別是祭祀活動豐富多彩。參與人員通過活動的特定儀式不僅實現精神寄託，而且達到娛神娛人、借神育人、增強民族凝聚力等目的。祭祀活動中的所有祭師或主持人所講述的內容，都包含有育人授業、傳承歷史文化方面的積極因素。「六月六」節日文化中流淌的是布依族的傳統精神，就像遺傳基因一樣，從先輩那裡一代一代地傳下來，把那些流傳千古的優良品質注入後代的血液和生命之中，構成布依族獨特的精神內涵和特殊魅力。所以，「六月六」節日成為傳承、積澱和弘揚布依族民族精神的重要形式，無論是人間親情的渲染，還是對晚輩後生言行品德的薰陶，「六月六」節日都有所涉及。人們在歡度節日時那種積極向上的心理狀態，祈求風調雨順、國泰民安的良好願望，充滿希望、互相祝福、歡聚團圓的傳統禮儀，都會極大地增強布依族的凝聚力和向心力。

三是有利於滿足群眾的精神生活、物質生活和娛樂、社交生活的需要。「六月六」節日是布依族群眾根據物質生活與精神生活之需要所設立的。因此，「六月六」節日文化同時具有物質文化和精神文化的綜合特點。從物質文化上來講，直接對農業生產起指導作用，而且節日中聚餐享受勞動收穫的活動內容，正是滿足人們物質生活和精神生活需要的反映。改革開放以來「六月六」節日中更是注入了經貿活動內容，也反映了節日對人們物質生活的重要意義。從精神需要方面講，人們在「六月六」節日活動中，或祭祀祖先，或祈求豐收，或對歌跳舞，或訪親會友，既自娛，也娛人，滿足了廣大群眾於農閒時放鬆休息、恢復體力、調節精神生活的需要，達到心理的愉悅。同時，在文藝表演中，在節日的盛裝打扮中，布依族群眾展示了自己的才華，滿足了表現自我價值、獲得榮譽、得到社會承認的精神慾望。「六月六」節日活動還滿足了布依族群眾的社交需要。人類文明始自交往，節日活動為區域民眾的交往提供了廣泛的機會和舞臺。其中最突出的，是為青年人提供了最受歡迎的社交機會。布依族受山區地理的侷限，單個村落規模都較小，一般聚族而居，通婚空間極為有限。在這種情況下，擴展通婚空間成為一件不容忽視且為青年男女十分關心的現實問題。「六月六」節日活動，為布依族未婚男女青年在交往中擴大了對配偶的選擇範圍，並有利於人種的進化。

四是有利於布依族地區經濟的交流、發展和繁榮。自古以來，「人氣旺則市場興」。「六月六」節日裡成千上萬群眾聚會，這種大規模的集體活動，為民間貿易提供了商機，有利於促進布依族地區經濟的交流、發展和繁榮。尤其在居住相對分散、集市不便的鄉村，隨著商品經濟的發展，商品交易成為生產生活的基本需求。因此，「六月六」節日形成的過程，也就是民間貿易不斷生成、發展、繁榮的過程。政府主辦節日的興起，還把節日的通商價值提升到了圍繞地方開發而重點著力於招商引資的全方位發展地方經濟的高度。最近幾年，「六月六」節日文化正在越來越多地為各級政府和旅遊部門所重視，紛紛以「節日搭臺，經濟唱戲」為契機，快速提升布依族旅遊新形象。作為貴州旅遊產業的一大亮點，「六月六」節日文化內涵，可以滿足不同層面遊客回歸民族文化自然生態、尋蹤探秘、休閒度假等多種需求。應該說，以此為商機，布依族不少地方在招商引資、吸引客源以及弘揚民族傳統文化等方面都取得了較好的成效。同時，節日文化的弘揚，對調整當地的經濟結構也產生了良好的影響，特別是促進了民族工藝品的生產、「農家樂」等民族飲食業的興起，從而提供了新的就業機會，不但改善了布依族村民的收入，也提升了布依族村民的生活質量和文明程度，而且使布依族對外開放程度普遍提高，為布依族地區實現小康社會開闢了新的途徑。

總之，節日文化表現了布依族的智慧和所創造的文明成果，是布依族的民族標識之一。黔南布依族「六月六」節日具有深厚的歷史文化背景，有極其鮮明的布依族文化特徵和重要的社會價值。因此，對其文化特徵和社會價值進行研究、保護和傳承、開發、利用，具有極為重要的社會意義。

參考文獻

〔1〕鍾敬文.節日與文化〔N〕.人民日報，1988-03-11（8）.

〔2〕高占祥.《中國民族節日大全》代序〔M〕.北京：知識出版社，1993.

〔3〕楊路塔.布依族「六月六」歌節〔A〕//黔南布依族苗族自治州文化局、文研室.黔南民族節日通覽〔M〕.1986.

〔4〕陸勇昌，楊路塔，陳顯勳.平塘縣清水村布依族「六月六」歌節調查報告（1）〔R〕.都匀：黔南州文學藝術研究所，2009.

〔5〕黔南布依族苗族自治州史志編纂委員會.黔南布依族苗族自治州志·民族志〔M〕.貴陽：貴州民族出版社，1993.

〔6〕貴州省文館會.貴州節日文化〔M〕.北京：中央民族學院出版社，1988.

（原載於《黔南民族師範學院學報》2013 年第 5 期）

(三) 民族文化保護與傳承研究

民俗文化創意產業中的傳統知識產權保護問題

——以劍河縣大稿午苗族水鼓舞為例

吳一文

在第五屆 CCTV 電視舞蹈大賽群文組決賽中，貴州省劍河縣大稿午苗族《水鼓舞》獲得金獎，成為貴州省第一次在類似比賽中獲得的最高獎，為了提升劍河縣和水鼓舞的知名度，發展旅遊文化產業，該縣相繼制定和出臺了一系列開發水鼓舞文化的政策和思路，但也引發了村民們對水鼓舞傳統知識產權的訴求，水鼓舞傳統知識產權保護引起了當地政府和村民的關注。

一、大稿午及水鼓舞簡介

大稿午苗寨位於劍河縣革東鎮，是革東一帶十多個苗族社區中定居當地最早的寨子，苗語稱「Khat Gud」。「稿午」為苗語「Gud」的音譯，是苗族支系名，主要分布在劍河、臺江、凱里、黃平、丹寨、麻江、施秉、三穗等地。據調查，「Gud」可以分為六大宗支，大稿午為其中一支。

據民間口碑資料反映，過去大稿午一帶森林遍佈，原居住在今劍河縣岑松鎮苗寨（以現在公路線計算相距約 20 千米）的一位先祖，打獵來到這裡，發現此處土地肥沃，地勢開闊，便遷居於此。一天，坐落在大稿午下游的元江寨（Khat Dlib）有人到河裡挑水，見有菜葉漂來，推斷上游定有人居住，便溯河而上遇到了大稿午人。雙方為了確認誰遷居最早，約定第二天早上去看各自家裡雞圈的雞屎，厚者即先到。晚上，大稿午的祖公掃了許多柴灰放到雞圈裡而被確認為是先到者。雙方商定分割土地，「Gud」先到為主，就拿了一枚「地炮」（一說是銅鑼）到寨邊去放（敲），聲響所到之處即為其所有。所以大稿午的土地一直是當地諸寨中最多的，而且重要農事均由大稿午首先「開工」。

至遲至清朝初年，漢文古籍中就有了大稿午的記載。例如，（乾隆）《貴州通志》中說，乾隆二年（1736）「祁文魁剿吳家寨」。這裡說的吳家寨就是大稿午。現在村裡尚有古道、古井、古龍潭、古楓等歷史文化遺址、遺跡、遺物。

水鼓舞節是大稿午苗族社區獨有的文化節日活動。據口碑資料並結合歷史文獻研究，發現該節日至少已有數百年歷史。水鼓舞節苗語稱「zuk niel eb」，「zuk niel」意為踩鼓，「eb」意為水。關於它的來歷，社區內有兩個傳說：

> 傳說一：某年久旱不雨，村裡有位叫告翌仲老祖公的人，在村腳小河邊後來起鼓的地方挖井找水，不慎被倒塌的泥土掩埋，他託夢給兒子說：「這個地方很好，就讓我長眠在這裡。」後來，子女們帶上香紙前去「墳」上祭奠，隨後便普降甘露。後來相沿成俗。
>
> 傳說二：某年大旱，河水斷流，只有寨腳今天起鼓的地方有一個水潭不干，小孩們就到那裡拊水嬉戲，只見潭中有兩條龍相鬥，頓時降下大雨，解了當地的燃眉之急。此後便成風俗。

水鼓舞是大稿午苗族群眾在水中所跳的一種傳統舞蹈，因水鼓舞節日期間在水上踩鼓而得名。傳統的水鼓舞節分兩部分舉行。每年陰曆六月第一個卯日之後的第一個丑日舉行「起鼓」儀式，即如開幕式。男人身著女人衣裙，倒披蓑衣，腳踩草靴，敲擊著木鼓和抬著籮筐，裝著乞丐之狀，在全寨挨門逐戶的「乞討」，眾男子抬著「乞討」得來之物，來到村前的小河邊即起鼓之地舉行「起鼓」儀式。「起鼓」莊重而神聖。一老人右手執刀，左手拿鴨，吟誦焚香燒紙，把鴨子殺死，並將鴨血灑向四周，以祭天公、先人，並大呼「老天下雨來！」「下雨來，雷公！」等。之後大家在小河邊煮鴨肉、豬肉。兩個男人抬著木鼓置於小河中央，眾男子在河中一邊踩鼓，一邊喝酒吃肉，一邊拊水擲泥嬉戲。女子們在河岸高唱飛歌助興。

第二個丑日，全村的男女老少自發來到寨邊壩子裡踩鼓，一般連續三天，以第二天最為熱鬧。革東社區及其相鄰的臺江、鎮遠、施秉、劍河等地數十個村寨的上萬苗胞前來踩鼓。踩鼓時，木鼓置於踩鼓坪中央，由鼓手敲擊，人們圍而舞之。內圈多為姑娘和新媳婦，少則三五圈，多則七八圈，人人盛裝，光彩照人；其次為穿著長衫、戴著墨鏡的中老年人；外圈則為身著土布衣裳的青年後生。

活動期間還有鬥牛、賽馬、斗鳥等活動。夜間歌聲不斷，老年人以古歌為主，年輕人則情歌聲聲，不絕於耳。其間姑媽們還須挑著鴨子和酒等禮品，回舅家祝賀節日並參與踩鼓等活動。

二、水鼓舞文化價值概說

水鼓舞的文化價值主要體現在它反映了苗族水文化、鼓文化、稻作文化、原始崇拜、社區團結教育、傳統曆法文化。[1]現僅以其反映的苗族水文化、鼓文化為例，管窺其文化價值。

在長期的歷史發展過程中，苗族形成了獨特的水文化和鼓文化，而大稿午苗族通過水鼓舞，將這兩種文化連繫在了一起，這在全國苗族中是絕無僅有的，在其他民族中也不多見。

據流傳在當地的口頭傳說苗族史詩記述和專家考證，是水產生了水汽，養育了世間的第一個神人雄講公公，他去架橋除生下了生金銀的諾婆婆外，還生下了死後化為靛草等物的榜香由、神寅等。史詩中還說楓木被砍伐後，生出蝴蝶媽媽，她與泡沫戀愛，產下十二個蛋，從中孵出了人類的始祖姜央等。這是水生萬物的證明，說明在苗族傳統哲學中，水是世界的本源。[2]

苗族原居地在臨近江河湖海的黃河中下游和長江中下游地區，經常跟水打交道，觀察到水汽來無影去無蹤，變幻莫測，並通過水汽的有無、高低、多少等規律來預測四季寒暑易節，而這些又直接影響著農牧漁獵生產，關係著人們的生活，以至存亡。因此，可以認為，大稿午苗族之所以在水中踩鼓，是苗族水崇拜文化傳統與人類在自然生存中離不開水的體現。

鼓是苗族的「重器」，被認為是祖先靈魂的安居之地，它具有祭祀祖宗、娛樂、驅邪等功能。例如《苗族古歌・尋找木鼓》中所載：

> Xit hot hxangb laix nal，大家商量祭爹娘，
>
> But dail daib Ghot Dol，祭那遠祖叫高陶，
>
> Nongt but hangb nongx nang，祭了不愁吃與穿，
>
> Dlas xangf baib dangx dol.賜福大家人財旺。[3]

鼓是祭祖之物，人們從擊之祭祖以娛神發展到自娛，使之也具有了娛樂性，踩鼓既是一種慶賀、娛樂方式，也是節日活動的主要內容之一；同時，鼓的驅邪功能實際上可能與前兩種功能有著緊密的關係，一是因為鼓是祖先所居之地，所以得到祖先的護佑，增加了人們戰勝各種自然災害的能力；二是因為它具有很強的娛樂性，能夠讓「生病的老人、小孩跳下床」[4]，達到「心理治療」之功效。

尤其值得重視的是，大稿午的鼓文化與鄰近的其他苗寨頗有不同。在苗族傳統社會中，與鼓有關的活動，最重的非鼓社祭莫屬，這種黔東方言區苗族最重要的祭祖儀式，一般分為兩種形式：一種是沒有什麼清規戒律的「白鼓藏」，一種是有著嚴格禁忌的「黑鼓藏」。社區內與大稿午長期有著密切姻親關係的方家寨、元江寨、革東寨等都行黑鼓藏，過去在非鼓社祭之年不允許隨便敲鼓、踩鼓。例如社區內的革東鎮五河非鼓社祭期間嚴禁敲鼓、踩鼓、敲擊扁擔等物，用嘴模擬鼓鳴之聲等行為也在禁止之列。因為鼓聲是喚醒祖先的信號，一旦犯忌，祖先就會誤認為祭祀時間已到而「起身」，如無祭祀即會招致村寨不安、人畜不寧。

而許多苗族社區傳統觀念中，還有春耕之後和秋收之前不吹蘆笙、不

敲木鼓的禁忌，因為一方面這段時間是農忙時節，大家必須集中精力搞生產——民間解釋為：有了笙鼓之聲會導致莊稼不飽滿。另一方面，正是青黃不接之時，來了客人沒有招待的酒肉。但大稿午卻在其他支系禁笙鼓期間舉行踩鼓活動，主要原因是它行白鼓藏，沒有什麼清規戒律，也沒有固定期限，其主旨也不是為了祭祀祖先，而是出於交際和娛樂的需要。

三、水鼓舞傳統知識產權問題的提出

二十世紀末期，傳統知識的概念逐漸在世界知識產權組織（WIPO）文件中出現。WIPO 在大量官方文件中認為：「傳統知識是指基於傳統產生的文學、藝術或科學作品，表演，發明，科學發現，外觀設計，標誌、名稱和符號，未披露信息，以及一切其他工業、科學、文學或藝術領域內的智力活動所產生的基於傳統的創新和創造。」[1]二〇〇一年 WIPO 發佈的《傳統知識持有者的知識產權需要和期望：WIPO 知識產權和傳統知識事實調查團報告》中，將傳統知識分為民間文學藝術表達（包括創作和表演）、傳統科技知識（包括生活知識）、傳統標記（包括符號和名稱）、與傳統知識相關的生物資源、有形文化財產（可移動和不可移動的）和傳統生活方式及其要素六大類。實際上從內容看可以分為三大方面：民間文學藝術表達（統籌創作和表演、有形文化財產、傳統生活方式），傳統科技知識（主要是傳統醫藥知識，其中生活知識由於公共性特徵可以不列），

1 參見 WIPO，Intellectual Property Needs and Expectations of Traditional Knowledge Holders：WIPO Report on Fact-Finding Missions on Intellectual Property and Traditional Knowledge（1998—1999），Geneva，April 2001，pp25. 轉引自李發耀《多維視野下的傳統知識保護實證研究》，北京：知識產權出版社，2008 年。

遺傳資源（指與傳統知識相關的生物資源）。針對以上傳統知識進行知識產權的保護，就是人們常說的傳統知識產權保護。

雖然在貴州省非物質文化遺產名錄中，水鼓舞是以節日列入「歲時節日類」的，但仔細研究傳統知識的以上內涵和外延，可以判定水鼓舞作為一種民間舞蹈及其文化生態，應該屬傳統知識三大方面中的「民間文化藝術表達」。

長期以來，水鼓舞是大稿午村專有的活動，雖然周邊的各村在過節期間都會來參加，但是，從來沒有哪個村對其主辦權進行過「問鼎」，由於其特殊的文化價值，二〇〇七年被列入了貴州省第一批非物質文化遺產名錄。

關於水鼓舞傳統知識保護問題，是近年來在該縣文化活動和「多彩貴州」舞蹈大賽等活動中逐漸引出的。

據當地村民介紹，二〇〇二年前後，臺江縣舉行姊妹節活動，計劃安排部分參加活動的賓客從施洞乘船到革東，劍河縣擬在清水江邊渡口舉行水鼓舞等活動以迎接賓客，據說鎮裡計劃安排同鎮的某村來表演，該村村民表示：「水鼓舞是大稿午的，不是我們寨子的，我們來表演可能不太好。」鎮裡有人認為：「既然都是稿午，那就叫小稿午村來做也可以，反正平時活動也是在小稿午寨腳舉行的。」於是就叫相鄰且從大稿午分出去的小稿午村準備。小稿午就日日敲鼓排練不停，大稿午村民覺得奇怪，一打聽才知道鎮裡的安排。於是村裡當即表示反對，並有年輕人宣稱：「哪個寨子敢搞我們的水鼓舞，我們決不客氣！」

不知是鎮裡聽說了大稿午村民放出的話，還是感覺不太妥當，隨即召集大稿午村幹部和幾位德高望重的老人、小稿午村幹部到鎮裡聽取意見，鎮領導沒有談及請其他寨子表演水鼓舞之事，只是說要聽取大家對水鼓舞表演的意見。大稿午代表當即表示：「水鼓舞是我們寨子古老就傳下來的，屬我們寨子所有，絕不允許其他寨子來做。」小稿午村幹部也說：「雖然我們是從大稿午分出來的，但水鼓舞是大稿午的，我們不能做。」該活動後來由於施洞方面出現事故，沒有正式舉行，但從此事卻看出了大稿午群眾對水鼓舞的珍惜。

此後，先後出現了當地村民對政府有關宣傳資料中「劍河水鼓舞」、「革東水鼓舞」提法的質疑，他們認為這沒有體現「大稿午」的特點。村民中還有人多次打電話或口頭向在外地工作的熟人「求助」，要求能用「大稿午水鼓舞」的名稱。

二〇〇九年「多彩貴州」舞蹈大賽組織過程中，劍河縣準備將水鼓舞作為原生態舞蹈組織參賽，由縣裡組織機關、學校和縣歌舞隊演員組團表演，某村村民參加苗歌演唱。大稿午得知後，多次向縣有關部門反映，表示極力反對。縣主辦部門同意大稿午派五名男村民參加，但苗歌仍由某村的五名婦女來演唱。大稿午村民認為：「大稿午也有歌手，為什麼要其他村的去唱？我們又不是不會唱！」而且表示，大稿午的婦女表演得比某村的好，十名男女都應出自大稿午才行。後來主辦單位同意他們派出十名男女隊員參演。

在排練過程中，一位村民在宣傳部看到據說是縣文化館負責人起草的節目解說詞中，沒有說是「大稿午水鼓舞」，而只是說「劍河水鼓舞」，他們認為這種提法不妥當，於是找到宣傳部負責人，要求更改。據說後改為「劍河縣大稿午水鼓舞」，村民們方才滿意。二〇〇九年八月二十二日，在「多彩貴州」舞蹈大賽原生態舞蹈全省總決賽中，大稿午水鼓舞從四十個參賽節目中脫穎而出，榮獲銅鼓獎（三等獎）。

二〇〇九年九月十五日，大稿午村文書反映，當地一家餐館在其專用紙巾上印有「水鼓舞」等字樣，他們認為這是對大稿午水鼓舞的侵權，表示將與其理論。同時還告知，他們已經向縣工商局諮詢，並起草有關文件，擬向省工商局申請註冊商標保護。

二〇〇九年十一月二日至八日，大稿午村委會副主任在北京參加第五屆 CCTV 電視舞蹈大賽期間，曾多次發短信向有關人員諮詢，提出了內含傳統知識保護的相關想法。諸如：

「據隨同我們的記者講，縣政府馬上申報水鼓舞為國家級非物保護，是否要求加大稿午在前？」

「水鼓舞獲得金獎，我村是否有份，我們能否去要求給予？」

「水鼓舞獲獎證書是否拿到村裡，還是由文化局管理？」

雖然大稿午的村民沒有明確提出「傳統知識產權」這一概念，但通過他們提出的各種問題和展開的相應行動，已經表明他們對水鼓舞傳統知識產權的關注。

四、民俗文化創意產業開發須尊重傳統知識產權

貴州省是一個多民族聚居的省，民族文化豐富獨特，隨著旅遊業和文化產業的發展，部分貴州民族文化元素的商業化是大勢所趨，這些元素對促進貴州民族文化產業和創意產業的發展，有著積極作用，對促進民族文化的大發展、大繁榮的作用也不可低估。但是我們也應該清楚地看到，在當前的民俗文化創意產業開發中，對傳統知識產權的忽視，也是一個不可小視的問題。如果不採取切實可行的措施，對這些傳統知識產權進行有效保護，那麼少數民族社區的文化主權將可能受到嚴重侵犯，傳統知識將可能被大量竊取，就會嚴重制約民俗文化創意產業的正常發展。

水鼓舞是大稿午苗族社區最重要的、具有唯一性和地域性的傳統知識，從上文中我們已經感到了它的知識產權受到的威脅，其實在貴州少數民族中，類似的案例並不缺乏。

> 例一：從江縣「小黄侗族大歌」被移植。黎平縣侗族歌師吳定幫（黔東南苗族侗族自治州歌舞團的侗歌演唱演員，已逝世），從一九五八年開始平均每年一次到小黄吳仕雄的歌堂學侗歌（「文革」期間中斷過），小黄人認為他回到黎平教唱的歌是「小黄」的歌。二十世紀八〇年代中期，吳定幫曾帶小黄村吳文強歌堂的七名歌手和黎平的侗歌演員同時參加了貴州電視臺製作「侗族大歌——人與山水的和聲」光碟的錄音和演出，但播出的光碟中有一組畫面演唱者是黎平的侗歌演員，而唱出的聲音和歌曲則是小黄侗歌演員演唱的，因此小黄人普遍認為黎平的侗歌演員是根據錄音對口型演唱

的，是盜用了「小黃侗歌」的名譽。小黃人強烈要求今後要對「小黃侗歌」進行署名權的保護。（資料來源：商務部 2004 年黔東南傳統知識個案研究課題組）[5]（P252）

例二：黎平縣黃崗村祭神的「喊天節」被複製開發。「喊天節」，侗語「謝薩向」，意思是祭祀雷婆，每年農曆六月十五日舉行，主要內容是以原始古樸、神奇的祭祀形式，祈禱上蒼喊天求雨，該節日極為神聖隆重，是該村一年之中最重要的日子，自古以來在黃崗村傳承。然而，二〇〇七年六月十四日（農曆），「喊天節」被以旅遊開發的形式在縣內另一地區肇興舉辦，傳承「喊天節」的黃崗村民對此極不理解，甚至相當一部分人表現出憤怒。[5]（P246）

例三：臺江縣苗族姊妹節被「克隆」。姊妹節是臺江、劍河、施秉等縣交界清水江沿岸苗族的傳統節日。二〇〇四年黔東南州將一直在臺江舉辦的苗族姊妹節搬到凱里體育場舉辦，引起了苗族群眾、苗族知識界和國內知名民間文藝專家的批評。專程前來參加姊妹活動的中國民間文藝家協會副主席、北京大學博士生導師劉鐵梁教授針對這一案例指出：「只有深深植根於群眾的文化，才會有無窮的生命力。」[6]

以上三例均與大稿午水鼓舞傳統知識產權保護的提出具有相似性：

首先，特定的地域性問題。世界上許多民俗都具有其產生、表演形式、表演地域性的特殊性，它具有僅限於某一社區而為其他社區所沒有的特點。小黃侗歌應該專屬於「小黃」這一特殊的社區，從演員到表演的藝術方式，都為小黃所專有。大稿午水鼓舞也是同樣的道理，表演的人員、歷史來源、表演的形式等，也應為「大稿午」這一社區專有，它們是具有特殊地理標識的民俗形式。

其次，獨特的社區信仰特點。許多原始宗教活動屬於某些特定的人群或社區，僅為那些人群或社區所有，是他們精神的寄託。黎平縣黃崗村旨在祈禱上蒼喊天求雨的「喊天節」，是該村一年之中最重要的民俗節日，自古以來在黃崗村傳承。大稿午水鼓舞不僅有祭祀祖先的含義在裡面，也是自古傳下來的傳統活動，其中寄託著子孫們對先祖告翌仲的無限崇敬和感激之情，活動中體現了人們的血脈之情，也在教育子孫們不能數典忘祖，這種特殊的感情和精神來源，是其他人或其他社區所不可能具有的。二〇〇七年三月十八日生效、中國是正式簽約國的聯合國教科文組織《保護與促進文化表現形式多樣性國際公約》（簡稱《文化多樣性公約》），極力主張保護文化的信仰權利，保護文化信仰權利是傳統文化保護的靈魂。

最後，自發維權意識。從以上幾個案例可以發現一個共同的特點，「涉案」社區的群眾都具有樸素的維護社區知識產權的觀念。例如，小黃人普遍認為黎平的侗歌演員是根據錄音對口型演唱的，是盜用了「小黃侗歌」的名譽，強烈要求今後要對「小黃侗歌」進行署名權的保護。對於「喊天節」在另外社區舉辦，黃崗村民相當一部分人表現出憤怒。

無論是大稿午水鼓舞，還是小黃侗歌、黃崗喊天節等民俗文化活動，雖然現在還沒有進入產業開發的層次，但類似的民俗文化資源所包含的商業價值可以預料，而且已經初現端倪，否則就不會有餐館將「水鼓舞」印在紙巾上招攬顧客的事情發生。因此，我們從中可以得到啟示，民族文化創意產業開發必須未雨綢繆，首先重視傳統知識產權保護。

如何對傳統知識產權進行保護？世界上各國都有不同的做法。貴州在這方面也進行了不少探索。針對大稿午水鼓舞所引發的類似傳統知識產權保護問題，筆者認為，今後應該考慮以下幾個問題。

第一，地理標識保護。貴州目前所做的傳統知識保護領域的地理標識保護（原產地保護），大多運用於某些商品上，如清鎮黃粑、都勻毛尖茶、德江天麻等，而運用到民俗方面的還很少，其重要原因是人們對它們的重視還不夠和這些東西的市場效益還沒有得到應有的體現。無論是「大稿午」，還是「小黃」，從村民們的意識中都透露出同一個重要信息——必須把這個地名作為特殊的標識表現出來，不然就不是他們自己的，起不到宣傳這個社區及其文化的作用，也有可能沒有這個特殊的標識，那「大稿午水鼓舞」或「小黃侗歌」就可能為其他社區所侵占，它的社會名譽和正在或今後將產生的經濟等方面的利益就會受到影響。因此，村民們十分重視強調它的地理標識權。其實貴州類似的節日、宗教活動等還有很多，他們都屬於特定的社區，保護好他們的知識產權就是保護其文化多樣性，保護其文化所享有的可能產生的經濟利益。

第二，商標權保護。我們知道商標是現代經濟的產物，是生產者、經營者在其生產、製造、加工、揀選或者經銷的商品上或者服務的提供者在其提供的服務上採用的，用於區別商品或者服務來源的，由文字、圖形、字母、數字、三維標誌、顏色組合，或者上述要素的組合，具有顯著特徵的標誌。它具有識別、品質保證、廣告及競爭等功能。由於目前我國尚缺乏傳統知識產權保護的專門法律法規，有的社區或學者也主張採用這一方式進行傳統文化知識產權的保護。大稿午「水鼓舞」被當地一家飯店印上了紙巾後，村幹部和群眾已經有了採取商標保護的意識，這無疑是正確的。我們知道現在貴州許多文化元素被「外面的人」採取非正常手段「合法」搶注了，如果今後想利用本應屬於自己這些傳統知識進行商品開發，將會受到制約，因此，採取商標方式對傳統知識產權保護，對今後的民俗文化創意產業發展應該具有重要的經濟意義。

第三，信仰權保護。當今世界，原始宗教信仰在許多民族中仍然十分普遍，而且許多信仰形式和內容具有特殊的精神內涵。如大稿午水鼓舞中的祖先崇拜、黃崗的雷婆自然崇拜，就包含著特殊的精神信仰，這些信仰具有神聖性、地域性、唯一性等特殊地位，是不容社區以外的人任意「染指」、「褻瀆」的，而且外人也不信仰這些祖先神靈。保護這種專屬的信仰權利，也是保護傳統知識產權，因此這方面應該引起重視，並將其列入傳統知識產權保護的範疇。

第四，地方性傳統知識產權保護法規。雖然我國有知識產權法、非物質文化遺產法、著作權法等，但涉及傳統知識保護的內容卻少之又少，貴州省雖然制定出臺了《貴州省民族民間文化保護條例》，但傳統知識產權保護方面的內容也很少。因此，國家和省的層面都應儘快制定這方面的法律法規，一些傳統知識資源豐富的地區，更應加強這方面的工作。如像黔東南苗族侗族自治州這樣的非物質文化項目數量在全國同行政級別中名列第二的地方，又具有民族區域自治權利，應該根據當地傳統知識的特殊性制定單行法規，對傳統知識產權進行保護，從法律法規上保護民族文化的核心競爭力。

參考文獻

〔1〕吳一文.追尋農耕文明的「舞步」：劍河苗族水鼓舞文化闡釋〔J〕.貴州民族學院學報，2010（3）.

〔2〕吳一文，覃東平.苗族古歌與苗族歷史文化研究〔M〕.貴陽：貴州民族出版社，2000.

〔3〕吳一文.苗族古歌通解〔Z〕.國家社科基金課題，2007.

〔4〕王天若.拉鼓節的傳說〔A〕//梁彬.苗族民間故事選〔M〕.南寧：廣西人民出版社，1986.

〔5〕李發耀.多維視野下的傳統知識保護實證研究〔M〕.北京：知識產權出版社，2008.

〔6〕貴州日報，2004-05-27.

（原載於《黔南民族師範學院學報》2012 年第 5 期）

貴州民族民間音樂的保護與傳承

——以黔東南苗族民歌為例

肖育軍

前言

中國是一個由五十六個民族構成的多民族國家，每個民族都有著自己獨特的民族文化。在這個千姿百態、五彩紛呈的民族文化的國度裡，各民族民間歌曲爭奇鬥豔，各具千秋。苗族文化在中國民族文化中占有著重要的地位，而苗族民歌也成為中國民族民間音樂裡的一朵奇葩。

地處中國西南部的貴州省，是全國苗族聚居的最主要地區之一。貴州省黔東南苗族侗族自治州特殊的自然地理環境和生產環境，孕育了具有濃厚的民族特色的苗族文化。眾所周知，苗族民歌與苗族文化的關係是一脈相承、緊密相連的。因此，要瞭解苗族民歌的特點，首先要解析苗族民歌的文化背景。

苗族民歌的文化背景特徵的紛繁變化，使得苗歌的種類也變得紛繁複雜、形式各異。本文主要以黔東南苗族民歌為例，重點介紹黔東南苗族民歌的歌曲分類及特點。

伴隨現代社會經濟的快速發展，文化的交融越來越多，民族民間音樂文化受到外來文化的影響，而黔東南的苗歌也是其中之一。那麼採取怎麼樣的手段去保護、傳承苗歌這一傳統文化藝術，便成了撰寫本文的出發點和最終落腳點。探析苗歌的文化背景及歌曲特徵是我們研究苗歌的重點，而探索苗族民歌保護和傳承的方向及途徑，才是本文研究的關鍵。

一、苗族民歌的文化背景特徵

苗族人民一直以來用獨特的歌樂豐富著他們的生活，交流著彼此之間的思想和感情，傳承著苗族的歷史與文化。苗歌的歷史就是一部苗族文化的歷史，探析苗族民歌，必須對與之相適應的文化背景特徵進行深入分析。

（一）苗族民歌的歷史傳承性

瞭解貴州苗族民歌的歷史性，首先要瞭解苗族的歷史。苗族是一個歷史悠久的民族，分布地域廣闊，自古以來就是中國人口較多的主要少數民族之一。二〇〇〇年第五次全國人口普查統計，苗族人口數為八百九十四萬〇一百一十六。從人口數字看，在中國五十六個民族中，苗族僅次於漢族、壯族、滿族和回族，人口數排名第五。

苗族的居住地在歷史上有過多次變遷。大致路線是由黃河流域遷至湖南、至貴州、至雲南。苗族居民最早生活在我國黃河中下游地區，其後徙至「左洞庭」、「右彭蠡」的江湖平原居住。之後，因戰爭等各方面的原因，苗族又開始向南和向西遷徙，進入中南、西南山區。至明清以後的近代，有一部分苗族人逐步移居東南亞各國，然後再遠徙歐美。直到目前，我國的苗族主要分布於西南和中南的貴州省、四川省、海南省、雲南省、湖南省、湖北省、廣西壯族自治區、重慶市等八個省、區、市。其中以貴州省、湖南省、雲南省這三個省份的苗族人口數量最多，位居前三。

苗族人民在長期的反對民族壓迫和階級壓迫的鬥爭中，在與大自然作鬥爭的生產活動中，創造了自己的物質文化和精神文化。我們可以這樣認為，苗族民歌是苗族歷史的記載。尤其是苗族古歌，是苗族人民通過長期的與天斗、與地斗，不斷創新發展，並傳承下來的一部史詩般的、不可多得的民族文化遺產，它隨著苗族人西遷而言傳口誦，從東部創作到西部，從遠古傳唱到今天，苗家人世世代代以不老的古歌記載著這個民族的歷史。

（二）苗族民歌的文化傳承功能

藝術包括三大功能：教育功能、認識功能和娛樂審美功能。作為聽覺藝術的音樂，一般認為其偏向於娛樂功能。苗歌作為一種民族民間音樂，卻是一個例外。苗族是一個沒有文字的民族，於是苗歌就成了傳承苗族歷史文化的一種工具，因此，根據苗歌傳承苗族歷史文化的功能性，我們得出結論，苗歌的文化傳承功能遠遠大於苗歌藝術本身的娛樂審美功能。在苗族發展的歷史過程中，為了更好地承載本民族的歷史文化特徵，苗歌的藝術形式也變得多樣化。

從苗歌的概念上理解，苗歌具有文化傳承功能。苗歌是苗族人民對長期以來的生產方式和生活方式的經驗總結，是一種以「樹狀」為結構的，用以交流思想、表達感情、抒發苗族人民內心志向的口頭藝術，也是苗族文化的一種體現。一直以來，苗族人民通過口口相傳的方式來敘述故事、傳承歷史以及抒發感情，苗歌成了苗族人民傳承歷史文化的口頭文學形式，而苗歌作為一種極其特殊的聽覺藝術，在苗族歷史文化傳承中表現出獨具特色的優勢。用苗歌來傳承文化——「以歌傳文」成為苗族文化獨特的表達和記錄方式。

從苗歌歌謠形式的多樣化角度來看，苗歌具有文化傳承功能。苗歌的藝術形式主要以歌謠為主，主要分為：飛歌、苦歌、苗族古歌、遊方歌、婚嫁歌、情歌、敘事歌、喪葬歌、反歌等。不同的歌謠代表著苗族不同的民俗風情，同時，歌謠也是對苗族文化生活的描繪。這些歌謠具有韻律工整優美、旋律鮮明、曲調流暢、意境深刻含蓄、形式自由歡快、曲調舒展粗獷等顯著特點。苗族的歌謠正是通過形式和內容的多樣化特點來表現苗族社會生活的方方面面，傳承苗族多姿多彩的生活文化史。

（三）苗族民歌民俗文化的多樣性

苗族作為中國極具特色的少數民族，有著多姿多彩的民俗文化。從苗族民歌產生的角度來說，民俗文化的多樣性孕育了苗族民歌。這種民俗文化尤為突出地體現在對自然環境與民俗風情的描繪中。正是這種五彩斑爛的民俗文化的特殊環境，孕育出了風格迥異的苗族民歌。

特殊的自然環境孕育出優美的苗歌。自然環境是一個民族生存的自然生態，而文化生態與自然生態是緊密相連的。這兩者都與地理因素有關，甚至一個民族的物質文化和精神文化、生活習俗和信仰方式，都根植於特定的自然地理環境之中。著名的美學家丹納在《藝術哲學》中指出「種族、時代、環境」三因素對文學藝術的影響，其中特別強調了環境能影響一個民族文化的生成與發展。[1] 俗話說「一方水土養一方人」，同樣，我們也可以這樣去理解，一方人的精神文化面貌也反映出自然環境面貌對人們的影響。苗族大多依山傍水而居，周邊的自然環境大多呈現一個共性特徵：巍巍的高山，莽莽的原始森林，縱橫相隔的江河。在這樣的環境下，人們靠自給自足的農耕生活方式為生，人們之間的交往主要靠語言進行交流，而苗歌也是他們思想交流和表達感情的一種方式，這使得苗歌變得豐富多彩，並與他們的自然生活環境相互融合起來。

獨特的民俗風情的角度，孕育出多彩的苗歌。苗族有著自己既獨特而又豐富的民俗風情，苗歌正是在苗族這種充滿濃郁民族特色的民俗風情的環境下，變得絢麗多姿，成了少數民族音樂中的一朵奇葩。

二、黔東南苗族民歌簡介

黔東南苗族侗族自治州是我國苗族人口集中分布的地區之一，這裡居住著一百餘萬苗族同胞，分布在所屬十六個縣中。苗族人民智慧勤勞，勇敢好客，素以能歌善舞著稱，這也使得黔東南素有「歌舞之鄉」的美譽。

苗族民歌，根據以往傳統的分類概念和實際作用，可分為飛歌、龍船歌、遊方歌、酒歌、古歌、大歌、兒歌、祭鼓歌、開禁歌、勞動歌。根據苗歌的歌曲形式則分為：古歌、飛歌、酒歌、禮俗歌、情歌、勞動歌等。[1] 筆者通過實地調查和查閱相關資料後，結合黔東南苗族聚居地區的實際情況，從生活習俗與社會功能兩方面將苗族民歌分為以下幾類：

（一）飛歌

飛歌是黔東南苗族歌曲中最具代表性的歌曲之一，是苗族民歌歌唱藝術中的瑰寶。它是苗族人們迎送遠方賓客、傳遞感情、召喚情人等所唱的民歌。飛歌在苗族民歌中具有獨特的演唱形式與結構特點，一般將在田間地頭演唱的飛歌稱為「順路歌」、「喊歌」、「吼歌」，在山岡林野放聲歌唱的飛歌稱作「山歌」。飛歌在田間勞作或山岡林野演唱時，其音調高昂，豪邁奔放，節奏自由，曲調明快，旋律起伏性大，音域較為寬廣，在樂句結尾處常用甩音。飛歌有單聲部與多聲部兩種織體，其中單聲部織體在大部分地區以不帶伴奏的男女生對唱形式為主。飛歌具有強烈的感染力，多用在迎送賓客等喜慶場合，一般表現為現編現唱。歌詞內容以感謝、頌揚、鼓動為主。

（二）遊方歌（情歌）

「遊方歌」是黔東南苗族情歌的專稱，地域不同稱謂也有所區別，包括「野外情歌」、「玩表」、「坐姑娘」、「坐花坡」、「走月亮」、「採花」等，是苗族未婚男女青年在遊方活動中互相表達愛慕之情的民歌。黔東南地區遊方歌的曲調生動細膩，婉轉多情，以黔東南州臺江縣反排鄉一帶的苗族情歌尤為出名，歌詞大多數是傳統的押調體五言或七言，也有少數是疊句、長短句等，除此以外還有少部分歌詞是即興創作而成的。曲調比較簡單的，體現為一段體，即以一個樂句反覆吟唱，但是為了更好地收尾，一般在結尾時加上一、二小節有過渡音的樂句。演唱時，常用假音演唱，並注重音樂的強弱起伏。音色柔和，氣息渾厚，表達細膩生動的感情。結束時，節拍變得自由，速度也變得緩慢。

（三）風俗歌（酒歌）

風俗歌，分為生活風俗與節日風俗兩類。風俗歌包括：出嫁歌、孝歌、龍船歌等。一般人們常把生活風俗歌又稱為酒歌，酒歌是苗族人民在時逢佳節和婚姻喜慶飲酒時演唱用來祝福酬謝的歌曲。飲酒過後，老人們常常以酒歌的曲調來傳唱歷史故事，歌頌偉大的民族英雄和祖宗的光輝業績。酒歌的旋律特徵起伏不大，音樂風格莊重嚴肅，帶朗誦性，往往是一個樂句不斷反覆，其間因歌詞調式的變化而稍微變化。苗族的節日風俗歌，以黔東南臺江、施秉一帶廣為傳唱的龍船節歌最具特色，有著自身的體裁特點。每年黔東南地區苗族都要舉行賽龍舟比賽，在比賽時所演唱的歌曲稱為「龍船歌」。一般而言，龍船歌可分為兩類，一類是參賽選手在比賽之前演唱的歌曲，節奏明快，輕鬆熱烈，演唱形式為一人領唱眾人合唱；一類是觀看的觀眾為鼓勵選手而演唱的歌曲，音樂風格熱烈奔放。

（四）敘事歌（勞動歌）

敘事歌也叫勞動歌，是苗族人民在長期的生產勞動過程中創作的反映人民生產勞動和生活的歌，勞動歌通過苗族人民世世代代的傳唱，得到了豐富和發展。黔東南地區的敘事歌，大多以歌頌苗族人民生活中的真人真事為基礎，並口頭吟詠傳唱的集體創作的歌曲，敘事歌有較長的篇幅，題材內容較廣泛，故事情節比較完整，人物形象較為生動，且故事性很強。隨著歷史的發展，黔東南地區的敘事歌逐漸形成了以主題內容而抽象出標題來命名的各種民歌，按其內容的不同，可分為三類：第一類為敘述天地形成、萬物生長等神話歷史故事的「古歌」；第二類為反映封建統治階級壓迫和封建婚姻制度束縛為內容的「苦歌」；第三類為講述反抗封建統治勢力的鬥爭史話的「起義鬥爭歌」（或稱「反歌」）。

（五）儀式歌

儀式歌，主要指在苗家村寨各種民俗儀禮活動中演唱的歌曲，包括開禁歌、祭鼓歌等，其中以祭祀歌最具代表性。

苗族人民在歷史上一直信仰萬物有靈，崇拜大自然，信奉神靈，祭祀祖先。由於苗族聚居地區的偏僻性，苗族人常敬儺神來驅鬼消災。每年秋冬季節行祭拜之禮，並唱祭歌還願酬神。唱祭歌自古以來伴隨著苗族人的生活，成了苗族人民重要的生活特徵之一。苗族的節日較多，較大的節日是「西松」（祭祖），在每年秋後舉行。苗族民間最大的祭祀活動是每隔十二年舉行一次的大型殺牛活動，叫「吃牯臟」，又稱「祭鼓節」，殺牛的目的就是祭祀祖先，並邀請親朋好友聚集在一起，跳蘆笙舞，增進彼此之間的感情，以求家庭美滿和睦。

（六）兒歌

黔東南地區的苗族聚居區，一直以來根據傳統將兒歌分為互相對比的兩種類型。一類是表現孩子們在兒童時期玩耍生活、自由自在的兒歌，曲調歡快活潑；另一類則是表現舊社會兒童悲苦生活的，曲調悲涼憂傷。[2]

三、黔東南苗族民歌保護與傳承的方向及途徑

苗族民歌作為我國民族民間音樂中的一朵奇葩，在文化上，有著民族性和傳承性的特徵，它被列為我國重要的民族民間文化遺產之一。因此，對苗族民歌的保護傳承，有利於弘揚民族優秀文化，使民族民間音樂永葆常青。

民族民間音樂在一定程度上是對各個時代不同地方社會中的政治、經濟、文化以及民俗、語言等各方面的集中反映。然而，隨著社會時代的發展變化，生產方式與生活方式的轉變，使得民族音樂發展所依賴的物質環境也發生了變化，致使許多傳統的民族民間音樂逐漸消失。黔東南地區的苗族民歌也正面臨這種問題，保護和傳承苗族民歌刻不容緩。

（一）黔東南苗族民歌保護與傳承的方向

1. 保護現有的成果

我國優秀的民族民間音樂是中華民族文化的重要載體。作為民族民間音樂的重要組成部分，苗族民間音樂既有所繼承，也有所發展。苗族民間音樂具有鮮明的民族性，可以體現苗族人共同的性格特徵、心理素質和審美情趣，有利於團結各地、各區、各族的人民，從而增強民族凝聚力，發揚、壯大中華民族文化，「以音娛人，以樂育人」。

苗族民歌以其「口耳相傳，以歌傳文」的獨特方式，為我們研究苗族人民的生產、生活和苗族社會的發展提供了大量線索。因此，對苗族民歌現有成果的保護，也是對苗族文化的發展與傳承的保護。目前，黔東南州

人民政府為了有效地保護苗族民歌這一珍貴的非物質文化遺產資源，開始從多方面關注苗族民歌的保護和傳承，並出臺了一系列的政策來保護苗族民歌。

2. 探索新的發展方向

隨著社會的進步和音樂體系的發展，苗族民間音樂已注入了新的元素，苗族民間音樂正向多元化、平民化、商業化方向發展。從音樂創作上來說，苗族民歌將變得多元化。為了適應現代人日益增長的精神文化需要，苗族民歌從旋律、曲調以及伴奏樂器的使用上都呈現出了多樣性的特點，這就要求苗族民歌音樂創作的本身需要變得多元化。從聽眾群體上來說，苗族民歌變得平民化，苗族民間音樂不只是侷限於歌唱家娛樂群眾，青年男女可以據此互訴情感，孩童可以傾訴內心喜悅……它還被苗族各階層乃至全世界人民所傳唱，逐步走向平民化。從社會市場的發展來說，苗族民歌將變得商業化。目前，我們所熟悉的大型民歌晚會、民歌對唱招親活動、民歌對唱交友活動等各類活動的舉辦就是苗族民間音樂商業化的最好證明。這是歷史發展的趨勢和走向，也是不可阻擋的潮流，是苗族民間音樂，甚至是民族民間音樂發展的又一新趨向。

（二）黔東南苗族民歌保護與傳承的途徑

1. 從傳承人入手

苗族民歌是一種以歌傳文、口耳相傳的非物質文化遺產，黔東南地區的苗族音樂在傳承上出現的最大問題，是傳承人缺乏的問題。中國民間文藝家協會副主席鄭一民在《保護傳承人是「非遺」工作的重中之重》中曾強調：「沒有了傳承人，就喪失了非物質文化遺產；沒有傳承人堅持非物質文化的生態延續，其保護與傳承也就成了一句空話。」[3]傳承人在民族音樂文化的傳承中起著承前啟後的橋樑作用，傳承人是非物質文化遺產活的寶庫。目前，黔東南地區的苗族民歌傳承者缺失的現象越來越嚴重，主要是苗族民歌的傳承人大多以老歌師為主，而且為數不多，所以對黔東南苗族民歌的保護，一定要從傳承人入手，加緊對苗族民歌傳承人的保護。

2. 將學校作為苗族民歌保護傳承的重要基地

苗族民歌是祖先留給我們的一筆寶貴的財富，現在越來越多的年輕人包括學生在內對少數民族的歷史與少數民族傳統文化的瞭解越來越少。筆者認為，苗族民歌作為一種精神文化應該走進校園，從未來國家棟梁的主要力量——學生開始引導教育，這樣才能在各個階段從源頭上解決民族文化資源流失的問題，為我們的民族文化建立一種「活態保護」機制。在黔東南地區，以學校為基地對苗族民歌進行保護與傳承，以凱里學院音樂學院的五年制民族文化傳承班的課程設置最具代表性。眾所周知，學院派的演唱教學以美聲與民族唱法為主，而民族民間的原生態唱法則受到限制，凱里學院音樂學院民族文化傳承班的設置正是對民族的原生態唱法的有效保護。除此以外，還可以聘請民間歌師、樂師進入課堂教學。目前，黔東南州的臺江縣大多數中小學開設了苗語、苗歌、苗舞等相關的苗族文化課程，這樣才能真正地把我們的學校建設成為民族音樂保護的穩固根據地。

3. 加強苗族民歌所依存的生態環境保護

苗族民歌的產生和傳承與其聚居地區的自然及人文的生態環境緊密相

關，因此保護、傳承、發展苗族民歌，必須加強對它所依存的生態環境的保護。黔東南自治州有著獨特優美的自然風光和濃郁民族特色的民俗風情，可以通過開展苗族民俗文化旅遊活動、建立苗族民俗文化村、大力發展苗族文化旅遊業、積極舉辦各種展現苗族音樂風采的節日活動及比賽等方式對其進行保護。這樣既推動了黔東南州地方經濟的發展，又在世人面前展現了民族民間音樂的獨特魅力，促進苗族民歌的傳承與發展。

4. 加強政府對民族文化的保護和搶救

政府對民族文化的保護和搶救主要體現為政府對民族文化的搶救、保護、發掘和整理的舉措上。黔東南地區的苗族民歌的保護和傳承，應切實加強政府對民族文化保護的相關舉措。

首先，黔東南州政府應責令相關的責任部門負責黔東南州的苗族民間文化的搶救保護工作，具體表現為對全州的苗族文化進行調查、發掘、整理、研究、開發與利用。並且通過政府的這些相關舉措，建立一套科學有效的黔東南苗族民歌的保護方案。

其次，政府還可以建立苗族文化保護區。對苗族民歌的保護與傳承，應該從宏觀的角度立足於苗族文化的保護。在特定的文化保護區，可以開展群眾學歌、歌師教歌或賽歌等活動，形成一種苗族文化自我保護發展的良性循環機制，有效提高相關部門以及當地群眾對苗族民歌文化的保護意識。政府還應調動各方面的資源，共同參與到苗族民歌的保護、傳承、發展的活動中。

5. 鼓勵更多的音樂創作家參與苗歌的創作

苗族民歌藝術的發展，還應該積極鼓勵更多的專業音樂家參與苗族民歌的創作。根據苗族民歌發展的新方向，如苗族民歌音樂創作的多元化、苗族民歌聽眾群體的平民化、苗族民歌社會市場的商業化等特徵，在繼承苗族民歌本身的音樂特徵的基礎上，實現創新。苗族民歌的創作，必須實現繼承與創新的結合，只有在繼承基礎上實現創新，為苗族音樂的發展注入新的音樂元素和音樂內涵，苗族民歌藝術才會得到永恆的發展。作為苗族民歌創作的最主要元素——創作者來說，在整個苗族民歌的創作中占有極其重要的地位，因此，我們要鼓勵更多的音樂創作家參與到苗族民歌的創作中，使得苗族民歌永遠與社會時代和人民同發展。

綜上所述，苗族民歌在光輝燦燦的歷史文化長河中，發展成為民族民間音樂中的一朵奇葩，苗族民歌成了苗族歷史文化的象徵。苗族民歌應當從傳承人入手、以學校為基地、以生態環境保護為依託、以政府舉措為後盾、以專業音樂家創作為保障這五個方面去保護傳承，從而使苗族民歌永葆常青。

參考文獻

〔1〕崔善子.黔東南苗族民歌探析——以「飛歌」為中心〔J〕.阿壩師範高等專科學校學報，2009.

〔2〕王芳.苗族民歌特點之淺析〔J〕.大舞臺（民間文化研究版），2010.

〔3〕鄭一民.保護傳承人是「非遺」工作的重中之重〔J〕.領導之友，2008（3）.

（原載於《黔南民族師範學院學報》2013 年第 5 期）

論冊亨布依族文化的傳承、保護與發展

羅玲玲　梁龍高　周承

布依族是中國人口較多的少數民族之一，主要分布在貴州省的黔南、黔西南和安順市一些布依族自治縣以及貴陽市郊地區，在貴州的其他地區和四川的寧南、雲南的平羅等地也有一部分布依族居住。冊亨縣是全國布依族人口最多、居住最集中的地方之一，同時也是布依族文化表現得最突出、最全面的地方之一，被譽為「布依戲之鄉」、「中華布依第一縣」和「布依文化保護與傳承研究基地」。然而，隨著全球經濟文化一體化的不斷深入發展，布依族文化在當今的社會背景下受到了現代各種文化的不斷衝擊和侵蝕，漢化、西化現象日趨嚴重，布依族文化面臨著嚴峻的生存和發展困境。針對這一現象，為促進冊亨布依族文化的傳承、保護和發展，本文根據在布依族地區實地考察所掌握的資料和一些史料，結合冊亨布依族文化的實際情況進行探討。

一、冊亨布依族概況及布依族流源

1. 冊亨布依族概況

冊亨縣位於貴州省西南部，地處珠江上游南、北盤江交匯的夾角地帶，處於雲貴高原向廣西丘陵過渡的斜坡帶上，地勢起伏較大，水系十分發達，江河縱橫，具有明顯的南亞熱帶季風氣候的特點，生物資源十分豐富、品種繁多，土地面積為二千五百九十八平方千米。布依族是冊亨縣的主體民族，二〇〇八年全縣總人口為二十二萬人，其中布依族為十七萬人，占全縣人口的百分之七十五點一九。在一九八二年貴州省黔西南布依族苗族自治州建立前，冊亨是全國唯一的布依族自治縣。布依族作為冊亨古老的土著民族，早在石器時代就已經在這片富饒的土地上留下了自己的足跡，開始創造自己獨特的民族文化。〔1〕(P12)

2. 冊亨布依族的流源

「由於本民族沒有文獻記載，關於布依族的淵源，史學家們只能從漢文的史籍中去考證。目前，對布依族的族源主要有外來說、土著說和融合說三種。」〔2〕(P82) 此外，民間普遍認可其是宋、明兩代先後從江西、山東等地遷移過來的說法。

「冊亨縣縣境在夏時屬鬼方，春秋屬國，從戰國至秦時屬大夜郎國地，漢屬談指縣，梁屬東烏蠻地；唐代先後屬矢部東端地、羅甸國地；宋代先後屬廣南西路、茂龍羈縻州、泗城州，元代屬那歷州；明代屬廣西泗城州江外甲；清代先後屬安隆洞長司、西隆州。清雍正五年（1727）設置冊亨州同。清道光十六年（1836），冊亨州改稱理苗州，光緒二十二年（1896），又改稱理民州。民國三年（1914）廢州制，設置冊亨縣。」〔3〕(P2) 冊亨布依族文化就是在這樣的政治歷史的變遷中逐漸積澱而成的。

在不同歷史時期，漢文史籍對冊亨布依族的稱謂也有所不同：漢朝以前稱「越人」，元時稱「仲家」，明清時稱「仲苗」、「仲蠻」、「青仲」或「仲家」，清到民國時稱「夷家」、「水家」、「沙人」等，直到一九五三年

經貴州民族事務委員會和布依族代表協商同意一致將本民族自稱為「布依族」。[4](P9)

二、布依族文化特色及現狀分析

1. 布依族文化的特色

冊亨布依族文化經過幾千年的積澱逐漸形成了自己獨特的民族文化，後來在歷史發展過程中不斷經各種外來文化的衝擊和融合，至今仍保留著自己獨特的民族文化。主要表現在下列幾個方面：

第一，語言。冊亨布依族自古以來就有自己的民族語言，屬於布依族第一土語，有獨特的語音系統、基本詞彙和語法結構。在冊亨境內布依族主要有三大語言區：一是以秧壩、八渡、弼佑等南部鄉鎮為中心的布依族語言區；二是以威旁鄉為中心的布依族語言區；三是以者樓、冗渡、坡妹等鄉鎮為中心的布依族語言區。其中前兩個語言區基本上都是布依族聚族而居，地區交通不便，布依族語言特色受到外來文化的接觸影響較小，至今仍保留著本民族濃厚的語言氛圍，他們的語言音調上下起伏，富有韻律，與其交談給人一種美的享受。冊亨三大布依語言區的布依族人民可以暢通交流，只有語音、語調和語氣以及個別名詞略有不同。冊亨布依族通過自己的民族語言建立了自己獨有的文化體系，這是布依族人區別於其他民族的根本。

第二，服飾。冊亨布依族服飾種類繁多，色彩紛呈，不僅有性別、年齡、盛裝、便裝之別，還有婚服、喪服、祭司服等各種專用服飾。布依族的服飾在其質地、款式、飾品、紋樣等方面均形成了明顯的地域特徵：一方面強烈地反映著自己的傳統特點，另一方面則充分體現了布依族服飾的不同社會功能。其穿著都是自家製作的色彩豔麗的土布服飾，其顏色也是用天然植物加工染製成黑、白、藍、黃等，使服飾最後形成顏色鮮豔、圖案多樣的布依族服飾。冊亨布依族服飾以穿著舒適、方便農業生產和豔麗為其特點。冊亨布依族男士的上衣主要有長衫大襟和短衣兩種樣式。長衫為右側開扣，有五組布紐；短衣為正胸前放排扣，有五至七組，均為布紐。褲子為土布直筒大褲腳。頭上戴著的是布依婦女織的土布頭帕，平時顏色都是以黑色、青色方格圖案為主，如果有長輩去世就戴白色孝帕。腰帶是黑色或藍色土布條做成，但近年來也有用紅色棉布條做腰帶的，傳說這是為闢邪圖吉利。腳上穿的主要是自做尖狀頭或圓頭布鞋，這些布鞋全是用土布和麻線加工而成。這種鞋冬天穿著暖和舒適，夏天穿著透氣不上汗。布依族婦女的上衣主要是大袖大襟右開扣的短衣和與男士一樣的長衫，不同的是婦女衣服上的前胸開叉處和衣袖邊沿處會有許多色彩鮮豔的欄杆花邊，有的還有各種各樣的刺繡圖案，穿在身上非常的舒適漂亮。褲子款式大多與男子一樣。冊亨布依族婦女的頭帕，因地域的不同而有所不同，但是主要戴「牛角帕」和「盤帕」兩種〔5〕(P56)，腳上穿的是自做的土布繡花鞋。另外，冊亨布依族婦女和少女無論是做家務、趕集、走親戚還是參加民族傳統娛樂集會活動都喜歡圍圍腰，做家務時一般系長圍腰，趕集、走親戚或者參加民族傳統娛樂活動一般都系短圍腰，短圍腰相對要漂亮精緻得多，上端通常用一條銀鏈為系，但也有用綵線的，穿戴時掛在脖子上；圍腰中間的左右兩邊各綴一條素色或者彩色飄帶，拴在腰上；在圍腰上還有各種圖案花紋的蠟染或者是刺繡或者鑲有欄杆。另外，冊亨婦女還喜歡胸頸掛綵珠項圈，手戴玉石手鐲。〔6〕（P295）他們手上常常帶著玉質或銀質手鐲。冊亨布依族男女老少參加傳統民族娛樂活動時，聚在一起就形成一道亮麗而獨特的風景線。然而，隨著社會經濟和交通的發展，布依族文化逐漸被漢化和西化，像這樣穿戴的布依族人已經很少了。

第三，民族風俗。冊亨布依族風俗十分淳樸獨特，反映了冊亨布依族在長期的歷史發展過程中對自然和民族社會交往心理活動的特徵，主要表現在宗教信仰、婚嫁、喪葬、房屋建築、民間節日、民族工藝和民族文藝方面。冊亨布依族是一個多神崇拜的民族，對自然的多元崇拜反映了布依族人民與自然的天人合一、和諧相處的生態觀，這對當今社會提倡的生態和諧思想具有重要意義。除此之外，現在冊亨布依族地區還存在民間祭司「摩公」和「迷辣」[1]，他們掌握著大部分的民間祭祀活動，冊亨布依族在二十世紀七八十年代及很久以前就有「郎紹」或「趕表」的習俗[2]。冊亨布依族文藝風俗主要有布依地戲、舞蹈、民族樂器和布依族歌謠等。

2. 冊亨布依族文化現狀分析

冊亨布依族文化體系底蘊深厚，充滿無限的生機和活力。但是，隨著布依族民族聚居地區的交通、教育、科技、經濟、文化觀念和現代生活方式的改變和發展，冊亨布依族文化受到了強烈的衝擊和侵蝕，有的民族文化氛圍已逐漸淡化，甚至被同化，失去了民族文化特性。這主要表現在以下幾方面：

---

1 二者都是布依語的諧音，都是布依族民間巫師。「摩公」指的是男性巫師，主要從事祭祀活動；「迷辣」指的是女巫師，主要從事驅邪弄鬼的迷信活動。

2 指布依族青年在布依族節慶期間或者趕集天，以對山歌交流為主的戀愛活動。

第一，語言、服飾被同化。布依族先民在長期的歷史發展過程中，創造了自己獨特的民族語言和民族服飾，並得到了有效的傳承和發展。但改革開放以來，由於冊亨布依族地區在現代化經濟和教育等因素的影響下，許多人為了培養孩子的漢語語感，已不再教自己的孩子學布依語了，而大人之間的交流也從用布依語轉為用漢語。當今冊亨縣很多布依族人已不會講布依族語，這種傳統民族語言正在逐步走向邊緣化。同時，由於現代科技發達，社會中生產出許多物美價廉、款式五花八門而又時尚的服飾，而冊亨布依族服飾製作程序複雜，生產效率也相對較低，再加上現在布依族家庭的剩餘勞動力都進城務工，大多數年輕婦女已不會製作。這樣就導致冊亨布依族人不願再穿本民族的服飾而選擇了現代化工藝的服飾。

第二，傳統的民族活動已逐漸消失。隨著我國改革開放的不斷深入和經濟的快速發展，冊亨布依族人民的生活條件有了顯著的改善。然而，當今冊亨布依族在現代科技社會的影響下，一些傳統的布依族活動已漸漸淡出人們的視野，如：布依族的「郎紹」或「趕表」、對山歌、唱民歌、「打糠包」、「丟沙包」、布依族地戲、舞龍、舞獅子等民族活動。究其原因：一方面，受交通、電視、通訊、音響、網絡等現代化技術的影響；另一方面，現在的年輕人都進城務工，感受到現代化娛樂活動的魅力，導致冊亨境內大多數的布依族聚居村寨都出現「留守兒童和留守老人」的社會現象，所以現在已經很少有人進行這些民族活動了。基於這樣的背景，在布依族聚居的村寨也幾乎看不到本土的民族傳統活動了。

第三，傳統的民族文化和民族工藝面臨失傳的危險。冊亨布依族傳統手工技藝十分豐富，其中布依族地戲、舞獅子、舞龍、「八仙樂隊」和土花布、蠟染、靛染、刺繡、織錦、布依族服飾等在國內外都享有一定的盛名。但是，近幾年來，掌握這些傳統技藝的藝人有的已逐漸衰老，有的已經死亡，後輩也沒有人願意學。因為很多人認為從事民族文藝或工藝很難生存，當前人們大都不怎麼喜歡民族傳統文藝和工藝，市場狹小，所以一些冊亨傳統文化出現了人亡藝絕的現象。

三、加大對冊亨布依族文化的傳承、保護和發展

文化是一個地方的名片，也是一個地方的精神。一個物產豐富的地方，如果沒有豐富的文化底蘊就猶如沒有靈魂。冊亨布依族文化經過幾千年傳承和發展，鑄就了輝煌的布依族文化體系，是一種非物質文化遺產。但現在由於各種文化的不斷侵蝕和衝擊，造成冊亨布依族文化漢化、西化非常嚴重。因此，傳承、保護和發展冊亨布依族族文化刻不容緩。為此，特提出以下建議。

1. 政府主導

第一，增強政府保護冊亨布依族傳統文化的歷史責任感和使命感。首先，政府要正確認識保護與傳承冊亨布依族文化符合社會主義核心價值觀的需要。冊亨布依族文化生長於民間、繁榮於社會，蘊涵著深刻的個人與自然、個人與社會、個人與個人之間和諧相處的理念以及愛國為民、勤勞勇敢、誠實守信、尊老愛幼等中華民族優良傳統道德品質因素，這在精神實質上符合科學發展觀、構建生態文明和諧社會的時代要求。其次，政府要做好宣傳教育工作，積極引導，提高政府和廣大群眾保護民族文化的意識，形成全社會人人關注、參與和支持布依民族文化的良好社會氛圍。再

次，要正確認識保護與傳承冊亨布依族文化對於構建和諧冊亨、生態冊亨的重要意義，增強政府歷史責任感和使命感。最後，要堅持傳承保護與創新開發的和諧統一。由於冊亨布依族文化具有不可再生性，所以必須在有效保護的前提下，才能允許對其進行合理開發利用。從它的傳承性與發展性來看，如果只傳承而不創新，發展就會失去活力；如果只創新而不傳承，冊亨布依族文化的發展就會失去根基。要保護和傳承好冊亨布依族文化，就必須堅持傳承和創新的和諧統一，在內容和形式上進行必要的改革和創新，使其符合冊亨人文精神和社會發展的需要。冊亨布依族文化只有這種在保護的基礎上發展，才會具有文化延續性和創新性，這才是探索冊亨布依族文化傳承與合理利用的有效途徑。

第二，完善冊亨布依族文化保護機制。根據國家《非物質文化遺產法》將布依族文化的保護措施力度上升為法律制度，將各級相關政府部門保護民族文化的職責上升為法律責任，為冊亨布依族文化保護政策提供了堅實保障。建立健全專門的民族文化傳承、保護和發展機構，定期組織民族專家組對布依族文化進行搶救、整理、保護和推廣工作，同時多開展民族文化教育、引導和宣傳等活動，為冊亨布依族文化保護和發展提供良好的保證。可在每年的民族傳統節日期間舉辦形式多樣的民族表演、展覽等活動，讓廣大民眾參與到民族活動中，使廣大民眾受到布依族傳統文化薰陶，不斷重溫布依族文化的民族風情，拉近冊亨布依族文化與普通民眾的距離，有意識地將民族傳統的風俗習慣、節日禮儀、地方特色文化滲透到民眾的思想中去。同時在布依族聚居地建立相關的布依族文化遺產保護基地，以原生態的形式加以保護，引導布依族人民符合民族文化發展規律地把傳統民族文化順其自然地傳承、保護和發展。

第三，加強政府的引導。非物質文化遺產的最明顯特點是離不開民族特殊的生產生活方式，是民族個性、民族精神和民族習慣的具體表現形式。其主要表現在人的聲音、動作、形象和技藝等方面，其傳承方式為口身相傳。政府要正確地認識民間力量，引導和確立民間角色本位意識，是民間文化資源保護中重要的工作。[7](P85) 在非物質文化遺產傳承過程中，關鍵的是傳承人，而這些傳承人大都是具有一定的民族文化意識和民族技藝的民族人士，因為只有這些人才能將民族文化更準確、更完整地整理、記錄、示範，並將其精神傳承下來。所以，相關政府部門要對具有代表性的民族文化傳承人給予多方面的認定和扶持，同時要求廣大布依族民眾參與到冊亨布依族文化保護傳承和發展的活動中來，鼓勵他們將自己的民族文化保護、傳承和發展起來，形成濃厚的布依族文化氛圍。宣傳、教育和引導他們正確認識民族文化遺產對民族文化延續的重要性，培養其高度的民族責任感和使命感。另外，政府應加大對民族文化傳承、保護和發展的資金投入。重視民間民族文化傳承人的名譽及生活待遇問題，大力改善民族文化傳承人的演出和傳承條件，經常利用民族節日舉辦民族風情活動，注重培養新一代民間民族文化傳承人，形成冊亨布依族人人熱愛民族文化、人人爭做民族文化傳承人的良好風尚。

2. 民間自覺

冊亨布依族文化是植根、傳衍於民眾之中的民間民族文化，蘊涵著布依族文化的本體特質。對它進行傳承、保護和發展，就要從根基上傳承、保護和發展冊亨布依族文化體系。廣大底層群眾和技藝傳承人的文化自覺，是非物質文化遺產保護的基礎力量，這種滋生、發展於民間的文化自覺可以稱為「民間文化自覺」。首先要喚醒當地民眾的民族文化自覺性，增強民族自覺意識，使他們從淡忘民族文化到關注民族文化，從遺棄民族文化到傳承民族文化，從固守民族文化到發展民族文化，鼓勵支持布依族在民族風情、服飾、建築、民族文藝、工藝和傳統活動等方面積極地展現自己的民族特色，增強布依族文化的民間氛圍，使冊亨布依族民間形成人人喜愛自己的民族文化、人人善於表現自己的民族風情的氛圍，極力向社會展現自己的民族個性特色，以展現民族風格而自豪，積極傳承、保護和發展布依族的文化魅力。其次是要大力宣傳，讓民族文化保護、傳承和發展的意識深入人心，發揮民眾群體優勢的傳承性，讓布依族民眾自發自覺地參與到民族文化的保護、傳承與發展中來。冊亨布依族民眾是布依族文化保護、傳承和發展的重要推動力，歷史文化遺產的傳承發展不只是政府相關機構的責任，更是廣大布依族民眾共同的神聖職責。因此，政府應利用春節、三月三、四月八、六月六和七月半等民族節日開展傳統民族活動，進行引導宣傳，讓民眾踴躍參與，充分調動廣大民眾的積極性，形成政府民間相互配合的民族傳承模式。

3. 學校教育

第一，文化是教育的源泉，教育是文化的載體，每一個民族文化的傳承都需要通過教育來實現。學校是青少年學習科學文化知識的主要陣地，同時也是保護與傳承民族文化的主要陣地。冊亨布依族文化應充分發揮學校教育在民族文化保護與傳承上的中堅作用。學校應該經常開展與布依族相關的民族文化、民族舞蹈、民族音樂和民族體育進學校等活動，充分調動學生參與民族文化傳承、保護的積極性，讓他們在活動中提高對民族文化的認識和增強民族自豪感。另外，可以把冊亨布依族的傳統文化納入課堂教育體系，讓冊亨布依族文化走進學校、走進課堂、走進學生生活。在二〇一二年十一月，冊亨縣將規模、人數為世界吉尼斯之最的冊亨「布依轉場舞」作為民族文化進校園的活動，在全縣中小學校進行普及推廣就是一個良好的開始。

第二，「語言不僅是一個民族的非物質文化遺產的重要載體，而且每種民族語言或者方言土語本身就是一種非物質文化遺產」〔8〕(P107)。雙語教育是冊亨布依族集聚地區保護與傳承民族文化的較好途徑之一。雙語教育是指「使用並促進兩種語言來發展的教育」〔9〕(P199)。雙語教育為民族文化的傳承、保護和發展提供了語言基礎。在冊亨實行雙語教育可以提高學生的民族文化意識，增強學生的民族自豪感，同時也可以彌補學生平時母語交流較少的不足，鼓勵布依族學生用布依語交流，為培養下一代民族文化傳承人奠定基礎。通過雙語教育的開展，使冊亨布依族語言價值重新得到實現，為冊亨布依族非物質文化遺產的保護、傳承和發展提供了重要條件。

第三，青少年是民族文化傳遞的主要繼承者和接班人。現在很多布依族兒童對傳統文化知之甚少，不瞭解，更談不上熱愛。所以，應在學校教育中多開設一些布依族傳統文化方面的講座或課程，把冊亨布依族傳統文化的理論知識有意識地滲透到課程內容中，使學生在瞭解知識的同時潛移默化地接受傳統非物質文化思想的薰陶，增強民族自豪感、自信心，增強傳承布依族文化的使命感和責任感。通過對廣大青少年加強傳統民間文化的教育，讓他們從小接觸、感知冊亨布依族傳統文化，培養他們對冊亨布依族文化的親近感、親切感，樹立保護傳統文化的意識，讓他們真正自覺地承擔傳承者的角色，擔負起傳承者的職責。這樣，冊亨布依族傳統文化才有可能世代傳承發展。

冊亨布依族文化是在長期的歷史發展過程中逐漸積澱而成的，是冊亨布依族人民世代相傳的智慧結晶，是冊亨布依族人民的靈魂，是冊亨傳統文化的核心思想。保護布依族傳統文化對冊亨民族文化、生態和經濟的和諧發展具有重要的現實意義。在漢化、西化非常嚴重的社會現實中，搶救、保護冊亨布依族非物質文化遺產刻不容緩。要使冊亨布依族傳統文化得到更好的保護、傳承和發展，應形成政府主導、民間自覺、學校教育相統一的民族文化保護模式，在保護過程中注重其整體性、真實性、傳承性和發展性。

參考文獻

〔1〕王偉，李登福，陳秀英.布依族〔M〕.北京：民族出版社，2008.

〔2〕梁南燦.布依族族源考〔J〕.貴陽：貴州民族研究（季刊），1987（2）.

〔3〕韋忠道.冊亨縣志〔M〕.貴陽：貴州人民出版社，2002.

〔4〕王偉，李登福，陳秀英.布依族〔M〕.北京：民族出版社，2008.

〔5〕汛河.布依族風俗志〔M〕.北京：中央民族學院出版社，1987.

〔6〕黄義仁.布依族史〔M〕.貴陽：貴州民族出版社，1999.

〔7〕劉永濤.非物質文化遺產保護中的民間自覺及引導機制〔J〕.前沿，2009（5）.

〔8〕吳正彪.論雙語教育在傳承與保護少數民族非物質文化遺產中的重要作用〔J〕.民族教育研究，2010（2）.
〔9〕科林・貝克.雙語與雙語教育概論〔M〕.翁燕珩，關春明，等，譯.北京：中央民族大學出版社，2008.

（原載於《黔南民族師範學院學報》2013 年第 2 期）

水族馬尾繡的遺存、傳承與時代性發展

韋仕祺　石興安

水族馬尾繡是水族婦女世代傳承的以馬尾作為重要原材料的一種特殊刺繡技藝，是水族獨有的、貴州特有的民間傳統絕活工藝，二〇〇六年五月二十日經國務院公佈被列入第一批國家級非物質文化遺產名錄，為三都水族自治縣馬尾繡這一古老藝術的保護、傳承與發展帶來了更好的機遇；同時，我們也要清楚地看到它的傳承與發展還存在很多問題，應當予以更多的關注。

一、遺存：「繡」出來的「文化記憶」

一幅精美的馬尾繡作品，是審美與實用完美的統一，表達了水族人民對生命的謳歌、對生活的希冀，寄託了對美好生活的憧憬和祝願。因而，每一件馬尾繡繡品背後都表達了一個願望、講述了一個故事，凝聚著源自遠古的那一段深刻的「文化記憶」。

水族馬尾繡由聰明賢惠的水族婦女世代相傳。其獨特之處在於用絲線裹馬尾進行刺繡，採用平繡、空心繡、挑繡、結線繡、螺型繡等針法，在水族土布上繡制，經過纏絲、勾線、補花、陪繡、訂金等多道複雜工序，繡品呈現淺浮雕感。馬尾繡主要用於背帶、翹尖繡花鞋、衣服、圍腰、胸牌、童帽、荷包、幼兒口水兜、刀鞘護套、男性服飾的點綴等的裝飾上。民間傳統的馬尾繡背帶最能集中和完整體現這一工藝的精湛水平，製作一件馬尾繡背帶，要花上一整年的時間。馬尾繡背帶的主體部位由二十多塊大小不同的馬尾繡片組成，周圍邊框平繡有嚴格數序規律的幾何圖案。上部兩側為馬尾繡背帶手，下半部背帶尾也繡有精美的馬尾繡圖案，與主體部位相呼應。刺繡藝人憑藉自己的生活積累及藝術修養，在布面上挑繡各種圖案，有水族的魚圖騰，有像徵吉祥如意的龍鳳，有滋潤萬物的日月星辰，等等。馬尾繡背帶心圖案是一隻大蝴蝶，由幾個繡片組成。蝴蝶上方的繡片正中是篆體壽字，背帶最頂上的正方形圖案中也有這樣一個壽字，體現了祈望孩子長命百歲、種族繁衍的思想。大蝴蝶四周的長方形、五個正方形、兩個變形梯形，組合成一個方塊，好似貴州高原上大大小小的梯田。幾何形繡片裡的花草、魚蟲、蜜蜂、蝴蝶、石榴等紋樣，均用流動曲線造型，整體看來有波光粼粼的效果。這個圖案的來歷還有一個動人的傳說：古時候太陽很惡毒，把田邊未滿週歲的孩子曬昏了，這時飛來一隻大蝴蝶，展開翅膀擋住陽光，孩子得救了。從此，水族人民便把蝴蝶當作吉祥物繡在背孩子的背帶上，以護佑孩子健康成長。所以馬尾繡背帶一般不作為商品，特別是背過小孩的背帶更不能賣，據說這樣做會有礙於孩子的健康成長。水族馬尾繡將大自然生命化、情感化和神化，借物托情，借繡抒情。據專家考證，「馬尾繡不僅在製作原料、製作工藝上十分特殊，而且圖案藝術的表現形式也具有水族的明顯特色，是我國乃至世界非常珍貴的特殊刺繡工藝」[1]。

二、傳承文化精品，挽救瀕臨失傳技藝

水族馬尾繡工藝精湛複雜、耗工費時。近年來受到工業化生產的衝擊，年輕女子中極少有人願意學習馬尾繡工藝，她們認為此舉不合時尚、費時費事，且賺錢很少。馬尾繡工藝出現嚴重的斷層，掌握馬尾繡全面工藝、具有深厚功底的婦女越來越少，且年事已高。

鑒於水族馬尾繡的珍貴價值，二〇〇六年五月二十日，水族馬尾繡被國務院列入首批國家級非物質文化遺產名錄。二〇〇六年八月，在「開磷杯」多彩貴州旅遊商品設計大賽、能工巧匠總決賽上，韋桃花憑藉精美的馬尾繡刺繡工藝奪得「貴州名匠」特等獎，位列一百名「貴州名匠」之首。二〇〇七年十月，她被貴州省文化廳授予「貴州省非物質文化遺產傳承人」稱號。在二〇〇八年六月十四日舉行的「中國文化遺產日」活動上，她獲得了國家民間藝人最高獎。除了韋桃花外，宋水仙、王金花、潘勉、潘水愛等十位水族婦女都被列為貴州省黔南州非物質文化遺產代表性傳承人。然而，只僅僅依靠為數不多的傳承人來繼承和發展水族馬尾繡是遠遠不夠的。

在傳承和保護民族民間文化方面，政府有著舉足輕重的作用。水族馬尾繡被列為國家非物質文化遺產名錄後，三都水族自治縣組建了「非物質文化遺產保護辦公室」，制定了關於民族民間文化搶救的保護措施，將水族馬尾繡、水書習俗、端節、卯節等一批具有較高文化價值、基礎條件較好又處於瀕危狀態的重點項目進行挖掘整理，實施搶救性保護措施。為此，縣政府組織有關部門聯合舉辦鄉土人才培訓班，並採用開展競技比賽

等多種形式扶持馬尾繡產業，打造民族品牌。但水族馬尾繡的傳承、保護和發展依舊面臨著諸多問題，具體表現在以下三個方面：

首先，水族馬尾繡在人才培養和傳承上存在著嚴重的人才短缺現象，高質量藝人難以培養。雖然三都水族自治縣政府組織了有關部門舉辦鄉土人才培訓班，起到了一些積極作用，但由於都是在農閒之餘進行為期很短的開班講授，真正能在短暫的一兩天培訓中學有所獲的人是很少的。原因在於馬尾繡製作手工藝不是能夠在這樣短的時間內學成的，而是要經過長期實際操作才能逐步掌握。這是因為：首先學習者本人要對民族工藝感興趣，並從小就得到製作馬尾繡的前輩的薰陶和手工藝製作鍛鍊；其次要具有一定的繪畫藝術基礎，並逐步具有繪製馬尾繡圖案的能力；最後形成她個人的技藝風格和具有獨立製作馬尾繡作品的能力。這些能力的獲得絕不可能通過培訓班而「速成」。

其次，水族馬尾繡作品被市場化、商品化所影響，其質量日趨下降。水族馬尾繡的價值所在就是它通過藝人們花費長時間幾乎全手工製作而成，一件高質量的馬尾繡作品具有很高的審美價值和實用價值。然而，隨著市場化傾向的加劇，一些商人看到了馬尾繡較高的市場價值，在大肆收購民間藝人作品的同時，又把一大批訂單任務分配給民間婦女來趕製馬尾繡作品，因工期時間限制，粗劣品被大量趕製出來，雖然商家和農婦取得了眼前的利益，卻大大損害了馬尾繡的長期發展，這種做法對馬尾繡長遠健康地發展和傳承是極為不利的。

最後，水族馬尾繡至今沒有形成產業式發展的局面，還處於單打獨鬥的民間個人手工作坊階段，制約其發展壯大。目前，幾乎所有的馬尾繡作品都是依賴於鄉鎮農婦在農閒時繡製出來的，農婦是分散在不同村寨的自己家中，彼此之間很少有時間一塊兒繡制，成品的質量也因個體技藝水平而參差不齊。即使把這些農婦手裡的馬尾繡成品統一收購再統一出售，也很難有好的市場價格。加上民間藝人之間也存在技藝保密的情況，這樣也阻礙了農婦馬尾繡製作技藝整體水平的提高。因此，水族馬尾繡應當通過一定方式形成產業式生產和銷售，規範製作工藝，才能製作出高水平、高質量的馬尾繡作品。

三、把握時代脈搏：水族馬尾繡發展的必由之路

保護和傳承水族馬尾繡民族工藝，其目的一是保存文化，二是為當代生活服務。只有在保護傳統文化的基礎上不斷創新，才能賦予傳統工藝新的活力，才能更好地為當代生活服務。為此，在二十一世紀世界經濟全球化、市場化、信息化、網絡化的格局中，水族馬尾繡一定要切合時代的要求，結合市場經濟的特點，利用好信息網絡和高科技技術使其更貼近時代的脈搏，走出一條有自己民族特色的發展之路。

第一，重視人才培養，完善培訓機制。鑒於馬尾繡製作的人才缺乏、一批民間「老藝術家」的年邁而致使馬尾繡高品質制畫藝術的傳承存在失傳的危險，有關部門應當及時採取強而有力的措施來解決人才匱乏的問題。主要從兩個方面來做：一方面，培養人才要從中小學學生入手。具體來說，就是在小學階段開設民族藝術課，讓本民族學生從小就得到馬尾繡等民族藝術的教育和薰陶。就像鄧小平同仁所說的一樣：「教育要從娃娃

抓起。」[2](P120)至於民族藝術課的開課方式可以與現在學校的美術課相結合，或單獨開課，保證每週要有一到兩個課時教授民族藝術；師資的解決可以由本縣相關機構考核民間藝術家，並聘請她們來學校擔任授課任務。另一方面，大力培訓鄉鎮農婦，彌補現階段馬尾繡製作人才的不足。一是當地政府應當對民間藝術人才予以重視，組織她們聚集在一起，集中人才資源優勢，並對她們進行必要的業務指導，發揮她們的聰明才智，為水族馬尾繡的發展建言獻策。二是由政府牽頭組織水族鄉鎮農婦定期進行培訓，政府應當按其一年的綜合表現給予一定報酬予以獎勵（主要是針對其在一年內生產多少件馬尾繡、培訓的差旅費以及誤工費等補貼），這樣有助於激發更多的農婦積極主動學習這一門技藝。這些經費應納入每一年政府財政預算，這樣才能確保相應工作的正常開展。

第二，規範行業秩序，確保產品質量。對於目前馬尾繡產業存在無序競爭、民族品牌消失和質量日趨下降的現狀，政府應當出面制定馬尾繡產業發展規劃，把行業的基本規則和要求以法規的形式予以頒布，所有馬尾繡生產經營者都必須按照法規進行生產經營，這樣有利於規範行業內的無序競爭，為民族工藝品樹立良好的品牌形象，在保證產品質量的同時，才會更有利於馬尾繡的傳承與發展。

第三，水族馬尾繡的產業化是其發展的必由之路。目前馬尾繡的生產依舊屬於個人手工作坊階段，處於單打獨鬥的分散局面之中，不利於馬尾繡的健康發展。由於馬尾繡特殊的生產方式，即基本是手工製作，這是它生命力和富有價值的所在，所以馬尾繡的產業化發展可以採用兩種方式進行生產經營。第一種方式，可以採用「商家+農戶」的方式，即以開辦公司的形式，由公司來開拓市場，連繫銷路，農戶負責以訂單和合同方式按公司的要求進行馬尾繡產品的生產。這樣可以解決農戶不願集中生產所帶來的難題，同時可以按傳統方式進行生產，農婦足不出戶就可以「在家辦公」生產馬尾繡。第二種方式，可以組織農婦集中在縣城一家公司進行現代化流水線形式的馬尾繡生產方式，按照一件成品的結構進行分工操作，以計件工資與保底工資相結合的方式付予酬勞，這樣可以發揮農婦的專長，通過「離土不離鄉」在家門口實現本地就業。公司按照現代企業的經營模式進行運作，自主經營，自負盈虧。

水族馬尾繡是水族獨有的、貴州特有的、瀕臨失傳的民族民間傳統絕活工藝，是民族美術工藝中的一朵璀璨的奇葩。保護和傳承水族馬尾繡是我們每一個關注民族發展的仁人志士共同的責任。

參考文獻

〔1〕王新偉，等.貴州馬尾繡：璀璨的刺繡藝術「明珠」〔N〕.經濟日報，2010-10-17（7）.

〔2〕鄧小平.鄧小平文選（第3卷）〔M〕.北京：人民出版社，1993.

（原載於《黔南民族師範學院學報》2012年第1期）

對彝族原生態傳統體育文化的多維審視

羅建新 王亞瓊

彝族是一個具有悠久歷史和古老文化的民族，二〇〇〇年第五次人口普查時有七百七十六點二三萬人，總人口位居我國少數民族第七位，主要分布在雲南、四川、貴州三省和廣西壯族自治區的西北部。彝族人民世代居住在雲貴高原和康藏高原東南部的高山河谷之間，神奇秀美的山川土地養育了一代代彝族人，也孕育出彝族豐富多彩的民族文化。彝族原生態傳統體育文化在一定程度上充分反映了民族精神和生活面貌，是民族歷史、文化、生活習俗的重要體現，其對於彝族地區和諧社會的構建及政治、經濟、歷史和文化藝術等諸多領域的發展都具有深遠的歷史意義。為瞭解彝族村寨部落原生態傳統體育文化的生存狀態，課題組成員多次深入到雲南楚雄地區、雲南紅河地區、四川涼山彝族自治州、貴州畢節地區的威寧彝族自治縣、赫章、大方縣的部分彝族村寨部落，通過對彝族村民的訪問，在彝族原生態傳統體育文化範疇內調查與研究彝族民俗傳統節目中體育運動的源流、類別、性質與傳承情況，結合文獻資料、因特網等信息渠道查詢翻閱有關彝學史料及研究論文，通過專家訪談從民俗民風、傳統體育文化源流、性質及類別等多個層面和維度上，從生態人類學的視角分析、歸納和總結彝族原生態傳統體育文化的特色、屬性和類別，為彝族傳統體育文化資源地挖掘、整理、開發和利用，為傳承與發展彝族傳統體育文化提供寶貴的研究資料。

一、研究方法

1. 問卷調查法

根據課題研究的目的，設計對我國雲南、貴州、四川等地區部分彝族山寨部落原生態傳統體育文化進行調查的問卷，對雲南省楚雄彝族自治州、紅河哈尼族彝族自治州、四川省涼山彝族自治州、貴州威寧彝族自治縣、赫章、大方縣彝族聚居地部分彝族村寨、部落發出問卷調查表一千份，收回問卷七百五十一份，有效回收率為百分之七十五點一。

2. 田野調查法

課題組從二〇一一年四月至二〇一二年四月深入實地調查雲南省楚雄彝族自治州、紅河哈尼族彝族自治州、四川省涼山彝族自治州、貴州威寧彝族自治縣、赫章、大方縣彝族地區部分彝族村寨、部落體育文化資源，就彝族原生態傳統體育文化的源流、發展及現狀，走訪部分民族村村民及從事民族文化研究第一線的工作人員，採用召開訪談和座談會的方式進行調查，對所獲資料進行整理。

3. 專家訪談法

根據彝族地區村寨原生態傳統體育文化資源及其現狀，以彝族原生態傳統體育文化的源流、特色、性質和價值為專題，課題組成員採訪了雲南、貴州、四川三省區部分大專院校從事彝族傳統體育文化研究領域的專家十人。

4. 文獻檢索與數理統計法

根據研究內容和目的，通過貴州省圖書館、因特網等渠道，查詢翻閱國內有關彝學史料十餘部及二十多篇有關彝族傳統體育文化研究性論文，在彝族傳統體育文化研究文獻中獲取相關數據和信息，採用數理方法對所獲資料進行統計學處理，進行整合與多維分析。研究文獻論文數據及問卷資料數據全部使用 SPSS 統計軟件進行分析與處理。

二、結果與分析

彝族原生態傳統體育文化是指沒有被特殊雕琢，存在於彝族民間原始的、散發著鄉土氣息的傳統體育運動及其理論體系，它包含彝族傳統體育運動的競技、表演、健身娛樂項目及其體育理論體系。彝族原生態傳統體育文化是彝族社會需求的特殊反映，是彝族生存環境和民族文化的必然產物，在一定程度上反映了民族的精神、思想、觀念和生活面貌，是民族歷史、文化、生活習俗的重要體現。[1]

1. 彝族原生態傳統體育文化的歷史源流及演變

彝族傳統體育是其民族文化的重要組成部分，最早產生於遠古時期彝族先民淳樸的自然生活與生產勞動之中，並在漫長的社會實踐中，在民族的生存需求、宗教信仰、社會生產及軍事的影響下形成、傳承與發展。彝族傳統體育文化類別眾多，形式多樣，內容豐富，包含了競技、表演、健身娛樂三類運動項目，充分體現了彝族獨特的民族文化、民族精神和生活習俗。如彝族式摔跤、射箭、射弩、彝刀、棍術、賽馬、追羊、趕牛、飛石索、擲葫蘆飛雷、蕩磨秋、爬油竿、綿羊拉繩、踩蹺板、頂頭、角力、獅舞、虎舞等。[2] 據不完全統計，流傳在彝族民間的傳統體育活動項目，包括帶有體育健身性質的舞蹈多達五十種以上，這些傳統的體育文化活動歷史悠久、源遠流長。

彝族原生態傳統體育文化具有悠久的歷史和深厚的民族文化內涵，在其歷史流變過程中，與為民族生存所進行的軍事戰爭活動、與民族的原始宗教信仰、與民族的生活習俗有著密切的連繫，受到所居住環境的制約，其傳統體育文化具有獨特的山地文化特性，具有較強的思想教育價值因素，具有悠久的歷史和豐富多彩的運動項目，與西方體育體系的現代奧林匹克競技項目有很大的相似性，通過對其傳統體育文化的發掘、整理與開發，充分利用彝族傳統體育文化資源及價值實施教育，並注重其傳統體育文化與旅遊產業的互動發展，對促進彝族地區教育和地域經濟的發展具有重要的現實意義。

2. 彝族原生態傳統體育的山地性文化特色

彝族主要聚居在雲貴高原和青藏高原東南部邊緣的山岳之中，呈大分散、小聚居的分布格局。這裡群峰疊翠，江河縱橫，峽谷縱深，氣候類型多樣。一個民族要適應社會與自然環境，要在其特定的空間內求得生存與發展，除了生物遺傳與基因變異的影響外，民族文化的發展為其生存與發展提供了積極、有利的重要因素。彝族人民不是僅憑先天的本能來適應環境，而是通過學習並憑藉其民族文化去改造和適應其生存環境。彝族人民在自然環境和社會環境之中為生存而創造了社會，發明了思維和行動的新方式，他們創造了文化從而建構了民族的歷史。彝族文化是民族創造的生存文化，而彝族原生態傳統體育文化則屬於民族文化的重要組成部分，具有濃郁的山地文化性質。通過對彝族地區村寨部落原生態民族傳統體育現狀調查訪問發現，彝族原生態民族傳統體育中的「飛石索」、「射弩」、「彝族式摔跤」、「追羊」、「賽馬」等民族傳統體育運動項目起源、傳承與發展都與彝族生活中創造的山地文化具有密不可分的連繫。

由於聚居的地域環境差異加上社會歷史的變化和自身不斷發展等諸多因素，彝族地區形成了具有地域特點的原生態民族傳統體育文化，不同的地域環境導致其體育活動具有明顯的區域性特點。如彝族火把節中，雲南巍山地區的體育文化活動是「打歌」，宜良地區則是「阿細跳月」，而楚雄地區則以「打跳」為主要形式，威寧地區彝族是以「竹竿舞」為主要內容，大涼山地區彝族則舉行「朵洛荷」等集體舞，這些傳統的彝族原生態體育舞蹈都具有各自不同地域文化的特色。彝族傳統體育文化的傳承，受其居住環境條件的制約，受外來文化的影響較小，處於一種相對封閉的自然狀態，保留了特有的文化結構和原生態民族特色，具有其特殊的發展規律和民族特色，帶有明顯的山地文化性質和民族異質性。[5] 彝族豐富的傳統體育文化，隨著歷史的發展逐漸從娛神的低層次走向娛人、健身和促進社會和諧的高層次，體現了早期人類文明與現代體育思想的共融，具有較強的體育功能。彝族傳統體育的山地文化，卷帙浩繁的彝文典籍，種類繁多的石器、青銅器文物，為現代研究古人類原始體育源流和發展提供了珍貴的歷史資料，具有較高的研究價值。

3. 彝族民俗民間傳統節日的民族傳統體育文化

彝族民俗民間傳統節日作為行為層面的傳統文化，根植於彝族傳統的牧獵文化及農耕文化之中，在長期流傳過程中形成了自身獨特的文化。彝族民俗傳統節日是彝族豐富文化生活涵載的社會現象，涉及社會的政治、經濟、生活、宗教信仰、文學藝術、社會交往、民族心理等方面。彝族民俗民間傳統節日活動的主體構架主要由傳統體育活動與文藝活動所構成，與彝族文化精神和民族精神相連繫，通過對天人、群己、義利及文武等關係的交融，形成了其獨特的文化內涵，體現了強大的文化凝聚力與生命力，在彝族社會發展進程中具有非常重要的作用。

（1）彝族原生態傳統體育的民俗性節日文化特色

我國不同民族有著不同的文化表現形式，但在同一文化母體下，不同民族文化的活動又存在著共融性，活動的形式內容都非常相似。彝族民俗節日文化中傳統體育運動項目類別眾多、形式多樣、內容豐富，充分體現了彝族獨特的體育文化性質、民族精神和生活習俗。如彝族式摔跤、射箭、射弩、彝刀、棍術、賽馬、追羊、趕牛、飛石索、擲葫蘆飛雷、蕩磨秋、爬油竿、綿羊拉繩、踩蹺板、頂頭、角力等。[3]這些傳統的體育文化歷史悠久、源遠流長，是彝族民俗民間傳統節日文化的主要內容。

彝族原生態傳統體育運動項目多數都與民族的民俗節日密不可分，無論是競技性的彝族傳統體育運動項目（如彝族式摔跤、賽馬、射弩、角力、綿羊拉繩），還是表演性的彝族傳統體育項目（如高空走索、蕩磨秋、爬油竿、上刀山、鬥牛等）以及娛樂性的彝族傳統體育運動項目（如彝族獅舞、虎舞、跳月、踩蹺板、竹竿舞等），它們的起源、傳承與發展都與其民族節日文化有著千絲萬縷的關係。如彝族傳統體育舞蹈「獅舞」、「虎舞」源於民俗節日文化的圖騰崇拜活動，彝族傳統體育舞蹈「阿細跳月」最初源於民俗節日文化的宗教祭祀活動，後來隨著彝族社會政治、經濟的發展逐漸從圖騰崇拜、宗教崇拜發展成為娛人、健身及促進社會和諧的高層次體育文化活動。

（2）彝族民俗傳統節日與其原生態傳統體育文化

彝族的民族文化具有極強的包容性，表現為同化力、融合力、延續力和凝聚力等方面。在歷史進程中，作為彝族文化核心的游牧文化曾與農耕文化、山地文化隨著社會發展而不斷地進行交融與互補，通過民族傳統文化的傳承與發展，逐漸形成了彝族民俗傳統節日的民族傳統體育文化。[4]彝族傳統體育文化是我國少數民族文化的一個重要組成部分，民族體育作為民族文化行為層面的傳統文化，更具有包容競技、健身、生活娛樂與社會交往的體育文化性質。彝族原生態傳統體育文化精神是其傳統文化中具有積極意義的、體現在民族蓬勃向上的意識和觀念。民俗傳統節日的體育文化充分地體現出民族忠義、尚武自強、天人合一、貴和尚美等精神，正因為這些文化精神的存在，使得民俗傳統節日及節日中的民族傳統體育文化經過幾千年的歷程仍被保存、遵守與傳承，體現出其強大的生命力和社會價值。

彝族原生態傳統體育的民族忠義思想在火把節與清明節兩大節日中體現得最為明顯，倡導「精忠報族」的民族主義精神，在社會發展中起著非常重要的作用。[4]火把節開展彝族傳統體育活動與紀念族民英雄的愛國精神連繫在一起，體現出一種赤誠愛族的民族主義精神。清明祭祀的習俗來自於漢族的寒食節，相傳於春秋時期介子推「割股」給處於困境中的公子重耳充飢，這裡體現了「忠」與「義」兩種文化精神。在幾千年的社會進程中，寒食節與清明節合二為一，民族忠義的體育文化精神也成為彝族民眾精神的淵源，孕育和造就了彝族社會歷史上的無數仁人志士、英雄豪傑。

彝族原生態傳統體育文化的尚武自強精神為民族的強盛提供了巨大的推動力，彝族是尚武精神的民族，講究以德服人、以柔克剛、有容乃大、崇尚武學，相信實力是保證民族在社會中生存的決定性條件。彝族原生態傳統體育文化中的「尚武」體現在民俗傳統節日的宗教祭祀、體育才藝表演和傳統體育運動競技幾個主要方面。如在宗教祭祀中的「舞龍」、「獅舞」、「虎舞」等代表圖騰崇拜的表演，在完成一定程序表演基礎上，要充分顯示才藝和武技，彝族流傳至今的許多才藝表演如「摔跤」、「上刀山」、「爬油竿」、「高空走索」等都充分地表現了族人崇尚武技的精神。[5]

彝族原生態傳統體育文化「天人合一」的思想是彝族先民原始哲學的核心觀念，其基本含義是追求自然環境與人文精神的有機統一，強調人類行為與自然界的協調與和諧。天人合一思想除了人與自然協調外更主要的是「天人合德」，即人應適應大自然，應「順天意」，向自然學習與天合德，傳統節日中的彝族原生態傳統體育也從不同的側面反映了天人合一的思想。彝族原生態傳統體育文化的「貴和」倡導和諧，「尚美」即崇尚美好，和諧與美好作為彝族傳統體育文化觀念追求的最高境界，是民俗民間傳統節日中傳統體育文化的主題思想。如彝族民俗節日活動中的傳統體育表演，始終貫穿著群體參與、和諧和崇尚美好的思想主題，這種「貴和」、「尚美」的思想在其傳統體育表演項目「阿細跳月」中得到了充分的展示。

（3）彝族民俗民間節日活動中的民族傳統體育文化內涵

彝族原生態傳統體育是從彝族文化中剝離與凸顯出來的一種體育運動形式，是一種以競勝、娛樂、健身為主要目的的民族文化。彝族原生態傳統體育文化作為彝族文化的補充與完善，具有自己獨特的內涵和特徵。民族傳統體育可以豐富人們的文化生活，提高人們的身心健康，加強各民族、各地區之間的文化交往與促進地域性經濟的發展。民族傳統體育的起源、傳承與發展，與族人生活方式和社會習俗有著密切的連繫，彝族傳統體育在漫長的發展、演變過程中形成的風格，被融入了民俗民間傳統節慶活動中，成為民族地區民眾日常生活的重要組成部分，不僅使節日活動的體育文化內涵更加充實，而且使節日文化從內容到形式都更加健康、更加豐富。

4. 彝族原生態傳統體育運動文化的性質

彝族原生態傳統體育運動主要有三大文化屬性，即彝族原生態傳統體育運動文化的競技屬性、表演屬性和健身娛樂屬性。彝族傳統體育如拔河、追羊、摔跤、賽馬、弓箭、射弩等，在我國少數民族中較為普及，活動的性質與形式也大體相同，所不同的是風格略有差異。也有一些項目如追羊、飛石索、爬油竿等，僅在一個或數個民族中開展。這些民族傳統體育運動除具有競技性特徵屬性之外，還具有較強的觀賞性、娛樂性和健身性，因而深受各民族民眾的喜愛和歡迎，成為民間節日活動中的亮點。在節日活動中的民族傳統體育按活動性質大體上可分為競技性、表演性和健身性三種基本活動類別。

（1）彝族原生態傳統體育運動文化的競技屬性

競爭是人類的天性和社會發展的必然，是人類生存的本能，是在自然界生物進化與發展規律下形成的一種社會現象。彝族原生態傳統體育運動的競技是一種以身體運動能力、運動技巧為競賽內容的體育活動，競技性類別的彝族傳統體育運動目的是奪取優勝，其競技運動與西方體育文化體系具有相同的競技性質。彝族傳統體育中有很多是以決勝負、賭輸贏為目的的運動，這種以人的力量、速度、耐力、靈活性為基礎所進行的體能、心理、技能的較量，充分體現了其極強的競爭性、觀賞性，成為民族大眾最喜歡的體育活動形式。

競技性的彝族傳統體育運動大體可分為力量、速度性和技巧性兩大類型的體育項目。力量、速度性體育項目主要是以人的體能、力量、耐力及速度為主的競技。據資料記載舊石器時代彝族先民的原始狩獵活動中，已經萌發了一些類似現代彝族傳統體育競技的活動，如以力量、速度為對抗的摔跤、鬥牛、角力、拔河、追羊、賽馬等，分別以個體對抗或集體對抗的競技形式來進行，強調力量和速度的有機統一和集體的協調與配合。彝族的技巧性傳統體育競技是一種以技藝、心理素質為主，充分發揮技能作用的競技性體育，分為個人項目和綜合類項目兩種形式。技巧類的個人項目如蕩磨秋、射弩、爬油竿、高空走索等。集體性體育競技項目則需要同時進行數種技藝的綜合訓練或需要通過幾種技藝的競技才能完成某一綜合類體育競技活動，如八人磨秋、跳竹竿等就是其典型的運動範例。

（2）彝族原生態傳統體育運動文化的表演屬性

表演性的彝族傳統體育運動是一種以運動技巧、動作難度和體育觀賞特色為主的表演性技藝，分為個人和集體性項目兩種形式。個人項目注重技藝表演的難度、美感與觀賞價值，如笙舞、刀梯、高空走索、爬油竿等。集體性表演類項目則有著名的阿細跳月、竹竿舞、舞龍、獅舞、虎舞、銅鈴舞、木鼓舞等。[6]

（3）彝族原生態傳統體育運動文化的健身娛樂屬性

彝族傳統體育中有許多具有健身娛樂性較強的運動項目，從事這些民族傳統體育運動，可以促進人的身體、心理和社會適應能力的全面發展，提高身心健康水平。健身娛樂性的彝族傳統體育有較強的趣味性、參與性和娛樂性，並且很少受場地設施、條件的限制，易於開展和進行長期、系統的體育健身鍛鍊。在彝族地區，較為普遍的健身娛樂性的民族傳統體育有模仿動物行為的健身運動（虎舞、獅舞），增加歡樂氛圍的蘆笙舞、竹竿舞和木鼓舞等。彝族傳統的健身娛樂性體育，注重健身價值和娛樂、趣味性及與遊戲的結合，倡導大眾參與的群眾性，對進一步增強少數民族傳統體育的活力、促進彝族地區的社會和諧，具有強大的現實意義和深遠的歷史意義。

三、結論與建議

通過對雲南楚雄地區、紅河地區，四川涼山彝族自治州，貴州畢節地區威寧、赫章、大方縣的部分彝族村寨部落彝族原生態傳統體育文化調查與研究，作者認為：

（1）彝族原生態傳統體育文化具有悠久的歷史和深厚的民族文化內

涵，源於彝族先民的生活、生產勞動與教育的需要，在其歷史流變過程中，與民族的生產、軍事、宗教及生活習俗有著密切的連繫，受所居住環境的制約，其傳統體育文化具有獨特的山地文化性質和民族文化特性。

（2）彝族原生態傳統體育是一種以競技、娛樂和健身為目的的社會文化現象，它具有獨特的民族文化特徵和內涵，具有鮮明的競技性、表演性、健身娛樂性特徵，有較強的思想教育價值，通過對其傳統體育文化的發掘、整理與開發，充分利用彝族傳統體育文化資源及價值實施體育教育，並注重其傳統體育文化與旅遊產業的互動發展，對促進彝族地區教育和地域經濟的發展、構建彝族地區的社會和諧，具有重要的現實意義。

（3）彝族傳統體育文化體現了彝族人民聰明智慧和勤勞勇敢的民族精神，體現了早期人類文明與現代體育思想的共融性，具有較強的體育價值。彝族原生態傳統體育文化核心的游牧文化曾與農耕文化、山地文化隨著社會發展而不斷地進行交融與互補，形成了彝族蓬勃向上的民族思想和觀念，充分體現了民族忠義、尚武自強、天人合一、貴和尚美等精神，具有強大的生命力和社會功能。

參考文獻

〔1〕袁澤民，季瀏.對民族傳統體育文化傳承與發展的生態探討——以雲南彝族傳統體育為例〔J〕.貴州民族研究，2011（3）.

〔2〕羅建新.彝族傳統體育文化的起源與傳承〔J〕.體育學刊，2007（7）.

〔3〕王亞瓊.貴州原生態民族傳統體育文化資源的調查與研究〔J〕.貴州民族研究，2011（5）.

〔4〕馬學良.雲南彝族禮俗研究文集〔M〕.成都：四川民族出版社，1983（9）.
〔5〕起國慶.彝族畢摩文化〔M〕.成都：四川文藝出版社，2007（3）.
〔6〕畢節彝文翻譯組.西南彝志〔M〕.貴州：貴州民族出版社，2001（9）.
〔7〕金星華.民族文化理論與實踐——首屆全國民族文化論壇論文集〔M〕.北京：民族出版社，2005（1）.
〔8〕周偉良.民族傳統體育概論高級教程〔M〕.北京：高等教育出版社，2003（8）.

（原載於《黔南民族師範學院學報》2012年第3期）

黎錦技藝保護與傳承研究

林開耀　林珈兆

一、引言

黎族傳統紡染織繡技藝（簡稱：黎錦技藝），是黎族婦女利用棉、麻等天然纖維製作衣物及其他生活日用品所使用的傳統手工技藝，是黎族婦女在歷史上精通的一種棉紡織工藝，是黎族傳統文化重要的組成部分。〔1〕

黎錦技藝歷史悠久，工藝獨特。早在秦漢時期，黎族先民就掌握了棉紡織技術。《尚書・禹貢》記載：「島夷卉服，厥篚織貝」，指的是漢代黎族先民紡織出來的「廣幅布」，被征為朝廷的「貢品」。元封元年（西元前 110 年）漢軍登上海南島，設立儋耳、珠崖二郡，這是封建中央王朝的統治權力首次延伸到海南島，他們所見到的島上原住民身上穿的便是用棉布做成的衣服，稱為「民皆服布，如被單，穿中央為貫頭……」。《後漢書・南蠻傳》便有「武帝末（西元前 87 年），珠崖太守會稽孫幸調廣幅布獻之，蠻不堪役，遂攻郡殺幸。幸子豹合率善人還復破之」[1]的記載。由此可見，在漢代，黎族先人棉紡織技術已達一定的水平，至今已有三四千年的歷史。

黎錦技藝經過千百年的錘煉，形成了具有本民族

1　《後漢書・南蠻西夷列傳》卷八六。

特色的紡、織、染、繡四大工藝，並有「單面織」、「雙面繡」、「絞擷染」等地方民族特色的紡織技藝。黎族的棉紡技術，在元代經我國女紡織家黃道婆向黎族婦女學習進行改進後在中原傳播，對我國當時棉紡織業的發展有著很大的推動作用。

運用傳統的紡染織繡技藝製作的織品，如筒裙、貫首衣、被單、頭巾、花帽、龍被、壁掛等被統稱為黎錦。而綜合體現黎族傳統紡染織繡技藝的龍被（崖州被），是黎錦中的珍品，歷史上曾為進奉朝廷的貢品，具有極高的人文藝術價值。高超的紡染織繡技藝是海南黎族姑娘聰明伶俐的標誌，黎族每一位女孩從小就要學習紡織技術，為了掌握這門技術，勤學苦練，就是為了日後能織出豐富多彩的黎錦。黎錦有著廣泛的社會需求，也寄託著黎族姑娘對美好愛情和生活的嚮往，一些織品常常是送給意中人的重要禮物，正是由於這種原因，黎錦技藝才得以代代相傳。

二、黎錦的基本圖案與技藝

黎錦技藝在海南省少數民族地區黎族村寨的黎族婦女中廣泛流傳，由於地理位置、生活環境、語言、服飾等的差異，其黎錦織品的色彩、圖案、紋樣、技藝特點等都各不相同，各具特色。

黎錦圖案的題材較為廣泛，它描繪了黎族人民的生活風貌、文化習俗、宗教信仰和審美情趣，反映了黎族社會生產、生活、愛情、婚姻、宗教活動的方方面面。據不完全統計，黎錦圖案有二百多種，大體可分為人形紋、動物紋、植物紋、幾何紋等。[2] 其中人形紋、動物紋和植物紋是最常用的織錦圖案。

（一）人形紋

人形紋造型種類繁多，最常用的是根據人的特徵用兩個近似菱形的幾何紋作縱向排列，構成人體的上半身和下半身，頭部用小於身體部位的菱形來表達，整體構圖呈左右對稱，造型簡練，形象誇張。[3]在黎錦中最為常見的是變形人形紋，這種紋樣排列大多是二方連續。人形紋也有獨立式的，每組造型都有細微的變化，如有的強調手和腳的動作形態，有的突出人體姿態，或坐或立，姿態萬千。變形人形紋常見的有大力神紋（黎語稱為「抱隆扣」）、母子紋、婚禮圖、狩獵圖、紡織紋（即表現「男獵女織」的場景）和舞蹈圖（慶祝節日時載歌載舞的場景）。

（二）動物紋

黎族人民長期與各類動物相伴為生，動物是他們生活的一部分，他們將這部分轉化為圖案引入黎錦中。常見的動物紋有牛、羊、馬、鹿、蟒、龜、公雞、鳥、魚、青蛙和螃蟹等，這些紋樣造型簡潔，多以幾何形出現，用幾個大小不同的塊面表現出動物的基本特徵。黎族婦女挖掘了人與動物的自然之美，並在織繡動物紋樣時投入了自己的情感。

（三）植物紋

黎族人生活在熱帶叢林之中，植物資源極為豐富，黎族婦女們將喜愛的木棉花、泥嫩花、龍骨花、竹葉花等美麗的植物設計成圖案織在黎錦上，有的圖案還成為個別方言的標誌和符號。「巾」字形的花草紋沿橫向或縱向連續排列的構圖形式，象徵著繁衍生息、人丁興旺。植物紋是黎錦中經常用到的紋飾，常與人形紋、鳥紋相配合，組合成完整的圖案。

（四）漢字紋樣

黎族人沒有自己的文字，受漢文化的影響，漢文字逐漸被加入了黎錦紋中，一般採用漢字中有吉祥寓意的文字，如「壽」、「喜」、「祿」、「萬」、「福」、「吉」、「貴」等字，這些文字成為黎錦圖案的新元素，並代代相傳，融入了黎族文化，體現了民族文化的相互滲透。

（五）龍被圖案

龍被是黎錦藝術的精華，根據用途不同，龍被的圖案和色彩也不同。[3]早期的龍被圖案多以人紋、祖宗紋和蛇紋為主，民族地方特色濃郁。晚期的龍被深受漢族文化影響，圖案基本以漢族的龍紋樣為主體。明代、清代和民國時期的龍被，所織的提花圖案元素是黎族本民族的，但在織錦面料上刺繡的圖案則是漢民族紋樣。可見後期的龍被是黎族文化和漢族文化相融合的產物。

明代的龍被圖案主要是人形紋和祖宗紋，這兩種圖案結構是一樣的，只是祖宗紋採用不同的色彩來表現，即以明、暗兩色相間排列構成的人形紋。這類造型結構的人形紋是黎族祖先崇拜的表現。明代具有關於這樣主題的龍被紋樣有神樹・靈芝圖、祖宗圖、森林圖、百花園圖、滿園春色圖、長壽果圖、萬象更新圖、天香圖、仙華繩索果圖以及蛙紋圖等。

清代的龍被紋樣，受漢族文化的影響較大。黎族人把漢文化中的一些標誌性元素與黎族獨特的圖案相結合。例如，龍被上大量出現了「福」、「祿」、「壽」等圖案，出現了龍鳳呈祥、雙龍戲珠的紋飾以及與道教的「八仙」、「八卦」、「太極」和佛家的蓮花寶座等有關的圖案。有些龍被僅在織物結構和部分圖案上還保留著黎族特色，而刺繡花紋則基本演變為與漢文化有關的圖案，最顯著的莫過於「福祿壽顯」龍被、「雙龍戲珠，雙鳳朝陽」龍被。也有許多龍被的圖案是反映黎族人民日常生活、表現民族風情和祖宗崇拜主題的。龍被的構圖以對稱為特徵，嚴謹而氣勢宏大，多數以深藍、黑、紅、白色為底，配有紅、黃、綠、紫、褐、赭石等顏色的花紋，畫面圖案絢麗，立體感強。

黎錦技藝作為本民族的一種文化，在歷史上曾經領先全國各地、有著燦爛輝煌的歷史。但由於歷史的原因，社會科技的不斷進步，如今其已走向衰落，有的特色技藝已面臨失傳的風險。在社會主義市場經濟條件下，如何利用市場機制，如何發揮政府的作用來搶救、挖掘、保護、傳承、開發、弘揚這一優秀的傳統文化，為現代化服務，是擺在我們面前的亟待解決的問題。

三、黎錦技藝的瀕危狀況

伴隨著經濟社會的不斷發展，海南民族地區的現代化建設步伐加快，這給五指山地區的各族人民不僅僅帶來了生活水平的提高，而且居住條件也得到進一步的改善，但是黎族傳統文化卻受到了衝擊，使得黎錦技藝保護與傳承面臨困境。

（一）人們對黎錦技藝保護的意識淡薄

在現代化和西方文化的巨大沖擊下，人們的注意力轉向了現代化科技文明。形色奇異、款式多樣的服裝進入了市場，人們可以自由購買款式多樣的紡織品，加上年輕人追求時尚，所以他們基本不穿傳統的黎族服裝。如今整個黎族地區城市和農村的各個階層，在日常生活中都已經基本改穿簡便的現代服飾，這使黎族服飾失去了在現實社會的實用功能。據調查，現在海南全省各地的黎族，除了每年的「三月三」黎族、苗族傳統節日活動以及舉行婚禮和宗教信仰等活動中穿黎族服飾，或在賓館、酒店、旅遊景點有黎族同胞穿著傳統服飾參加表演外，平時基本上已經沒有人穿黎族服飾，進而人們對黎族織錦技藝傳承的觀念和意識也漸漸淡薄。黎族織錦技藝基本上沒有人去學習、創造、發現和發展，黎族原來的家庭棉紡織業也基本消失。

（二）黎錦技藝的傳承後繼乏人

長期以來，黎錦技藝的傳承方式都依賴於民間自然的傳承，即在家庭中以母女傳授、姐妹互教互學或者是親戚傳授等為主要的方式。過去，黎族女孩子一般到了五六歲就開始學習紡織技藝，到十二三歲就能熟練和掌握這門技藝。經過日積月累與不斷地學習和實踐，就能織出絢麗多彩的織錦，成為高超的民間藝人，進而使得黎錦技藝能代代相傳、永不間斷。而今天，社會經濟結構不斷發展和變化，人們的觀念也隨著社會經濟發展而變化。在人們外出打工的浪潮席捲下，黎錦技藝的傳承也面臨困境。在黎族村寨中的黎族女孩在讀完中小學甚至有很多輟學之後，就離開家鄉外出打工。她們在外面接受新生事物的影響後，往往習慣於外面的生活方式，不願意再回到自己的家鄉生產生活。據瞭解，外出的大部分的女孩和當地人交往，結婚成家，生兒育女，從此，這些女孩就無緣學習黎錦傳統技藝，這是造成黎錦技藝後繼乏人的原因之一。原因之二是，織成黎錦要求織者通曉紡染織繡四工藝，程序較為複雜，難以掌握，也影響了女孩子們對學習這門技藝的熱情。此外，完成一件黎錦織品需要花費大量的時間和精力。比如要完成一條精美的黎錦筒裙，至少要花三至四個月或者更長的時間。這使得傾向快節奏現代生活的年輕人對黎錦勞作往往會失去耐心，以致學習黎錦傳統技藝的人越來越少。在傳統的傳承方式日益式微、現有民間藝人年老多病漸漸離去的背景下，前人與後人之間無法交接，傳承鏈條發生斷裂，使得黎錦技藝後繼乏人。

（三）原材料匱乏

黎錦技藝的主要原材料為當地產的棉花、麻等，根據調查顯示，棉花占黎錦原料的百分之六十以上，還有約百分之二十的原料為麻纖維，約百分之二十的原料為混紡纖維。但是，上述原材料的種植範圍越來越小，外來的棉紗大量代替土紗。黎族織錦製作需要的其他纖維材料，如樹皮纖維、藤纖維等，也因近幾十年山區開發建設，被砍伐殆盡，而棉花、麻類又無法成片種植，野生麻和染料植物資源也因開山種橡膠和其他農作物而遭到破壞。生產原材料匱乏已成為黎族織錦面臨的重大問題。

（四）黎錦技藝傳統的紡織染色技藝流失

染，是黎錦中的一道工序，染色與紡織等糅為一體。黎族的染色工藝主要分為礦物染色工藝與植物染色工藝兩種，是黎族婦女必備的技能。[4]但隨著外來色線、色布、化工染料的日益增多以及植物染料資源的破壞，懂得使用傳統染色技法的人越來越少。過去，黎族婦女能用多種染料染布、染紗，而現在染色植物越來越少，傳統的染料植物，如假藍靛、毛藍靛、厚皮樹、鑲楣樹、蘇木等，已經少有人種植，如果能種植也無法形成規模。隨著購買和使用現成色線的人的增多，人們接觸和認識各種染料的機會進一步減少。

（五）傳統與現代的衝突

在現代化建設進程中，傳統與現代的價值衝突，民族傳統文化與現代文化的衝突，使得黎族織錦、黎族服飾文化面臨消亡的危險。

1. 黎錦技藝傳承模式面臨挑戰

過去黎族傳統紡染織繡技藝不僅為全體婦女所傳習，也是她們必須具備的一項基本技能。這種技藝主要為家庭式的傳承，以母女相傳最為普遍。女孩子從懂事起就開始學習紡染織繡的技藝[4]。如今，母女相傳的黎族織錦技藝傳承方式受到了現代教育方式的影響。女孩到了學齡階段要去學校讀書，已無暇花很長時間隨母親在家學習傳統技藝，或者用幾個月或更長的時間來為自己織出一條筒裙。由於黎族織錦花紋圖案完全是以口傳心授的方式傳承，沒有現成圖譜保存，所以隨著老藝人去世，傳承了數千年的紋樣面臨著消失的危險。

2. 黎錦技藝傳女不傳男的習俗制約其傳承

在黎族的傳統觀念中，織黎錦是女人的事，只有幹不成大事的男人才會去織黎錦。[5]女人織黎錦時，男人不要用手去摸或者碰，如果男人摸到或者碰著黎錦的器具，這個男人將會受到懲罰：上山打不到獵物，下河捕不到魚蝦，甚至難以找到女朋友，或者說女人也不願意嫁給這樣的男人。這一習俗觀念使得黎錦技藝傳承人的規模進一步縮小。

3. 物隨人生、物隨人亡的習俗影響黎錦的傳承

可以說，黎族婦女是黎錦織品的創作者，同時也是黎錦織品的毀滅者。黎族婦女一生中要織造出數以百計或者千計的絢麗精美的黎錦，如筒裙、衣服、頭帕、花帶、被單等，然而一旦到其去世，就要按黎族傳統的風俗習慣將其生前所織造出來的各類織繡產品，全部損毀，棄之於墓地或者野外進行銷毀。不傳世之俗，使後人難以覓到更古老、更系統、更完整的黎族織繡藝術品。過往如此，現在如此，將來亦如此。今天在民間存有的黎族婦女手中的各類織繡藝術精品，明天也許就會成為墓地或野外的廢棄物品。這種黎族傳統習俗，對於黎錦的發展極為不利。

四、黎錦技藝的保護與傳承

（一）搶救性保護

一九八一年四月，廣東省海南黎族苗族自治州人民政府發文通知，要求全州各縣選拔黎族苗族織錦民間藝人，著手落實「搶救、挖掘、整理、開發」黎族傳統織錦工藝的八字方針。從一九八一年四月至一九八六年二月，舉辦全州民族織錦工藝織繡班共九期，參加辦班培訓的黎族苗族女青年共有三百多人次。

一九八七年四月，在南京云錦研究所的幫助下，廣東省海南黎族苗族自治州人民政府正式掛牌成立了廣東省海南黎族苗族自治州民族織錦工藝研究所，讓在培訓班中選拔出的二十名優秀青年繼續參加民族織錦工藝的研製工作。

一九八八年，海南建省辦經濟特區，海南黎族苗族自治州民族織錦工藝研究所升格為海南省民族織錦工藝研究所（正處級單位），隸屬海南省民族宗教事務委員會管轄，海南省民族織錦工藝研究所承擔著黎族織錦的搶救、挖掘、整理保護和開發的工作。

一九九一年六月，海南省民族織錦工藝研究所研製了六幅黎族大型織錦壁掛，分別為豐收圖、婚禮圖、祭典圖、福魂圖、兵馬圖、祖宗圖。每幅壁掛高六點二米、寬一點五米。這六幅壁掛集黎族傳統花紋圖案為一體，充分反映了黎族採集、狩獵、農耕、習俗等風土人情，是黎族人民生活的縮影。一九九二年十一月，中國工藝美術學會織錦專業委員會學術研討會在海南省通什市（今五指山市）召開，經專家評審，這六幅織錦被確定為中國之最，現收藏在海南省民族博物館中。

二〇〇三年四月二十二日，海南省民族織錦工藝研究所與海南省民族研究所合併，成為現在的海南省民族研究所，對民族文化保護和發展的範圍更加擴大化，所承擔的職責更多。

二〇〇〇年和二〇〇四年，全國兩會的黎族代表應廣大黎族人民的要求，向全國人大和全國政協兩會分別兩次提案，要求國家保護海南黎族織錦技藝。二〇〇四年十月黎族傳統織錦技藝被列入全國十大保護項目之一。

二〇〇四年八月，經全國人大常委會批准，我國加入聯合國教科文組織《保護非物質文化遺產公約》，政府對黎錦的保護力度進一步加大。二〇〇五年三月，國務院辦公廳頒發了《關於加強我國非物質文化遺產保護工作的意見》。

二〇〇六年六月二十日，「黎族傳統的棉紡染織繡技藝」被列入國家級非物質文化遺產代表性項目名錄。

二〇〇九年十月一日，聯合國教科文組織第四次政府間委員會常規會議正式批准「黎族傳統紡染織繡技藝」進入聯合國教科文組織首批「急需保護的非物質文化遺產名錄」。

二〇一二年至二〇一三年，由海南省民族研究所研製、海南省民族宗教事務委員會監製、反映黎族社會傳統的民俗民風的黎錦長卷完成。壁掛全長一百八十六點七米、寬一點三八米，一次性牽經紗織造黎錦長度就達三百多米，成為史上最長的黎錦。[2]

（二）五指山市黎錦技藝的保護與傳承

近幾年以來，五指山市為進一步加強全市的黎族傳統紡織染繡技藝傳承和保護也做了大量工作。

2 海南日報，2013 年 11 月 21 日，第一版，《錦繡黎家》黎錦獲吉尼斯世界紀錄證書，織造歷時一年多，598 個人物躍然「錦」上。2008 年 5 月 14 日中華人民共和國文化部令第 45 號。

1. **政府主導，社會參與**

這是五指山市黎錦技藝保護與傳承的主要工作方法。市政府和各鄉鎮人民政府主導黎錦技藝保護與傳承工作，市文體局、市文化館是項目保護工作的主管部門，政府相關部門是各自職責範圍內的責任部門。鼓勵和支持社會力量參與黎錦技藝的保護工作，具體做法是：

（1）在五指山地區建立了黎族傳統紡染織繡技藝保護代表性項目，一般按四個級別進行保護，即聯合國教科文組織批准「急需保護的非物質文化遺產名錄」、國家級保護名錄、省保護名錄和市級保護項目。

（2）五指山市及其各鄉鎮人民政府分別成立黎錦學會、黎錦傳習館、黎錦傳習所、黎錦傳習村等。從二〇〇七年至今，五指山市已經成立各種傳習館（所、村）共十四個，其中，二〇一二年十月二十日成立五指山黎錦文化發展學會，二〇一三年四月成立黎族傳統紡染織繡技藝傳習館，二〇〇七年二月五日成立五指山黎族織錦傳習所，然後相繼成立了通什百扣黎族織錦傳習所、毛陽鎮毛棧村委會方滿村黎族織錦傳習所、水滿鄉方龍村委會方響村黎族織錦傳習所等。

（3）確立黎錦技藝代表性傳承人，給予相應待遇。五指山市文體局嚴格按照《國家級非物質文化遺產項目代表性傳承人認定與管理暫行辦法》和《海南省非物質文化遺產項目代表性傳承人認定與管理的辦法》（瓊文〔2009〕2 號）對全市各項非遺代表性傳承人進行確立。五指山市現有黎錦代表性傳承人共四十三人。確立代表性傳承人必須遵照申報、審核、評審、公示、審批等程序進行，並給予代表性傳承人一定的經濟待遇。按現行相關非遺政策規定，國家級代表性傳承人由國家每年補助一萬元，省級代表性傳承人由省政府每年補助五千元，縣市級傳承人的補助金額由當地政府的國民經濟收入情況自行決定。而五指山市人民政府，從二〇〇九年開始把代表性傳承人的補助資金納入財政預算，每人每年補助六百元。到了二〇一二年，每人每年補助一千五百元，比二〇〇九年補助提高了九百元。此外，在每年春節前慰問代表性傳承人的同時，還要送上慰問金，對代表性傳承人的身體、生活狀況進行瞭解並及時反饋給市委市政府以及主管部門。[5]

（4）建設黎錦原材料種植基地。五指山市在南聖鎮同甲村委會什眉村什道嶺租借一百五十七畝土地，用於建設「五指山市黎族織錦原料和染料種植基地」，種植原材料植物海島棉、苧麻，染料植物板藍、假藍靛、黃姜、山蘭等。現已完成一百畝種植任務，其中海島棉八十畝，假藍靛十五畝，黃姜五畝。

（5）整理黎錦檔案。五指山市目前已收集到非遺代表性實物藏品三百四十二件、日常展覽的實物一百七十六件，均製作了《資料彙編》，整理製作《非遺宣傳冊、頁》系列，與海南大學傳媒學院合作拍攝的《五指山黎錦》宣傳片已經正式出版。

2. 長遠規劃，分步實施

堅持全局觀念，統籌規劃，將其與經濟社會發展規劃相銜接，立足長遠，切實可行。首先，五指山市委、市政府把黎錦技藝項目的保護納入本市經濟社會發展的總體規劃，確定管理目標，考評政績。建立健全保護責任制度，市文體局、市文化館和市非物質文化遺產保護中心，分工協作，職責分明，做到領導到位、責任到位、措施到位、投入到位。其次，爭取財政支持，落實保護經費。財政部門每年撥出專款作為開展非物質文化遺產工作的專項經費，提高和加快保護與傳承工作的效率。最後，每年制定黎錦技藝的保護方案，每年對黎錦技藝保護與傳承工作進行績效評定考核。根據上級對黎錦技藝保護的要求，結合本市黎族傳統文化底蘊、民族特色，多次組織有關專家、學者，召開座談會、論證會，進行協調，有針對性地制定五指山市黎錦技藝保護與傳承規劃和方案並層層落實。

3. 堅持「保護第一，合理利用」的原則

以黎錦技藝傳承保護為重點，一邊保護，一邊生產，打造特色工藝品牌，為旅遊業服務。二〇〇七年四月五日，在市政府的支持下，通什鎮番茅村委會黎族傳統紡染織繡技藝國家級代表性傳承人劉香蘭女士，第一個掛牌成立了「五指山黎族織錦傳習所」，這標誌著五指山地區黎錦技藝的利用和傳承突破了家庭模式。黎族婦女在農閒時、飯前飯後都到傳習所裡交流技藝、織制黎錦產品並對外銷售。隨著黎錦需求量的不斷增大，經濟收入也不斷增加。二〇〇七年黎族織錦傳習所成立之初，人均月收入二百元，到二〇一二年增加到人均月收入一千元。所織的黎錦產品，除了在本省海口、三亞、保亭、陵水銷售外，還遠銷馬來西亞、新加坡、泰國等國。現在市文化主管部門正在積極籌劃，繼續挑選條件好、成熟快的傳習所掛牌成立黎錦織繡公司，讓黎錦逐步走向市場化、走向產業化。

4. 創建平臺，加大黎錦技藝宣傳保護力度

第一是充分利用每年黎族苗族傳統節日「三月三」和「世界非遺

日」，對黎錦技藝項目進行展演，並且開展各項技藝比賽，以此激勵廣大民間織繡能手參與活動，積極投身黎錦技藝傳承和保護之中。二〇一一年，五指山市代表海南省參加全國在成都舉辦的「世界非遺日」展演活動取得了較好的成績。第二是籌集資金攝製五指山黎錦技藝宣傳片。五指山市相關部門工作人員與海南大學傳媒學院攝製組走訪近百個自然村，歷時三個月拍攝完成《五指山黎錦》專題宣傳片，為實現「黎錦強市」的工作目標起到了積極的促進作用。第三是深入基層開展非遺圖片巡迴展。利用送文化下鄉活動到各個鄉鎮開展非物質文化遺產成果圖片巡迴展，在圖片展現場也安排了工作人員解答問題，提高群眾對非物質文化遺產的認識，讓更多的人參與到黎錦技藝保護的工作中來。同時利用電視、網絡和各種宣傳媒體對黎錦技藝進行大篇幅的報導和宣傳，掀起了一波又一波的黎錦技藝保護宣傳熱潮。通過一系列的黎錦技藝的保護成果進鄉村、進社區、進部隊、進學校巡展等，營造良好的關注黎錦的社會氛圍。

5. 構建長效機制，培訓黎錦技藝人才，為傳承民族優秀文化注入活力

首先，針對黎族婦女舉辦各類黎錦技藝培訓班。從二〇〇七年至今，五指山市文體局每年都組織舉辦各類黎錦技藝培訓班。培訓內容涉及黎族傳統的紡染織繡四大工藝，培訓對象包括優秀民間藝人、代表性傳承人和對黎錦技藝有興趣的黎族婦女，培訓形式也隨著需要不同而不斷地變化，有在市文化館集中培訓，也有送培訓到邊遠山區。通過每年的持續培訓，黎錦技藝人才規模日益擴大。二〇〇七年普查時，全市懂得織錦的人數共有二一九六人，通過近幾年來黎錦技藝培訓，人數已經增加到三千多人。其次，五指山市文體局與海南省民族技工學校聯合辦學，從二〇一一年開始，每年秋季招收一百名學生，到目前為止，已有兩批學生畢業。黎族織錦班，主要招收應、歷屆的初、高中畢業及同等學力三十歲以下的社會青年，脫產學習，學制三年。黎族織錦技藝專業課程主要設有十四門專業課程，包括黎錦歷史文化、紡織技藝、單面織、反面織、圖案設計等相關課程。總學時一千六百二十時，分為理論課六百二十個課時，技能操作課一千個課時。教材或由海南省民族織錦所提供，或由學校本部統一編寫。理論師資由海南省民族技工學校負責，織錦技藝實際操作教師由市文體局負責。最後，從二〇一三年起，市文體局、市教育局聯合舉辦黎錦進校園的「黎錦」校園實踐課。目前五指山中學、市一小共有二百五十名學生參加實踐課教學，利用校本課程的多樣性開展每週兩個課時的實踐教學活動。二〇一四年下學年從兩所學校增加到四所學校。二〇一五年，市文化局又與五指山市中學合作，掛牌成立「黎錦培訓基地」。黎錦進入校園，給黎族織錦技藝帶來了一片生機。

（三）保護措施的思考

非物質文化遺產是一個民族在文化實踐活動中最為顯著的變量因素之一，它不同於物質形式的文化形態，「非遺」涉及民間技藝、手工藝、表演方式、表述形式、儀式程序、精神運動、意識狀態等方面的內容，因而不具備物質性的載體，極易在歷史進程中變形、殘缺甚至被遺忘，因此對其進行有效完備的記錄就是對其展開保護與傳承工作的主要基礎。

（1）要建立黎錦技藝數字資料片，以高清數字設備對黎錦技藝的全過程進行真實、完整的攝製記錄，應具有時空營造性、視聽性、呈現性、現場還原性、細節展示性和現身說法性的特徵和優勢，這是將非物質文化遺產物質化長久保存的基本方式。

（2）要記錄黎錦技藝全過程，就要根據黎錦技藝項目的性質和表現形式採取不同的記錄方式，要做到內容真實、細節詳盡、過程完整。攝製採用設備最佳的記錄格式和無壓縮（無損）模式，以數據影像的形式永久保存，同時也可按照用途需要對素材進行後期剪輯、編輯和包裝處理，製作出高質量的教學展示片、科研資料片、學術交流片及宣傳推廣片。

（3）五指山市政府應對非物質文化遺產的保護工作給予高度的重視，嚴格按照《國務院關於加強文化遺產保護工作的通知》（國發〔2005〕42號）的精神和有關要求，認真貫徹「保護為主、搶救第一、合理利用、傳承發展」的方針，切實做好非物質文化遺產的保護、管理和合理利用的工作。黎錦技藝是黎族勞動人民在長期生產生活實踐中產生、發展和傳承下來的文化精粹，是祖先留給我們的寶貴遺產，是凝聚著黎族人民群眾的智慧與文明的成果。市委、市政府應把黎錦技藝保護與傳承工作上升到繼承、發揚中華民族優秀文化傳統、維護中華文明的一個重要文化標誌的高度來認識。協調溝通各級政府及相關部門之間、政府與學術之間、學術界各學科之間、政府與有關社會組織之間、團體和團體之間的關係，明確職責，形成合力保護的局面。

（4）加大資金投入，保障工作經費。黎錦技藝的搶救和保護時間性強，在起步階段更需要大量資金的投入。因此，市財政部門應在近幾年內每年安排專項資金用於黎錦技藝保護、搶救。同時要加強協調，建立多元化的投資渠道，吸納更多的社會資金，在「政府主導，社會參與」原則的指導下，推動五指山市黎錦技藝保護與傳承工作的快速發展。

（5）加強對黎錦技藝民間藝人的扶持和培訓。要投入專項資金，給有造詣、有成就、有突出貢獻的民間藝人頒發政府津貼，以表彰他們對社會的貢獻，鼓勵他們傳承和發展優秀民間藝術。對年事已高、生活困難的民間藝人，給予基本生活補貼和必要的傳承補助。建立傳習所，組織老藝人積極培養新一代技藝傳承人，做到以點帶面、全面推進，積極發揮典型引導作用，不斷擴大傳承隊伍，形成個人學習、群體傳承、定期培訓、講求實效的局面，並以多種形式舉辦競賽活動進行技藝交流，提高技藝水平。

（6）建立黎錦技藝生態保護區。對一些資源豐富、保存較完整的傳習所、傳習村，要建立文化生態保護區。由市文體局、市民族宗教事務委員會共同保護，嚴禁破壞和損害，使黎錦技藝保護與新農村建設有機結合，相互促進。

（7）把黎錦技藝打造成五指山市的一張名片。海南島正在建設國際旅遊島，外來遊客大量湧入。政府應結合海南旅遊業的發展，把黎錦技藝項目融入旅遊演藝中，既可宣傳民族文化，又可產生經濟效益。另外在市政府網上建立黎錦技藝保護工作專欄，及時將國家關於非物質文化遺產保護的方針、政策、外省和本省的動態等放在市政府網頁上，給各級領導幹部和群眾提供學習瞭解的載體，廣泛傳播和大力宣傳黎族技藝保護的重要性和緊迫性，提高全社會對黎錦技藝保護與傳承工作的認識，使黎族技藝保護與傳承工作成為全民的自覺行動，增強全民的保護意識，在全社會形成共同保護的風氣和開展實際的保護活動。

（8）把黎錦技藝納入中小學校的文化課程中。黎錦承載著黎族的社會歷史、民俗、文化、宗教、信仰等，體現了黎族人民的人生觀、價值觀，在現實社會中具有優秀民族文化的價值和地位。作為優秀的傳統文化，我們有理由將其納入中小學校的文化課程中，讓學生從小就瞭解黎族傳統文化，瞭解古老的黎錦技藝，增強對民族文化的自信心和自豪感，喚醒他們保護與傳承民族優秀文化的自覺性，從小就培養他們對民族傳統文化的濃厚情感，讓他們從小就接觸民族文化、瞭解民族文化，從而使他們長大後意識到保護與傳承民族文化的重要性和緊迫性，能夠自覺性地去保護、去傳承、去發展。此外，在條件允許的情況下，海南各大、中專院校應設立「黎錦技藝」專業，將「黎錦技藝」專業納入海南省教育部門正規的專業設置行列中，承認其大、中專學歷，大、中專院校中可以根據課程的需要設置適合的課程內容，培養更多的黎錦技藝傳承人才。

（9）加快非物質文化遺產保護的法規建設。國家已經頒發了《中華人民共和國非物質文化遺產法》，建議市人大、市政府也要制定《五指山市非物質文化遺產保護條例》、《五指山市黎錦技藝保護與傳承條例》，這樣才能依法保護好我們的非物質文化遺產，這樣做才是有效之舉，也是黎錦技藝保護與傳承的長久之計。

五、結語

黎錦是黎族傳統文化的重要組成部分，在海南，沒有黎族傳統文化的旅遊業會失去其魅力、失去其吸引力。因此，旅遊業需要文化，文化也需要通過旅遊業的傳播，才能得到更好的保護與傳承。近年來，海南各市縣的旅遊業的文化色彩越來越濃重，文化對旅遊業的影響力也越來越大。各地區以旅遊為載體、以文化為靈魂已經成為當前國際性旅遊業發展的主攻方向。

海南要建設成為國際旅遊島，就要大力發展旅遊業，同樣少不了黎族傳統文化的支撐。我們要建設國際旅遊島，就要建設海南國際文化島，文化的作用是不可缺少的。從目前來講，五指山市的社會經濟發展，離國家的要求還有一定的差距，五指山市旅遊的文化內涵還不夠濃厚，文化的支撐作用尚未體現出來。如何使文化與旅遊業相結合，讓文化與旅遊業的連繫更緊密，讓五指山市的山山水水和黎村苗寨煥發出更大的文化魅力，是當前五指山人民政府所面臨的大問題。事實證明，在五指山市的經濟社會發展中，只有和獨具魅力的黎族苗族文化相結合，才是破解這一難題的關鍵所在。

五指山市的經濟社會發展的最終目的是精心呵護五指山市得天獨厚的原生態環境和黎族傳統文化資源。始終堅持生態立市不動搖，注重發揮生態環境和黎族苗族文化的綜合效應，就要充分發揮五指山市獨特優越的區位條件，維護好、利用好五指山市原有的豐富要素資源和國家賦予的經濟特區和國際旅遊島的開放政策。海南是祖國的南大門，背靠十三億國人消費大市場等比較優勢的條件，在國外具有影響力，形成綠色崛起的民族文化旅遊效應，就能把人類文明的黎錦技藝轉化為經濟社會建設、科學發展的現實生產力。

參考文獻

〔1〕王學萍.中國黎族〔M〕.北京：民族出版社，2004：215.

〔2〕符桂花.黎族傳統織錦〔M〕.海口：海南出版社，2005：36.

〔3〕林開耀.黎族織錦研究〔M〕.海口：南方出版公司，2011：23，47.

〔4〕中小學校試用校本教材編委會.黎族傳統紡染織繡技藝〔M〕.海口：南海出版社，2013：7，31.

〔5〕海南省非物質文化遺產保護中心會議材料.海南省省級「非遺」項目代表性傳承人培訓班、海南省黎錦技藝原材料種植經驗交流會〔Z〕.2014：11.

（原載於《黔南民族師範學院學報》2017 年第 1 期）

西南民族走廊空間結構與民族文化產業布局整合

邢啟順

文化產業化生產是當下人類社會面臨的普遍文化基礎，在網絡數字技術得到廣泛應用的前提下，使文化全球化成為可能，也導致了文化的大眾化消費。文化成為人類全球範圍的消費品，拉動著文化工業的生產機器不停運轉。民族文化作為一種前現代的文化存在，被迫捲入這樣的消費社會之中。毫無疑問，西南民族文化產業孕育於其間，離不開這個全球化的文化大市場，民族文化資本化路徑是其必然的選擇。民族文化如何資本化？圍繞這個文化經濟學命題已經有多重理論研究，並有具體實踐。核心問題在於內部的差異化發展和外部的區域整合，從而形成內部充滿活力、外部具有全球競爭力的區域性民族文化經濟體。

一、西南民族走廊的空間結構

所謂民族走廊，是指一定的民族或族群長期沿著一定的自然環境如河流或山脈向外遷徙或流動的路線。在這條走廊中必然保留著該民族或族群眾多的歷史與文化的沉澱。[1] 費孝通提出中國三大民族走廊包括南嶺走廊、藏彝走廊、河西走廊，是中華民族多元一體格局理論的重要組成部分。徐黎麗等則從生態文化理論出發，認為「以長城與絲綢之路以北的高緯度生態文化區、長城與絲綢之路以南藏彝走廊以東的低海拔生態文化區、絲綢之路以南藏彝走廊以西的高海拔生態文化區等三種不同生態文化區，在時空變遷中，通過以不同民族為中心的人的融合與衝突相間的途徑，最終使三大生態文化區的邊界地帶文化差異性消失，進而民族邊界模糊，國家邊疆拓展；拓展後的邊疆地區則呈現出生態與民族文化各異的特徵，最終使民族即邊疆成為中國現代邊疆人文特徵」〔2〕。總體上看，中國的民族分布格局與中國三大階梯狀地形結構緊密相關，這是二者的理論基礎。費氏理論從現當代民族分布而論，與地理分界基本吻合。地理特徵是經濟發展的基礎，從而直接影響了民族、族群的形成和發展。三大走廊和三大生態文化區有重合之處，也有不同之處，此處不再贅述。

西南民族走廊是在此基礎上的進一步深入探討。西南民族走廊用來概括藏彝走廊和南嶺走廊以及位於其間的武陵走廊和苗疆走廊，地理範圍主要包括雲貴高原、四川盆地、武陵山脈、南嶺山脈西段，行政區劃即四川西部、西藏東部、雲南和貴州全境、重慶東南部、湘西和鄂西、廣西北部區域。西南民族走廊西部大致包括我國青藏高原東部及其向東南方向延伸地帶，即藏彝走廊所在區域，三條主要河流（怒江、瀾滄江及金沙江）並流的區域和長江三條主要支流（雅礱江、大渡河及岷江）衝擊切割形成的橫斷山區；西南民族走廊北部包括四川盆地東部的西南向東北延伸的武陵山脈山區地帶，山脈主要為東邊的雪峰山、西邊的大婁山、北邊的大巴山、南邊的苗嶺；西南民族走廊東部即南嶺走廊的西段，連接雲貴高原的苗嶺和武夷山脈，西部深入到貴州境內黔西南為主的南北盤江流域，處於湘、黔、粵、桂、贛五省區交界地帶，主要是西部高原和東部平原過渡的丘陵地帶，也是喀斯特地貌的主要分布區域；西南民族走廊南部即雲南和廣西南部，處於三江（怒江、瀾滄江及金沙江）流域向東南亞延伸的西南邊疆地帶，部分族群與緬甸和越南族群有直接的族源關係，此不贅述。

西南民族走廊位於低海拔生態文化區內，並且正好處於高海拔和低海拔的過渡地帶，或可稱為處於中海拔生態文化區內。這個區域適宜山地農業，立體氣候明顯，山間壩子以農業為主，包括山地梯田等，並輔以相對穩定的畜牧業，總體上屬於半農半牧的農業經濟形態。既不同於高海拔的游牧經濟，也不同於低海拔的規模型種植業和養殖業經濟。

在西南民族走廊範圍內，幾大族系民族在漫長的歷史中交匯融合形成今天的分布格局：位於青藏高原的以藏族為代表的藏緬語族族群沿青藏高原向東發展，以彝族為代表的氐羌民族向東南方向發展，形成今天藏彝走廊的民族主體，主要分布在滇西、川西地帶；南嶺走廊西段以壯族和侗族為代表的壯侗語族族群沿江而上，主要在桂北、湘西、黔東南、黔西南、黔南以及雲南南部縱深發展，與其他族系族群交匯；再就是南島語系民族北上，進入西南山區，從而形成西南民族三大族系。根據王鐘翰先生的研究結論：屬於氐羌族系的族部是今天西南地區屬於藏緬語族的彝族、白族、納西族、拉祜族、哈尼族、　傈族、基諾族、羌族、普米族、景頗族、阿呂族、獨龍族、怒族等民族的先民；屬於百越族系的族部是今天壯侗語族的仡佬族、布依族、傣族、壯族等民族的先民；屬於百濮族系的族部是今天孟高棉語族的佤族、布朗族、德昂族等民族的先民。[3]（P130）

西南民族走廊的民族結構除了上述屬於「西南夷」的三大族系民族

外，還包括另外幾個族群。其一是自涿鹿之戰失敗後以蚩尤為首領的苗瑤族群。他們長期南遷，歷史上被稱為九黎、三苗等。秦漢時期在兩湖流域，經湖南洞庭湖和江西鄱陽湖的兩湖流域繼續西進到西南地區，唐宋時期散布於雲貴高原。〔3〕(P208) 現以貴州為主要聚居地的苗族，跨越武陵地區的湘西、鄂西、渝東、川南、貴州大部、滇東、滇南地區，人口達千萬之眾。這一線是苗瑤族群長期南遷進入西南腹地的民族遷徙路線，沿襲慣稱，或可稱為苗疆走廊。楊志強、曹端波等提出，以湖南常德為起點，經貴州東部地區到黔中安順、貴陽一帶，再向西進入雲南昆明，自「元明以後方開闢的一條連接中原與西南邊陲的最重要的交通命脈」、「『古苗疆走廊』一開始就是在強烈的國家意志下被開闢出來的一條『官道』」。〔4〕基於開發、穩定雲南之需，以「屯」、「堡」、「衛」、「所」等軍事控製為基礎的行政管轄，集官道和商道為基礎的交通動脈，形成了古苗疆走廊。竊以為，這條民族走廊最初是一個民族遷徙的通道，隨著中原國家政權對西南邊疆控制的加強，疊加上「官道」和「商道」的特徵，它們是眾多「官道」和「商道」之一，而不是唯一。如果從當下民族地區如自治州、自治縣、民族鄉分布倒推來看，這條線路經過南島語系族群北上與南嶺走廊西進的壯侗族群相互擠壓，到遵義地區受到川渝漢族南遷的擠壓，再往西到今六盤水一帶，並未直接西進，受到了分布在滇東地區古代族群的阻止，轉向西北的昭通地區進入雲南，向滇東南方向發展，進入文山及東南亞等地，與藏語走廊族群和南島語系及南嶺走廊族群在今金平一帶交匯。

其二是武陵走廊。潘光旦先生認定土家族與古代巴人有直接族源關係〔5〕(P29)，地處我國第二階梯向第三階梯過渡的分界地帶，是成都平原與江漢平原的分界線。古代巴人部分融入成都平原的漢族之中，滯留於武陵山區的古代巴人後裔相對獨立地發展至今，形成以土家族為主的族群。在武陵山區，還融匯了南遷的苗瑤族群和西進的壯侗族群，主要在貴州苗嶺山區交匯。

西南民族走廊總體上以藏彝走廊、南嶺走廊、苗疆走廊、武陵走廊為基礎，加上明清以來大量漢族融入西南各城鎮，因此形成了星羅棋布的結合了地域文化特徵的獨特族群。自秦漢以來，以各種方式進入西南的族群大多融匯到這四大走廊的民族群體中，明清以來進入的漢族群體有的融入當地族群中，但大部分仍以漢族族群形式延續下來。在民族走廊的交匯地帶，實現了民族文化的共享。

二、西南民族文化產業布局與民族走廊空間結構的一致性

如果從文化產業的全國視角看，從地域來進行粗略分類大致可以分為東部模式和西部模式，或者再細分出東部、中部和西部三種模式。這主要是根據我國當下經濟發展的東西部不平衡性來進行劃分的。「由於東部、中部、西部地區有著不同的特點，在文化產業的發展方面，又有著自身的區域化特徵。」[6](P13-21)這一劃分，與我國文化產業的內部特徵大致吻合，東部地區主要是城市型的現代文化產業，傾向於後現代消費特徵；西部地區主要以懷舊型的前現代文化為主要特徵，常冠以「原生態」、「古城鎮」、「探秘」等名號進行廣告包裝；中部地區由於經濟社會和文化發展的現狀，處於中間形態。這種宏觀的文化產業格局是自然形成的，也體現出我國文化發展的地域差異性和文化異質性，同時也是經濟發展不平衡性

在文化領域的彰顯。

進一步看西南文化產業，具有地域性和民族性疊加而成的文化產業特徵，在意義上是西部民族文化產業的代表。一般習慣於按照西南少數民族進行分類，以此概括和表述西南民族文化產業的內部結構，或者按照一市（重慶市）、兩區（西藏、廣西）、三省（雲南、貴州、四川）的省級行政區劃進行分類表述。這樣的習慣性分類方法具有一定的侷限性，容易忽略民族文化產業本身的一致性和差異性。

認真對各地各民族的文化產業進行歸類，其特徵與西南地區民族走廊空間結構總體一致。如前所述，西南民族走廊與歷史上四大族系先後在西南地區發展有密切關係，及至今日，所展現的民族文化產業也具有驚人的一致性。總體上可以將西南民族文化產業分為四大板塊：藏彝走廊板塊、南嶺走廊板塊、苗疆走廊板塊和武陵走廊板塊，具體領屬不同的民族文化產業（如表 1）：

表 1　西南民族文化產業板塊分類表

	領屬民族文化產業
藏彝走廊板塊	藏族、彝族、白族、納西族、拉祜族、哈尼族、傈僳族、基諾族、羌族、普米族、景頗族、阿呂族、獨龍族、怒族
南嶺走廊板塊	仡佬族、布依族、傣族、壯族、佤族、布朗族、德昂族
苗疆走廊板塊	苗族、瑤族、畲族
武陵走廊板塊	土家族

民族走廊板塊與民族文化產業空間布局圖示如圖 1：

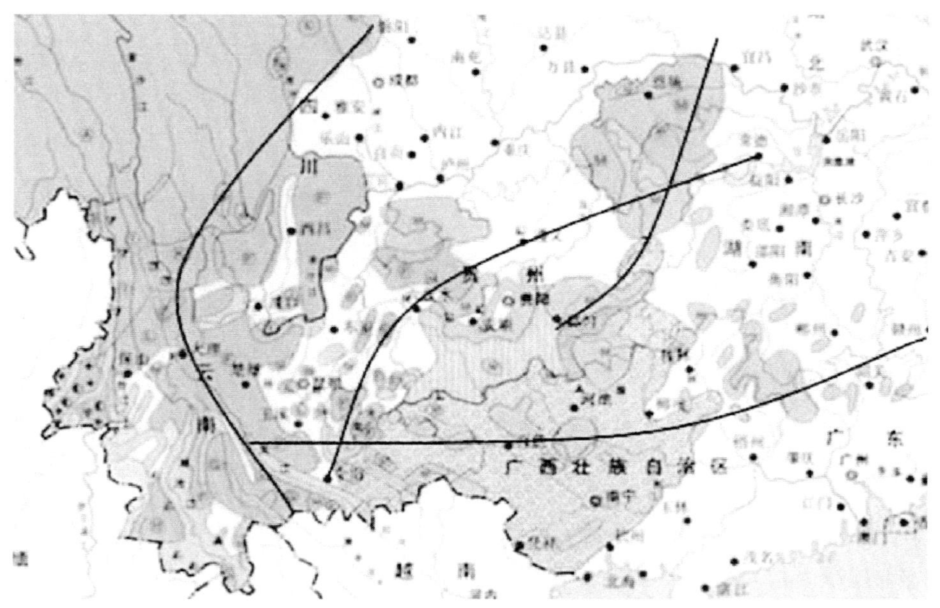

圖1　西南民族走廊與民族文化產業空間布局圖

歷史上經歷過三次大的族群流動，在文化的空間布局上形成了三次文化疊加效應。氐羌族群、百越族群、百濮族群先後在西南地區繁衍發展，巴人族群逐漸形成，苗瑤族群進入西南，早期西南族群是現代民族形成的族源基礎，也是西南民族文化的基本文化因子庫；元明清時期大規模的戰爭和疆域變化，蒙古人和漢人等攜其他族群隨軍進入西南地區，成星鏈狀疊加其上；以鴉片戰爭為標誌，西方文化撼動中國傳統文化根基延伸到西南地區，進行三次文化疊加。西南民族文化大致在這三次文化疊加基礎上定型，形成今天西南各民族文化。西方文化進入以後，在一定意義上具有超越民族性的文化重構驅動作用，促進新的族群文化特徵的融合和差異化的產生。由於其現代性特徵明顯，還不是民族文化的構成要素。現代西南民族文化產業的基本要素主要來自前兩次文化疊加形成的文化基質，即通常意義上所言的民族走廊板塊的基本空間結構。大多數古鎮和村落自一九八〇年以來逐步在旅遊業的帶動下發展民族文化產業，如貴州鎮遠古城鎮、雲南騰沖和順鄉、貴州安順天龍屯堡等，這些以清末民初的商業古鎮文化和建築吸引眼球，除以少數民族為資源基礎外，這些以古村鎮為資源基礎的文化產業發展潛力極大，而這些古城鎮大多是在二次疊加的基礎上再疊加而形成的。

從民族文化產業空間布局上看，在四大民族走廊基礎上形成的少數民族文化資源及其產業幾乎占了總體文化產業的七成以上。從現在西南地區知名的文化品牌來看，壯族「印象劉三姐」，以雲南少數民族文化為基本內容的「雲南印象」，以貴州苗族「銀飾刺繡」、布依族「八音坐唱」、侗族「大歌」、彝族漆器、水族「水書」等為基本文化元素的「多彩貴州風」，四川民族文化品牌如藏彝羌族的「塵埃落定」、「藏秘」、「康定情歌」、「羌風」，渝東南土家族「擺手舞」，西藏「青藏高原」，等等，基本上代表了四大民族走廊上的主要少數民族。

三、西南民族文化產業形態的多樣性及內部差異化

西南民族所在的地理環境是文化多樣性的基礎，同時構成民族文化產業形態多樣性的基礎。從族群構成看，最基礎的世居少數民族數量足夠多，雲南二十六個、四川十四個、貴州十七個、廣西十二個、西藏七個、重慶四個，除去相同統計，共計三十五個，占全國少數民族的一半以上。文化載體的豐富性導致了民族文化資源基礎的富集性，也有足夠條件轉化

成為體量足夠大的民族文化資本，使之成為區域性民族文化經濟體。並且這種多樣性的富集使民族文化產業化發展過程中天然具有內部差異化發展的可能，是參與全球性文化市場競爭永不枯竭的動力源泉。

大眾化的民族文化消費，卻極易導致本來豐富多樣的民族文化趨於同質化和快餐化，甚至庸俗化和膚淺化，更有可能因為消費者的獵奇，造成一味迎合和滿足某些不合時宜的消費需要，導致民族文化被污名化。本來具有豐富多樣性特徵的民族文化產業形態，可能在市場化的文化重構過程中形成惡性競爭，非但沒能形成合力促進區域性民族文化產業經濟體的壯大，反而在內部形成內耗，阻礙民族文化產業的發展。

雖然西南民族文化產業總體上的空間布局與四大族群體系一致，但若細分成若干民族文化因子，為了差異化發展的要求，則更需要進行內部的差異化創造，生產出更加豐富多彩的文化產品。首先是四大民族走廊形成差異化的文化產業對外形象，然後是各民族相對獨特的民族文化產業體系，將其細分成若干族群小範圍的差異化文化產品。譬如，藏彝走廊板塊中的以藏羌彝為代表的民族文化產業和品牌形象塑造，並在板塊內部各民族原生態文化的基礎上形成具體的文化產業體系和具體產品，如節慶、服飾、民間工藝品等，都充分體現民族走廊文化板塊的總體特徵，同時促成具體產品創意的差異化發展。再譬如，苗疆走廊以苗瑤族系為主，尤其以銀飾和精美服飾最能代表苗疆走廊文化，而具體到苗族內部，三大方言區苗族又各具特色，各苗族支系的服飾又自成體系，最後具體到每個工藝師傅所創造的產品也不盡相同。

四、西南民族文化產業的整體性及區域整合

自由市場總是顯得活力四射，但也常常給人眼花繚亂的感覺。西南民族文化產業化發展的現狀正是如此。造成這樣狀況的原因，一部分是來自西南民族文化本身多樣性的負面效應，更主要原因來自整個文化產業市場的混亂無序。我國文化體制改革是最近十多年逐步推進的，文化產業的發展時間更是短暫，加上西南地處我國欠發達地區，經濟社會面臨轉型和趕超的任務，文化產業的發展還在摸索之中，尚未形成完整且成熟的文化產業鏈條。民族文化產業正是在這樣的環境中發展的，碎片化的散沙狀態形成一種耗散力量，消解著逐步壯大的民族文化產業經濟體。

事實上，西南民族文化產業的整體性也非常明顯，主要表現為：文化生境的整體性、地理區位的整體性、文化產業資源的整體性、經濟結構的整體性。四大民族走廊所在的地理環境總體上表現為山地文化特徵，是中國三大文化生態區之一。就地理區位而言，中國西南在整個東亞經濟體系中形成相對獨立的經濟板塊，承接華中、華南、西北，對外直接與東南亞緊密相連，從而形成世界市場的組成部分之一。文化產業資源與東部和中部地區相比，具有獨特性，以四大民族走廊為基礎的多民族文化相互疊加，形成了以三十五個世居少數民族為基礎的整體性文化資源。在全國經濟結構中，形成了以民族文化產業為區域性特色的經濟區，是國民經濟的有機組成都分。

民族文化產業整體性的基本條件是進行區域整合的基礎，宏觀層面需要得到國家的總體規劃和特殊政策的支持。在國家文化產業發展規劃中，

要體現西南民族文化產業發展的整體性和區域獨特性，成為紮根西南而又成為全國重要組成部分的西南民族文化產業區，並給予相應的政策支持。相對獨立的省級行政區劃將族群間、民族走廊間進行人為區隔，形成相互的良性競爭和低級同質化的局面。同時要在全國統籌下打造區域性的民族文化產業區，對外形成具有強大影響力的民族文化產業集群。目前僅有《藏羌彝文化產業走廊總體規劃》，南嶺走廊、苗疆走廊、武陵走廊還未見具體規劃出臺。省區之間、民族走廊之間、民族之間、政府之間、企業之間、個人之間都需要一種區域性整合的機制，促成整合力量，推動西南區域民族文化產業全球競爭力的增長。可通過會展形式形成定期的跨省區民族文化商貿旅遊活動，通過民族節慶活動形成傳統與現代相結合的、文化傳承與民族文化產業相互動的獨特文化產業鏈條，並依託民間社會團體整合各民族群體之間集體文化記憶，發揮集體創造的潛力。

參考文獻

〔1〕李紹明.李紹明民族學文選〔M〕.成都：成都出版社，1995.

〔2〕徐黎麗，楊朝暉.民族走廊的延伸與國家邊疆的拓展——以長城、絲綢之路，藏彝走廊為例〔J〕.思想戰線，2012（4）.

〔3〕石朝江.世界苗族遷徙史〔M〕.貴陽：貴州人民出版社，2006.

〔4〕楊志強，趙旭東，曹端波.重返「古苗疆走廊」——西南地區、民族研究與文化產業發展新視域〔J〕.中國邊疆史地研究，2012（2）.

〔5〕潘光旦.湘西北的土家與古代的巴人〔A〕//潘光旦文集（07 卷）〔M〕.北京：北京大學出版社，1993.

〔6〕孟航.中國文化產業的西部模式〔M〕.昆明：雲南大學出版社，2011.

（原載於《黔南民族師範學院學報》2014 年第 3 期）

水族民俗與稻作文化探析

周豔

一、水族稻作歷史簡介

水族主要分布在貴州省黔南布依族苗族自治州、黔東南苗族侗族自治州及廣西壯族自治區北部。《水族簡史》指出：「根據水族民間歌謠的敘述，他們的祖先原來居住在邕江流域一帶的『岜雖山』，後來由於戰爭的影響，水族先民離開邕江流域一帶的『岜雖山』，經今河池南丹一帶沿龍江溯流而上，往今黔、桂邊境遷移，從此開始從駱越的母體中分離出來，逐漸向單一民族發展。」〔1〕(P6-7)廣西的左江右江及邕江流域，是一個自然地理環境十分特殊的流域。廣西民族研究所的覃乃昌教授指出：「這一流域是壯侗語民族的發祥地之一，也是稻作農業起源的中心之一。」〔2〕(P80)正是在邕江流域百越地區積澱的近千年的稻作農業文明，使水族先民自進入月亮山後，「畬山為田」，創造了別具特色的山區稻作農耕文化。

研究稻作文化「除了從考古學和自然科學上研究水稻主體和它生產上有關的一些技術問題，以及它的起源、流變等等之外，還包括由於水稻生產而影響所及的民間的生活方式和生產中的種種習俗與儀軌以及稻作民族的特有的性格、愛好與文化心態等。」〔3〕(P6)本文主要從民俗學的角度對水稻生產而影響所及的水族民間生產、生活中的種種習俗及儀軌進行探析，以期能對水族稻作文化有全面的認識。

二、水族稻作生產習俗

水稻生產包含了從播種落谷、種田插秧、耕耘除草、施肥治蟲到灌溉排澇、收穫儲藏等諸多環節。在漫長的水稻耕作實踐中，水族人民對水稻生長規律的認識逐漸深入，總結了許多水稻生產的經驗，並因此形成了許多稻作生產習俗。

例如，在梯田開發上，水族人常在山區沿山麓的豐水地帶，拾級開發梯田。梯田開發的最高海拔位置，一般限制在山泉出水位置稍低的高度，這樣才能保證山泉自上而下實現對梯田的自流灌溉。這種開發模式，為水族後世的生存與發展，提供了豐富的經驗、技術，從而獲得了足夠的生存空間。

又如，在稻田耕作方法上採用的是我國南方許多稻作民族傳統的農業耕作方法——「火耕水褥」。「火耕」是在下種前的備耕階段，先把田間的雜草連同稻田中的其他雜物一起燒掉。燒過的田土，土壤會發生變化，對於種子的正常發芽和發育都有好處。「水褥」，是指秧苗長到一定程度之後，以水淹死雜草的一種中耕除草方法。剛栽秧時，稻田中只能注入少量的水，這樣便於增加土地的溫度，有利於秋苗返青、發蔸，待秧苗長到一定程度之後，稻田中需注入更多的水，使水漫過雜草將其淹死，剩下的少部分水草再通過中耕（俗稱褥秋）除去。「水褥」既可除去田間雜草，又可把雜草淹死於田中轉而成為稻禾生長所需的有機肥料。[4]（P36）

再如，在水稻田間管理上採用了「魚稻共生」的管理辦法。梯田中的魚在水稻生長過程中，具有清潔稻田和防治病蟲害的生物生態作用。稻田養魚，反映了水族人民對魚與稻作關係的獨特認識，也誘導人們在水稻生產季節的田間管理中，傾注著更多的熱情，從而使「飯稻羹魚」成為水族稻作農耕文化的理想生活追求。

稻作生產離不開生產工具，水族的稻作生產有一套傳統的稻作農耕工具，比較典型的有鐮刀、摘刀、犁、耙、薅耙、谷桶、炕籠、戽桶、舂碓、水車、密篾籮、曬席等。

這些稻作生產習俗反映了水族人利用自然、改造自然的聰明才智，折射出他們豐富的稻作生產技術和經驗。

在漫長的水稻種植歷史中，水族人還逐漸形成了一些由原始信仰發展而來的水稻信仰與禁忌。如他們崇拜穀神，在開秧門時，要設席供祭，婦女們要著銀飾、對襟銀扣衣、石榴裙才能下田以表示對稻神的尊重；在插完秧苗後，要在田邊以一團糯米飯、一根小樹枝串上紅辣椒敬穀神，他們認為經過這樣的儀式後，蟲就不敢來咬秧苗；在開鐮收割時，發現某塊田有成串且奇異的蜘蛛類卵巢時，人們認為是穀魂顯形，他們會虔誠地把這些禾穀茬連根拔起帶回家來掛在禾倉裡，祈望穀魂不再走，希望稻穀滿倉，來年更豐收。忌諱把掉落的米飯放在火裡燒，認為這樣稻秧就會變黃；忌插秧階段將糯米飯放在火苗上燒，認為這樣做會使秧苗發黃；稻穀出穗時，忌燒竹子，以免發出爆裂之聲，認為如有爆響，稻穀也會爆桿倒伏。這些信仰與禁忌習俗，寄託著水族人希望水稻豐產、躲避災害的美好願望，顯示了以水稻種植為核心的文化特徵。

三、水族生活民俗的稻作文化內涵

1. 在歲時節日民俗方面，許多重要節日都與稻作農事有關

水族的民俗節日有二十多個，其中端節、卯節是水族的重要傳統年節。從水族稻作物候歷的角度來審視，卯節、端節是水族不同部落聯盟舉行預祝稻作豐產、慶祝稻作豐收的慶典遺風，是稻作文化的產物。[5]（P500）栽秧節與吃新節是水族的農事節日。在栽秧節中水族人要舉行引導穀魂下田的祭祀儀式。在吃新節中人們要舉行儀式引導五穀之魂回家。這兩個節日中「引導穀魂下田」、「引導五穀之魂回家」的思想表現了水族人對穀神的崇拜，這與稻作生產密切相關。水對於水稻耕種、作物生長、人畜生存都具有重要意義。敬霞節是水族敬奉雨水神霞神，祈求風調雨順、年成豐收的傳統節日，是水族稻作文化的典型信仰。

端節、卯節、栽秧節、吃新節、敬霞節都具有祈求農業生產風調雨順、稻穀豐收的共同主題，體現了稻作農耕文化的特質。

2. 生殖崇拜與稻作文化

與其他稻作民族一樣，水族有生殖崇拜的信仰，而且生殖崇拜與稻作生產緊密相連。這可從卯節、栽秧節、敬霞節三個節日舉行的儀式得以證明。

潘朝霖先生在《試論卯節——稻作豐收與人口增殖並重的水家年節》中指出：「充滿旺盛生命的青年無疑是卯節的主體，熱戀情愛與旺盛生育

力又是年輕人最突出的特點，人口增殖就是卯節核心的一個方面。借年輕人旺盛生命力轉嫁到即將抽穗打苞的禾稻上，運用巫術原理期冀稻穀豐收，又是卯節核心的另一方面。」[5](P508)

栽秧節祭祀時，主祭一般為新媳婦、少婦或主婦。祭祀中由盛裝的新媳婦或少婦提著秧苗到田裡，先下田栽下幾行秧苗之後，其他人員才下田勞作，通過這一儀式期望將年輕人旺盛的生殖力轉嫁到稻作生產中，禾稻分蘗旺盛，迎來大豐收。[6](P494)

潘朝霖先生在《水家祈雨活動「敬霞」試探》中指出：儀式中水族男青年一系列與母豬有關的巫術行為，是「人們認識到雌雄交媾繁育後代原理之後，借此舉把母豬旺盛生育能力轉嫁到土地上，祈求增加土地繁殖能力，使禾苗受孕，獲取更大豐收」。在祭祀霞神的儀式中，已婚年輕婦女圍在祭壇前，有節奏地拍著手、跺著腳，用水語高唱著祈福的歌，用她們古樸、優雅、纏綿的吟誦，希望把神和人同時帶到神靈的宮殿。水族婦女的這種表演，不僅娛人，也在獻媚於神靈，祈求能引起天上神靈的慾望，使天不守貞降雨給人間，保證禾苗的正常生長，這也曲折地表現了水族人以生殖行為促進稻穀豐收的稻作文化內涵。

由此可見，水族人把生殖與稻作生產密切連繫在一起，將祈求人丁興旺的生殖文化與五穀豐登的產食文化內容合二為一，這表現出生殖文化與產食文化緊密相連的稻作文化的特點。

3. 在人生禮儀民俗中，稻米具有「禮信」意義

在水族的人生禮儀民俗中，水稻幾乎達到了須臾不可或缺的程度。

首先，水族的誕辰禮需要稻米來慶賀。如，新生兒滿三天時，人們要舉行「三朝酒」慶賀。屆時，外婆要約族內一些女性攜帶糯米、雞、雞蛋、背帶、小衣服等前來看望，祝賀小生命誕生。在三都九阡及荔波一些水族地區，在嬰兒誕生時還有用糯米釀造一壇糯米酒窖藏起來的風俗。這罈酒要一直窖藏到這個嬰兒長大成人婚嫁或直到死亡時才開封，以之祭奠祖先和待客。

其次，稻米還貫穿於水族的婚俗禮儀中。如，男方請媒人去提親時，媒人要帶去兩三斤紅糖和三斤米酒。若女方家允親，男方即約請近親四五人，帶著公雞或小豬一隻，糯米粑粑、紅糖、豬肉若干斤，葉子煙一二斤再到女家去「認親」。此後數月，如雙方沒有發生什麼變化，男方再備紅糖、糯米粑粑、首飾、禮金去女家「定親」。迎親時，迎親隊伍中有兩對少男少女帶著一挑禮物，一頭的竹籃子裡裝的是一大筐糯米飯和三四斤熟豬肉，另一頭是一小罈酒和罩魚籠、一串篾穿的金剛藤葉。在新娘跨入夫家室內之際，男方恭立在門外等候，一婦人立即尾隨其後而入，將提著的魚罐置於新房內或正堂中。罐中裝有水和兩條小魚。新娘的左手拿著一把稻穗。顯然，在儀式中魚、水、罩魚籠、稻穗這些器物不僅體現著水家期望生兒育女、後裔昌盛發達、禳災祈福、新人幸福和睦的心願，亦有希冀日後家道殷實、飯稻羹魚之意。

最後，水族喪禮中稻米是溝通人與神的媒介。如當老人快斷氣時，其子女要將他（她）扶坐在銅鼓或米籮上；出殯時，孝子要披麻戴孝端著插靈牌的一升米走在前面；選好墓地挖墓穴前，人們必先請水書先生舉行必要的祭土儀式。祭土儀式上的主祭品是兩大盆（缽）糯米飯和酸湯素煮鯉魚；挖好墓地後有的還要撒朱砂驅邪，並以大米畫上八卦或寫上「富貴雙全」等字樣。

由此，我們可以看出，稻米伴隨著水族人走過出生、婚嫁、死亡的各個階段，貫穿了人生的全過程。筆者認為水稻之所以在水族人的生活中占有如此重要的地位，發揮著主要的功能，與水族的稻穀崇拜信仰密不可分。如同南方諸多少數民族一樣，水族崇信以萬物有靈為基礎的原始宗教，稻穀是孕育生命、繁衍後代的保證，自然就被賦予了神性，具有了祛鬼驅魔的神奇能力，被廣泛運用於人生的各個歷程，這是稻作文化的一個明顯特徵。

4. 飲食、建築、舞蹈與稻作文化

（1）飲食方面

水族有深厚的以稻米為中心的飲食習俗，形成了以大米為中心的飲食民俗文化。水稻品種主要有秈稻、糯稻和粳稻幾種，日常生活中主要以秈稻為主食，糯稻產量低，不能大面積栽種，因此只能在節日、喜慶場合或招待貴賓時食用。以稻米為原料做成的食品有米飯、顏色糯米飯、香藤粑、粽子、扁米、糯米粑粑、米花、米糕糖、米酒等。

水族人喜歡食用糯米，由於糯米比較難消化，需要增加胃酸來幫助消化，因而酸食成為日常飲食必備之物。「三天不吃酸，走路打撓穿」這句話就是對喜酸飲食習慣的生動描繪。水族酸食品有壇酸、酸肉、酸菜等，而這些酸食的發酵原料主要是糯米。如壇酸，是用西紅柿或者辣椒和糯米加工而成；酸菜的做法是將野生蕨菜等和糯米放入罈子中，加水發酵二十天左右而成。用糯米做天然發酵劑製作的酸製品，含有豐富的乳酸菌，能治腹脹、瀉肚子等腸胃小毛病，起到醫療保健的作用。

（2）民居建築與稻作生產相連

水族人的傳統干欄式住宅為木結構的兩層樓。不少樓房蓋有重檐，重檐下有走廊和欄杆，走廊連接著曬臺。曬臺在水族地區民居中，是晾衣及曬糧之處，故而，只要有條件，幾乎家家戶戶都有一個曬臺。據日本學者鳥越憲三郎研究，百越（包括水族）干欄建築上的曬臺就是為適應曬穀而創造的。水族住宅中的曬臺實際上也是由稻作派生出的文化事象。

禾晾和禾倉（糧倉）是水族地區常見的建築。禾晾是晾曬小米、糯稻禾把以及苞谷棒子的專用禾架，多建在住屋的旁邊，也可以全村集中修建在村寨的旁邊，是晾曬稻穀的建築。禾倉狀如房屋，為簡單的木建築穿斗式結構，多建在村外邊的魚塘上或河邊，是用來囤積糧食的建築。

（3）水族舞蹈承載著濃郁的稻作文化信息

鬥角舞、銅鼓舞是水族的傳統舞蹈。鬥角舞主要是人扮演牛、模仿牛相鬥，表演時有五支蘆笙在前引導，兩個手持牛頭的舞者在後面模擬牛相鬥，五個身著花裙的姑娘緊隨其後，表演插秧、薅秧、收割等模擬稻作生產的動作。英國著名民族學家弗雷澤的「順勢巫術」、「接觸巫術」理論認為，通過模仿或其他巫術手段可以溝通神人世界，來實現世人的種種願望。由於牛是人們在種植水稻過程中必不可少的勞動工具，是稻民族動物崇拜的對象之一，因此，鬥角舞中模擬二牛相鬥的場面就表達出水家對稻穀豐收的渴望，而對插秧、薅秧、收割等稻作生產動作的模擬，則表達了水家在寓教於樂的審美形式中將祖祖輩輩積累下來的稻作生產知識傳授給下一代的願望。

銅鼓舞，主要流傳於以三都水族自治縣的都江為中心的水族地區。舞蹈以其古樸拙實的風貌、雄健祖獷的舞姿，反映出水族人民歷史上執戈保衛部落安全的英雄氣概以及慶賀栽插、收割、豐收、勝利等多種內容。

水族人在跳銅鼓舞時，常以銅鼓為中心，用騎馬蹲襠式、屈肘抬臂、五指伸開、掌心向前的基本姿態起舞。據研究，銅鼓舞的舞步特徵與水書中人形動態圖像裡大量出現雙手彎肘上舉、雙腿成騎馬蹲襠式的剪影形態一致，水族舞蹈家們把這種形態稱為蛙形舞姿。王思民先生認為些蛙形人像圖形當是水族人崇拜蛙的禮儀場面的記錄。[7](P162)蛙，是稻作文化常見的動物，曾是駱越人的圖騰。作為駱越人後裔的水族人，自然也曾以蛙作為自己的保護神，因此，銅鼓舞中的蛙形舞姿是模仿蛙的一種祭典舞蹈，有乞求神靈保佑部落安全和風調雨順、農業豐收的內涵。銅鼓舞中撤秧、栽秧、打穀等動作，則是稻作勞動的真實再現。

由此可見，水族舞蹈承載著稻作文化的相關信息，是稻作文化的載體之一。

5. 語言與民間文學中的稻作文化

（1）語言是文化的載體，水族的語言中有一批與稻作技術有關的詞語，承載著豐富的稻作文化內涵。

與牛耕相關的詞彙有：

犁 ȶɔi1　　牛鼻環 ndu1　　軛 it7

與水利灌溉技術有關的詞語有：

水筧 lin2　　水田 ʔɣa2　　田垌 ta5 pieŋ2　　水渠 ʔnjaaŋ1

水溝 kui3　　水壩 pa1　　水車 fit7　　田埂 jan1

塘 po4ʔ（小的）ʔd m1（大的）　　溪 kui3　　溝 ʔnja1

與耕作、收穫、加工技術有關的詞語：

鋤頭 tsai4　　秧 ka3　　種子 wan1　　插秧 dam1

耘（田）ne2　　播種 tau5　　戽水 von 5　　秈稻 au4tsjem1

粳稻 au4fən1　　糯稻 au4 daai1　　鐮刀 ljem4　　截禾刀 tip7

打穀桶 lɔŋ3　　臼 kəm1　　杵 toi5　　碓 kəm1

舂 fuk1　　簸箕 ʔdoŋ3　　篩子 xaŋ1　　穀倉 ho4

稗子 faŋ1　　秕子 ka5　　細糠 pja6　　稻草 ŋ̥aaŋ3

爆米花 pjok7　　餈粑 ɕi2　　三角粽 ʔjut7

與稻田生物有關的詞語：

蛙 qup7　　泥鰍 ljʔ t8　　螺螄 qʔ ui1　　黃鱔 liu6

螞蟥 ʔbi3　　蟾蜍 qup7kwaʔ4　　蝌蚪 ʔdjet7ʔjo1　　魚 mom6

鯽魚 fik8　　草魚 waʔ n3　　鯰魚 ju3

這些詞語是水族稻作農耕生產狀況的活化石，顯示出水族發達的稻作文化。

（2）作為反映水族社會現實生活的民間文學，水族的稻作文化得到了充分的反映。

如，神話故事《九仙和九阡》講述了水族先民古隆和扎哈在九位仙人的指引下，用糯米粑和米酒獻給主宰禍福的神牙花離、牙花散，用誠意和決心感動了他們，在他們的幫助下使九阡變成了千百畝肥沃的錦繡田疇的故事。這個故事反映了水族先民「畬山為田」、開發山區梯田所付出的心血及其艱辛的歷程。

又如，《端節的由來》中說道：水家頭領拱登（祖公）率眾溯江而上，隨之，大家就散居各地安家立戶，並約定三年之後谷熟之際再相聚。三年之後，大家都騎著馬，馱著豐收的穀物、瓜果來歡聚。由於當時共過一個端節，各地走訪不便，便設定各地分批過節。為解決端節先後批次問題，拱登叫各地頭人將手伸進色簍裡抓魚，按量依次排列。套頭老大哥因抓的魚最重而過頭批端節，依次是拉佑、水婆、水潘、三洞、牛場，蘭嶺殿後關尾。該傳說「與水族以稻作文化為基礎制定的水曆緊密相聯」。[5]（P414）

再如，水族的古歌《造糧造棉》和《造五穀》分別有「初造人，有俄王公。俄王公，造糧造棉。有糧種，才栽長田。糯米種，栽深水田」、「糯米秧，栽寨腳田。白糯米，盤成甜酒；香糯米，打糍粑吃；黑糯米，炒成米花；過端節，款待親戚」的唱詞，唱詞的內容反映出水族先民對水稻起源及功能的認識。

水族的神話、傳說、故事、古歌等民間文學作品生動地反映了水家稻作文化悠久的歷史，是水族先民為了生存和發展不懈地同大自然作鬥爭的縮影，它們是稻作文化的產物。

6. 水田稻作農業，磨煉了水族人求是務實、剛強堅韌、平和不躁、精細耐心、團結協作的精神性格

水稻的耕耘、播種、管理和收穫必須遵循自然法則，嚴格按照水稻生產規律辦事，這就使水族人民深切認識到遵循自然法則的重要性，從而形成了求是務實的精神品格。水稻生長週期長，從春播到秋收，要經過繁雜艱辛的勞動付出和與各種自然災害進行艱苦鬥爭才能獲得收成，這就培養了水族人剛強堅韌的性格。種植水稻各個環節所要求的精細耐心、認真觀察、適時管理，培養了水族人民精細耐心、平和不躁的心性。而種植水稻中栽秧、收割以及興修水利，甚至祭祀神靈求豐收的活動等則要求群策群力協作完成，這樣就養成了水族人民團結協作的共同信念。

四、結語

水族的生產、生活、宗教、信仰、意識、語言等一系列習俗及儀軌深深植根於漫長的稻穀種植歷史之中，它們適應了稻作生產的需要，帶有祈求稻作豐收、免於災荒和貧困的目的，並發揮著調適族人心理、慰藉族人心靈、增強民族凝聚力的實用功能。目前，隨著水族社會現代化進程的加快，一些關於稻作的信仰發生了變化，一些傳統耕作方法漸漸被擯棄，代之而來的是新的稻作耕作方法和勞動方式。但稻作農耕仍是水族農業生產的主體，只要稻作生產存在，水族民俗中的稻作文化因素就不會消亡，新的生產習俗和生活民俗也必將順應發展變化的稻作生產而產生。

參考文獻

〔1〕水族簡史編寫組.水族簡史〔M〕.貴陽：貴州民族出版社，1985.

〔2〕覃乃昌.壯族稻作農業史〔M〕.南寧：廣西民族出版社，1997.

〔3〕姜彬.稻作文化與江南民俗〔M〕.上海：上海文藝出版社，1996.

〔4〕韓榮培.水族的傳統農耕文化〔J〕.古今農業，2006（2）.

〔5〕潘朝霖，韋宗林.中國水族文化研究〔M〕.貴陽：貴州人民出版社，2004.

〔6〕楊昌儒，陳玉平.貴州世居民族研究〔M〕.北京：民族出版社，2009.

〔7〕王思民.水書圖像與水族舞蹈關係解析〔J〕.民族藝術，1995（2）.

（原載於《黔南民族師範學院學報》2012 年第 4 期）

水族喪葬忌葷習俗的文化解讀

蒙耀遠

「事死如事生，事亡如事存」，這是中華民族傳統的喪葬理念。人們認為只有讓死去的人滿意，活著的人才能得以安寧。水族同胞更是如此。他們覺得亡人既可福佑後人又可降災於人，非常講究冥冥之中的感應。水族喪葬中的忌葷習俗正是水族民間在水書文化環境下形成的一種習俗，只有從水書文化切入，找到一種符合地方民俗文化的解讀方式，才能詮釋這種在水族地區特有的文化現象。

一、水族喪葬忌葷習俗概說

忌葷習俗最早可見於《禮記》「行吊之日，不飲酒食肉焉」的記載。水族歇後語「南低宇——吃不得」〔1〕（P489）講的正是忌葷之諱，水話說 ʈi⁶ mən²，俗稱「忌油」。水族主要在兩種情況下忌葷，一是老人過世至即時入土安葬之前，如果開大控（控，水語音譯，指舉行喪葬儀式，分小控、中控、大控）停棺待葬者，用泥土將靈柩封存於神龕下或屋簷下期間不忌，禁忌範圍是孝家家族及外嫁女兒及女婿，如若是母親去世還包括外家親屬，對這些具有血緣關係的成員群體，也可稱為「忌油圈」；〔2〕（P64）二是水族重大節日「端節」祭祖儀式，忌油範圍是家庭或分支家族內部。《貴州省民族志》如是說：「水族喪葬，行棺木土葬，分為即時安葬與停棺待葬。據說，遠古時期，行『食老制』習俗，爾後，以牛、馬代替。故水族喪葬在未安葬之前，喪家要為死者殺牲以祭，所宰殺的牛馬豬雞肉，喪家及同宗的族人不能啖食，全部或作禮品回贈異姓異宗的送禮者，或用於待客。」〔3〕(P607) 對於「食老制」或稱「食人族」，不單水族有此傳說，國內外諸多民族均有此說，而「宰殺牛馬以替」的水族喪葬習俗，俗稱砍替，現在有的訛為「砍利」。水族地區的傳說是，遠古時期，老人去世，合族分享其肉，後來有兩兄弟在老人去世時於心不忍，悄悄將其掩埋並有意隱瞞族人，終被察覺，最後被罰砍一頭牛來代替，讓整個親族分享才了卻此事，由此積風成俗。

忌葷的要求為，「得知噩耗的親屬，要立即忌葷（水族忌葷，只忌禽獸、牲畜的油肉，不忌水產動物和植物油）」〔4〕(P185)；「若是死女性，內外家均需忌葷；若是死男性，內家全房族則忌葷吃素，但不忌魚，以魚為必須供祭品，可食植物油」〔5〕(P351)。「開葷時，用一碗涼水，將燒紅的火炭放於水中，稱『鬼茶』，每人用鬼茶清口後即可開葷。」〔5〕(P351) 對犯禁所產生的後果，所見方志都說得比較籠統，「若有違反者，必遭家族及眾親戚的強烈反對和社會輿論的譴責。在他們看來，死者在未安葬之前，其親屬和家族不忌葷，就是對死者最大的不尊敬，其後果是他本人以及整個家族都要遭到意想不到的災禍」〔4〕(P185)。而在某些水族地區則有這樣的說法：犯禁者上年紀之後，神志恍惚，個人衛生邋遢，個人形象非常糟糕，並且後代子孫愚笨。前一種說法作為一種輿論導向具有很強的社會約束力，但對於產生的災禍其危害程度沒有說清楚，而後一種說法符合人的規律，人上了年紀，尤其是年事高的老人，大多如此。這兩種說法都沒有找到較為有說服力的依據，都是停留在「禮法限制」的層面上。對此筆者從水族特有的文化載體水書中找到了與民間大眾認識和說法不同的答案，水書中對此禁忌的解釋，除了具有上文提到的「禮法限制」之外，對犯禁者的懲罰是死亡的威脅，並且認為正是這一點才是水族同胞將忌葷作為禁忌來賦予其靈力的原因。

二、忌油習俗的水書條目解讀

在水書中原始記載與此禁忌習俗有關的水書條目，據誦讀卷本共四條（見圖 1、2、3），總稱「tai^{3} va^{3}」，漢字音譯「歹晚」，有的書寫為「打哇」、「打晚」或「歹瓦」，分「歹晚六家」和「歹晚女婿」兩類。要求亡人家門族下恪守稱為 tai^{3} va^{3} ljok^{8}ŋan^{2}，漢譯「歹晚六家」，水族有「三老六家」的說法，泛指整個忌油圈，如若是母親，包括母親外家親屬在內；要求其女兒及女婿恪守稱為 tai^{3}va^{3}mbjek^{7}ha：u^{4}，漢字音譯「歹晚女婿」。

因版本和師傳不同，禁忌範圍界線並不是非常明確的，註釋內容在主家與婿家上存在多處交叉。為使水書原本內容清晰明了、淺顯易懂，所以我們將誦讀卷水書條目斷句橫排，用國際音標按水書讀法進行注音並對應直譯，接著對整個條目內容進行意譯，最後再根據水書師的解讀，詳細註明其具體用法。就具體擇用而言，必須說明，這些條目都只是誦讀卷本上的綱目，只具有擇用的導向作用，並非凡此即犯禁，當以與此對應之實用卷本的《水書分割卷》所記載的時日為準。因只做現象分析，故對《水書分割卷》上的內容暫不涉及。文中之年月日時均為水曆。

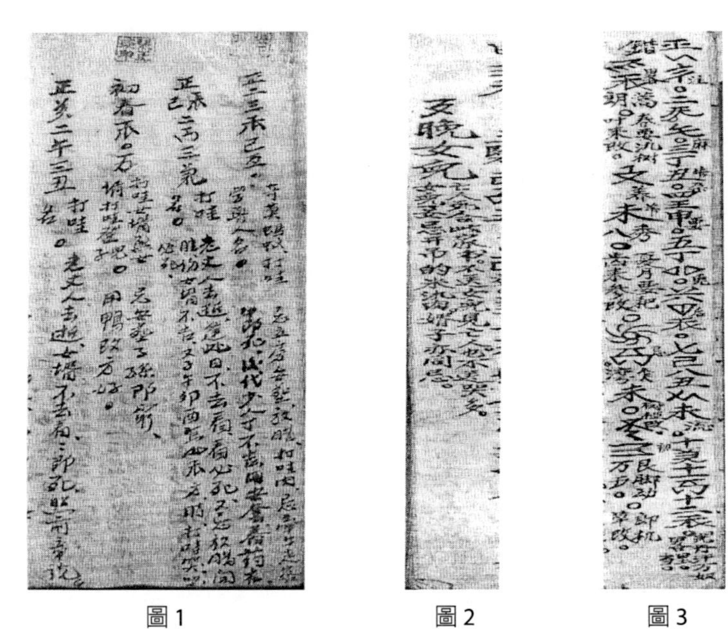

圖 1　　圖 2　　圖 3

圖 1，獨山縣本寨鄉天星村第十三代水書傳人、首批高級水書師韋光榮先生藏本《正七傳用》一書列四條，均用漢字對其用法做詳細説明。圖 2，系家乘本「打晚女兒」條的漢字註釋。圖 3，系家乘本歹晚條目的朗讀與講用。

（一）歹晚-1

原文：	[illegible]	[illegible]	○	[illegible]	[illegible]	[illegible]	[illegible]	○
讀音：	ʦjeŋ^{1}	ʦu^{1}	ȵi^{4}	ma^{4}	ha：m^{1}	ȵu^{4}	toi^{6}	
直譯：	正	豬	二	馬	三	牛	對	
原文：	[illegible]	[illegible]	○	[illegible]	[illegible]	○	[illegible]	[illegible]
讀音：	ɕi^{5}	ʁau^{1}	ŋo^{4}	thu^{5}	ljok^{8}	qau^{3}	tau^{2}	
直譯：	四	猴	五	兔	六	狗	伴	
原文：	[illegible]	[illegible]	○	[illegible]	[illegible]	○	[illegible]	[illegible]
讀音：	ɕət^{7}	ɕa^{2}	pa：t^{7}	su^{3}	ʈu^{3}	ja：ŋ^{2}	ljoŋ^{2}	
	七	蛇	八	鼠	九	羊	龍	

原文：	十	关	〇	卞	丙	〇	卞	不
讀音：	sup^{8}	hu^{3}	sup^{8}	ʔjat^{7}	ţi^{1}	pu^{2}	sup^{8}	ȵi^{6}
直譯：	十	虎	十	一	雞	也	十二	龍

（以下兩句是口傳歌訣）

讀音：	ɕi^{5}	tai^{3}	va^{3}	va^{3}	pu^{2}	nu^{4}	lian^{4}	li^{1}
直譯：	試	歹	晚	晚	也	弟	垂	涎
讀音：	qo ŋ^{3}	tai^{3}	va^{3}	va^{3}	pu^{2}	nu^{4}	ljok^{8}	ŋə：n^{2}
直譯：	公	歹	晚	晚	也	弟	六	家

意譯：正月亥日，二月午日，三月丑日，四月申日，五月卯日，六月戌日，七月巳日，八月子日，九月未日，十月寅日，十一月酉日，十二月辰日。老人去世逢此日，葷腥之菜不能食，家族內部當恪守，否則合族無寧日。

註釋與用途：本條目系月上忌日，即老人去世時恰好遇上當月所定的這些日子，孝家的家門族下及共同奔喪的至親不能吃砍殺來祭祀亡人的牲畜之肉，此肉並不專指開控捆在木樁上的牲畜之肉，凡本次用來辦喪禮的肉食均在禁忌之列，只有等到亡人入土安葬妥當之後才能食用這些肉，俗認為犯禁者有命喪黃泉的滅頂之災。對此，王品魁先生在《水書正七壬辰卷》是這樣註釋的：「『代哇』，水語音譯，是喪葬方面的凶鬼。岳父母死亡或舉行追悼活動，婿方不能去看望，也不能去弔喪送禮或扎旗旛傘蓋送葬，甚至還不能聽到喪堂笙鼓之音，違之則死，如是大代哇日，婿方兒孫亦不能看望。」〔6〕（P23-24）在此依家乘之說，下同。

此條目指出忌油圈內之人犯禁者則死亡。

（二）歹晚-2

原文：	亠	亠	亗	○	丕	工	▽	○
讀音：	tsjeŋ^{1}	ȵi^{6}	ha：	m^{1}	tsi^{6}	ljoŋ^{2}	ɕa^{2}	su^{3}
直譯：	正	二	三		忌	龍		蛇
原文：	田	世	兴	关	◁▷	步	○	
讀音：	ɕi^{5}	ŋo^{4}	ljok^{8}	tsi^{6}	ji^{2}	ma：	u^{4}	ma^{4}
直譯：	四	五	六	忌	寅	卯		馬
原文：	十	)(	士	丑	西	甲	○	
讀音：	ɕet^{7}	pa：	t^{7}	ʨu^{3}	tsi^{6}	su^{3}	ju^{4}	sən^{1}
直譯：	七	八		九	忌	丑	酉	申
原文：	冬	丙	辛	衣	术	兀	尺	
讀音：	tua：	ŋ^{1}	foŋ^{2}	tsu^{1}	ʨ' on^{3}	mi^{6}	sa^{5}	ȵan^{2}
直譯：	冬			逢	豬	犬		申

（以下兩句是口傳歌訣）

讀音：	ɕi^{5}	tai^{3}	va^{3}	va^{3}	pu^{2}	nu^{4}	lian^{4}	li^{2}
直譯：	試	歹	晚	晚	也	弟	垂	涎
讀音：	qoŋ^{3}	tai^{3}	va^{3}	va^{3}	pu^{2}	p' a^{5}	ljok^{8}	ŋa：
直譯：	公	歹	晚	晚	也	損	六	家

意譯：一月二月三月忌辰巳子日，四月五月六月忌寅卯午日，七月八月九月忌丑酉申日，冬季（十月十一月十二月）忌亥戌未日。老人去世逢此日，葷腥之菜不能食，家族內部當恪守，否則合族無寧日。

註釋與用途：本條目屬系季節上忌日，即如果老人去世正好是這些季節所指的日子，只有等到亡人入土安葬完畢之後，孝家及家族才能吃砍殺來祭祀亡人的牲畜之肉，犯禁者有食用這些肉之後暴病身亡之虞。對於犯禁者，一旦因此得病，即使花再多的銀兩去設法禳解也是回天乏術的。此外還忌安葬、放臘，犯之後代少人丁，不吉；又忌牽牛去親戚家，犯之則牛在路上會因種種原因導致其死掉；只宜舂制火藥，宜去狩獵易獲。

此條目指出忌油圈內犯禁者要麼死亡，要麼因此得病，極難治癒，導致貧窮。

（三）歹晚-3

原文：	[illegible]	[illegible]	[illegible]	[illegible]	[illegible]		
讀音：	so^{1}	sən^{1}	ljoŋ^{2}	ha：	u^{3}	la：	ŋ^{5}
直譯：	初	春		龍		酒	狼
原文：	[illegible]	[illegible]	[illegible]	[illegible]	○		
讀音：	ja^{3}	ja：	ŋ^{2}	ja^{3}	hju^{1}	pa^{2}	
直譯：	夏	羊	夏	怕	耙		
原文：	[illegible]	[illegible]	[illegible]	[illegible]	○		
讀音：	hju^{1}	ʈi^{1}	kjik^{7}	kjet^{6}	mja：	ŋ^{2}	
直譯：	秋		雞	擦	枝	狼藉草	
原文：	[illegible]	[illegible]	[illegible]	[illegible]	○：	[illegible]	[illegible]
讀音：	tua：	ŋ^{1}	q’a：	m^{3}	pjan^{7}	ɿnaŋ^{1}	ɕi^{5}
直譯：	冬		坎		欲		有

（下面一句是口傳歌訣）

讀音：	nda：	u^{3}	pai^{1}	ni^{4}	tai^{3}	va^{3}
直譯：	犯		去	母	歹	晚

意譯：春忌龍日，夏忌未日，秋忌酉日，冬忌子日，對此犯歹晚。

註釋與用途：本條目屬「歹晚六家」一類，也是季節上忌日，其用法和上面相同，死人逢此日，家門族下在未安葬好亡人之前不能吃用來辦喪禮的牲禽之肉。又說如果岳父母去世遇此日，女婿要避忌，否則會受傷害；沒有女兒的人家更要注意，其魔力會因找不到女婿而直奔主家的兒子身上。此外又忌安葬，犯之子孫窮困潦倒，安葬之日犯之要用一隻鴨子請水書師禳解才可以。

按家乘《正七朗讀本》註釋（見圖 3），老人去世遇上這些日子時，可以按照書上提到所需的東西請水書師禳解化煞，可以避免或減輕災禍。水書記載「春要酒樹葉來改」，「改」當作「解」（下同），意思是春季犯此日要一種水語叫 mai⁴ ha：u³ 的樹葉來請先生唸咒化解；水書記載「夏月要耙齒來參改」，意思是說夏季要從木耙上退下一支耙齒和相關祭品一起解煞；而「樹椏改」，即秋季所犯，要用「葉上果」樹，即水語稱 mai⁴ pjan⁷ 的枝條來請先生唸咒化解；所說的「郎機草改」，「郎機草」即「狼藉草」，就是冬季犯此，要用狼藉草請先生唸咒化解。

此條目指出犯禁者所遭的危害非常特別，將危害關係與舅舅和姐夫、妹夫連起來，當找不到姐夫、妹夫時朝舅舅作祟，形成獨特的現象。

（四）歹晚婿女

原文：	[illegible]	[illegible]	[illegible]	[illegible]	[illegible]	[illegible]	[illegible]	[illegible]
讀音：	ɕi^{5}	ŋo^{2}	ma：	u^{4}ju^{4}	ʦi^{6}	ma：	u^{4} sən^{2}	njet^{7}
直譯：	子	午	卯	酉	忌	卯	辰	教訓
原文：	[illegible]	[illegible]	[illegible]	[illegible]	[illegible]	[illegible]	[illegible]	[illegible]
讀音：	su^{3}	mi^{6}	sən^{2}	hət^{7}	ʦi^{6} ma：	u^{4} sən^{2}	fa：	ŋ^{1}
直譯：	丑	未	辰	戌	忌	卯	辰	方

原文：	[illegible]	[illegible]	[illegible]	[illegible]	[illegible]	[illegible]	[illegible]	[illegible]
讀音：	jan^{2}	sən^{1}	ɕi^{4} a：	i^{3}	ʦi^{6} ma：	u^{4}	sən^{2}	si^{2}
直譯：	寅	申	巳	亥	忌	卯	辰	時

（以下兩句是口傳歌訣）

讀音：	la：	k^{8}ni^{4}	mi^{6}	ʔȵe^{3}	ʦi^{6}	tsjeu^{5}	fən^{2}
直譯：	兒	母	未	哭	忌	看	墳
讀音：	la：	k^{8}ni^{4}	mi^{6}	ʔȵe^{3}	ʦi^{6}	tsjeu^{5}	ʔbən^{1}
直譯：	兒	母	未	哭	忌	看	天

意譯：子午卯酉年忌卯辰日，丑未辰戌年忌卯辰方，寅申巳亥年忌卯辰時。兒子未哭忌看墳，兒子未哭忌看天。

按水書師說，此條目又名「歹晚突」，強調岳父或岳母去世逢此日，外嫁女兒及其丈夫不能在外家用餐，更不能動用來辦喪禮的牲禽之肉，其程度要比「歹晚六家」深得多，不僅在岳父（母）入土之前不能吃，而且安葬完畢也不能吃，就連砍給其作禮信（禮信，指主家回贈給送禮客人的禮物）的肉帶回自己家了也不能食用，所以通常懂得這一禁忌的人家是不送這一份禮信的，即使要給，也只能到市場上重新買一份送過去，免得害了女兒和女婿。犯禁者則致人死亡。對此王品魁先生在《水書・正七壬辰卷》是這樣註釋的：「『代哇』，水語音譯，是喪葬方面的惡鬼，本章為『代哇片』，即對幺女婿威脅最大的『代哇』鬼，相傳，岳母岳父死對此日，主要對幺女及幺女婿危害最大，忌探親，忌送禮，違之橫禍迭至，而獨生則不怕，念解鬼之後可去參加治喪。」〔6〕(P118) 又忌此日放臘開控，將損傷女婿；另老人死逢這些日子，孝子、孝女、孝媳在老人斷氣時，要用力克制不能哭，要是有人犯禁失聲必死無疑。

此條目指出，犯禁者遭受的危害較大，所涉及的範圍也比較廣。

三、文化現象分析

在水書中記載關於「忌葷」的條目共有四條，並且所指的犯禁日干時辰沒有涵蓋所有時日，這樣怎麼會演化為民族的為之循規蹈矩的習俗呢？這還得從水書的精神地位說起。從神話傳說和古歌中水書的創製者陸鐸公的社會地位和精神地位來看，他是民族的保護神，被尊崇為正神；又從水書傳承與運用來看，陸鐸公及後來的水書師，他們是由民族原始的文化貞人演化而來，是民族的神職人員。從這個層面來看，陸鐸公和水書師已經被神化，具有人神共有的特性。由此，水書師所說的話語具有超自然的靈力，一般民眾都視為清規戒律，通常情況下沒有人有意去抗拒或違犯。自古以來水書只掌握在為數極少的水書師手上，按照民間大眾的思想觀念，不論親人去世時是否犯「歹晚日」，也不管是否涉及婿家，但凡亡人親屬一概忌葷，免得稍不注意，便產生無窮之後患，這是民間共同的心理需要，由此忌葷便約定俗成，積風成俗。那麼，在水書中為什麼又會有這樣的記載和說法呢？又為什麼非得要人們如此忌諱呢？下文初步討論水族民間的這種文化現象。

1. 群體內團結和諧的需要

在農村尤其在偏遠的山村，死人當是民俗活動中最大的一種事象，死了一位老人，並不是小範圍內的一個家庭所能解決得了的事情，在「事死如事生」觀念的影響下，需要大量的人力物力作支撐，自然需要共同出資出力來解決，加上水族村寨多聚族而居，一個寨子或相連的幾個寨子同是一個家族的現象比較普遍，在互惠心理的作用下，整個家族被無形地捆綁在一起，為了能夠對該範圍內產生一定的約束力，只有「超自然的力量」最為有效，死亡的威脅讓忌油圈內的人產生了心理恐懼，這種恐懼又可轉移到「忌葷」的行動之上，讓人們在死亡的陰影下，只要通過不是非常困難的行為來遏制仍可找到希望，可以讓人們找到心理支點。因此，通過忌葷即可化解問題是大眾所能接受的事情。過去，在農村極少有人家一年四季都能吃上葷菜，所以辦喪事所備辦的葷菜很有誘惑力。加上水族村寨有「人死甑子開」的說法，也就是說寨上有人去世，整個寨子男女老少不約而同地前去幫忙，一般都在喪家吃飯，其他人家在此期間是不開火煮食的。在此情況下，只有通過禁忌的方式控制一部分人忌葷，用客葷主素的方式來表示對弔唁客人的尊重，同時又可減少備辦葷菜的開支，因而具有血緣關係的群體便自然形成所謂的忌油圈。因此，喪葬忌葷是水族文化發展中帶有典型和標誌作用的事情在親族間共同需要、共同心理的基礎上所形成的結果，是人們對忌葷現象感受上升到理論概括的認識產物，印證了「禁忌是原始社會唯一的約束力，是人類以後社會中家族、道德、宗教、政治、法律等所有規範性質的禁制的總源頭」[7](P184)這一說法。

2. 族際間的和諧需要

水族地區的民諺俗語有「女婿同兒子」的說法，水語稱為 la：k[8]ha：u[4]toŋ[2]la：k[8]ŋa：n[2]，即女婿和兒子在父母的心目中，地位是一樣的，一視同仁，平等對待。「女婿同兒子」的觀念較其他民族的「女婿作半子」的觀念程度要更深些，關於岳父母去世女婿忌葷的禁忌在《正七傳用》一書中運用漢字註明：「打哇女婿，無女婿打哇登兒子。」這裡的「登」是水語音譯，即主家的意思，該註釋是：本條目岳父母去世逢此日，女婿不去看（避免黏滯葷腥之食物），去看者必死，如果沒有姑娘的人家，兒子在忌葷上更應加倍小心，否則找不到女婿作祟，反而殘害家中的兒子。不難看出，有女找女，無女找兒，郎舅之間所遇到的災禍密切相關，在忌葷的吉凶禍福上具有相同的利害關係。從條目內容交叉上看，把女婿和兒子視為同一級別的親屬關係，是在本家族之外最親的一層親情關係，把親和戚捆綁在一起來加強其族際關係。前文提及的如果是母親去世，外戚親屬也要忌葷，這是婚姻締結的情感基礎，是族際間親情鞏固的需要。

能把幾個族際有效地關聯起來，避免家族派系之爭對促進社會的和諧起到了很關鍵的作用，強化親戚間的團結和諧正是水族禁忌的社會功能。

3. 偶然事例成為經驗之說

死人是經常發生的事情，同一家庭、同一寨子，這個人死了，下一個是什麼時候？輪到誰？大家都無可預料，不得而知。以前山區醫療條件極其落後，疾病不斷肆虐，因為思想不開化，有時一個人因惡疾身亡，後人不慎感染而死去，或者因某些偶然因素而死去，因為人們沒有科學的認識，反而認為是第一個人死的日子時辰不吉利或安葬日子的不吉利所致，在這種思想觀念的支撐下，在社會發展的過程中，水書師便不斷做下記載：某年某月某日某時誰死，之後又發生了些什麼事情。筆者認為這是水書成書的初始階段，再通過具有人神功能的水書師進行解釋與傳播，與此相關的諸多禁忌便有了文化解釋，使大眾更加篤信無疑。用某些純屬偶然的事例加以渲染之後變成了思想認識上的「必然性」，並不斷地從中找到他們思想認識中的某種連繫和規律，把沒有在本質上有直接關係的事物串聯起來，從而變成在某年某月或某日的某個時辰去世的人就犯某種禁忌的不可避免性和確定性，使得這種偶然現像在水族喪葬習俗發展過程中變成了直接經驗。我們知道，用科學的觀點看，在「歹晚婿女」一條中，憑藉一些樹枝樹葉、一支耙齒、一把狼藉草是不能化解能致人喪命的煞氣的，也不可能通過化解就可轉危為安，而這正是民間禁忌的神祕性所在。實際上很多民間禁忌已經不再注重產生什麼樣的後果，而旨在於設法賦予神祕性之後讓人們自覺遵守，起到約束警示的作用。

參考文獻

〔1〕潘朝霖，韋宗林.中國水族文化研究〔M〕.貴陽：貴州人民出版社，2004.

〔2〕張興雄.水族端節祭祖儀式「忌油圈」——以貴州省三都水族自治縣三洞鄉板告村板烏寨為個例〔J〕.西南民族大學學報（人文社科版），2008（1）.

〔3〕貴州省地方誌編纂委員會.貴州省民族志〔M〕.貴陽：貴州民族出版社，2002.

〔4〕何積全主編.水族民俗探幽〔M〕.成都：四川民族出版社，1992.

〔5〕黔東南苗族侗族自治州地方誌編纂委員會.黔東南苗族侗族自治州志・民族志〔M〕.貴陽：貴州人民出版社，2000.

〔6〕王品魁.水書・正七壬辰卷〔M〕.貴陽：貴州民族出版社，1994.

〔7〕徐明德.民間禁忌〔M〕.廣州：廣東教育出版社，2003.

（原載於《黔南民族師範學院學報》2010年第1期）

論貴州毛南族民居特色及開發利用

孟學華

民居建築，作為一種社會文化現象，體現了一個國家、一個地區、一個民族在一定時期的生產力發展水平，綜合反映出其特有的文化內涵，是社會發展的歷史見證。不同的氣候條件、地理環境、民族文化習俗及生存環境，是形成不同民族建築、地方建築風格的重要因素。民居建築是民族歷史文化的一種載體。考察貴州毛南族的傳統民居，挖掘其傳統建築特色，對傳承貴州毛南族民族傳統文化有著十分重要的作用。

一、貴州毛南族民居的歷史考察

貴州毛南族，自稱佯僙人，有三萬多人口，主要分布在平塘縣卡蒲毛南族鄉、者密鎮、擺茹鎮、大塘鎮和惠水縣的高鎮鎮、獨山縣的羊風鄉等鄉鎮。其中平塘縣的卡蒲、者密是其主要聚居地，以石、劉二姓為主，多聚族而居。他們在村寨的選擇和布局上有自己的特點，一般在平壩水源較好或者依山傍水的坡地建房定居，村寨大小不一，房屋建築也沒有嚴格的規劃，分布比較自由，整體布局順應地勢和自然環境而為，或在平地橫向並聯排開，或依斜坡縱向梯次修築，或在凹地和山谷兩側相向呼應，講究與自然相和諧、與環境相適應。毛南族村寨建築特別注意居住地的生態保護，凡毛南村寨一般都有護寨林、保寨樹，家家戶戶房前屋後栽種果樹，村口或者村中顯要位置都供奉有土地菩薩，對土地和自然的敬畏使毛南人在民居建築過程中非常注意順應自然。

毛南族民居的發展也和其他民族一樣經歷了漫長的發展過程。據史籍和地方誌記載，明朝以前「以岩穴為居」，明朝以後逐漸改住「落地棚」。《黔記》上說：「……楊黃，其種亦夥。都匀、黎平、龍里……萬山之界往往有之。生理苟且，荊壁四立而不塗，門戶不扃，出則以泥封之……」清朝以後，出現了以豎柱木架為主體結構的茅草屋，後來逐漸發展為木架青瓦房，建房子時也開始用石頭壘屋基，地基一般高出地面一至三尺不等。整棟木架子全由木匠鑿榫眼，用木枋穿柱構連，搭建成架。房屋外壁根據當地條件，或夯築土牆，或者以荊條、竹條橫編之後敷以黃泥，也有以木板圍房成壁或者以石頭砌牆作壁的。總的看來，毛南族民居修建多為就地取材，風格樸實，造型美觀，功能完備，經濟實用，體現出毛南人的智慧和適應自然的能力，獨具毛南族民居的建築特色。

二、毛南族民居的平面結構及其功能

典型的毛南族民居一般都是三間一套，一樓一底，但主要住底層，樓上貯放糧食。其平面結構圖如下：

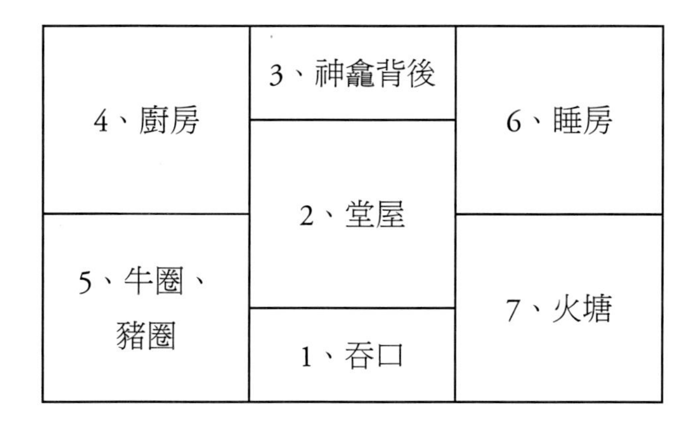

房屋寬為十二米左右，進深為八米左右，高六米餘。人字屋頂。大門前留有一點五米左右寬的吞口，相當於都市樓房的門廳，平時可以在此休息，一般進屋必經吞口到火塘。火塘常年生火，上面架有鐵質「三腳」，方便坐鍋煮飯、燒茶，這是就餐和接待賓客的主要場所。睡房主要是家長的臥室，外人不得入內，是住房中最隱秘的空間。堂屋空間很高，上面不覆樓板，這裡主要供奉祖先，是神聖之地，是舉行各種儀式的主要場所。毛南人把廚房叫灶房，很講究灶門的方位，不准正對東方，他們認為東方是日出的方向，火對火容易「被擄」（音 lù），即容易引起火災。廚房和神龕背後有門相通，神龕背後可做儲藏室兼作臥室，讓子女居住。如果子女多可以住樓上。毛南人非常重視牛，所以毛南人的牛圈設在正屋裡，但一般要挖下去一至二米深，使牛圈和廚房形成落差。而且毛南族還在牛圈裡養豬，豬和牛關在一起。上圖所示的牛圈、豬圈，根據各家房屋的朝向，可以在右邊，也可以在左邊。一般人家都把圈設在東南方，有「圈在東南方，餵豬不用糠」的說法。有的人家在圈上方鋪設樓板，呼作矮樓，設睡房，讓長大了的孩子居住。有的人家在圈上方放置圓枕木，平時堆放

農具或者柴草之類的雜物。如果另外修圈的人家，則把本應做圈的正屋改為客房。有的人家把神龕背後的樓上一層作糧倉，並根據房屋地基的寬窄，在與樓上一層等高的側面搭建「偏廈」或者修建曬臺，方便晾曬穀物，而地面一層則可以建成豬圈、柴房、灶房等。經濟條件好的家庭還要修建廂房，起門樓，圍成院子，但所修房屋的高度都不能超過正房。毛南人的廁所與正房分開，在房前屋後適當的位置單獨修建。毛南族男子結婚後必須建房子自己居住（多數是父母修好後把孩子分出去另居），弟兄之間不可常居一室，這叫「樹大分杈，崽大分家」。

在毛南族的建築裝飾上，有非常精巧的木雕和石刻藝術，多用於房屋建築和家具的裝飾。一些比較富有的人為了裝潢門面，顯示其榮華富貴，屋基所用的石料，都通過精細加工，石梯及兩側的欄杆石也全用精工刻成白果形、萬字格、壽字形、一炷香等不同花紋。石梯兩側的欄杆石上，還刻著花草龍鳳、野鹿含花、孔雀、貴人等圖案。在屋簷下每排柱頭加上一個吊腳瓜，雕有美麗的圖案；窗戶的窗葉也雕有美麗的龍鳳花草之類的圖案。家用的水缸和庭院中的魚缸，常用極美觀的石刻加以裝飾；火塘邊的春凳，神龕腳的供桌，作為嫁妝的臉架、衣櫃等，也雕有各種奇花異草、飛禽走獸。佯僙人的雕刻，有很高的藝術水平，所雕的各種圖案，填上紅、黃、藍等各色油漆，各種飛禽走獸，栩栩如生；花草蟲魚，形象逼真。這些在廊柱、門窗、屋簷、家具上的漂亮木雕裝飾和壘砌屋基、石梯、石缸上的石刻藝術為民居建築增色不少。

三、毛南族民居的建築特色

我國南方少數民族民居多為「干欄」式結構，毛南族卻有自己獨特的建築風格。與其他民族一樣，毛南族的祖先初期也是利用自然的洞穴或樹洞作為防禦猛獸和抵制酷暑嚴寒的避難所。後來，隨著定居生活的開始，就需要一處能夠適應這種長時間駐留一地的生活方式的場所，於是建造了臨時住居，這就是最初人工建造的住居方式——巢居和穴居。夏季，為防止潮濕、為防禦猛獸毒蟲侵害和襲擊，就會像鳥一樣築巢於樹上。他們在大樹的樹杈上架以枝條，上鋪樹葉、茅草等物，營建成鳥巢狀的休息之所。到了冬季，由於氣候寒冷、潮濕、大風，人們無法在巢裡生活，為了抵禦冬季的嚴寒，他們形成了「穴居」、「半穴居」或者「棚居」的居住習慣。毛南族先民在認識自然和改造自然的過程中，提高了自己的生活能力，如利用火塘長期生火取暖、除濕並形成一年四季吃火鍋的習慣等，使毛南族先民的居住方式上了一個新的臺階。他們擺脫了過去的穴居式居住方式，開始在地上建造固定的居住場所，由「落地棚」逐漸形成以木架為主體結構的毛南族傳統民居。定居於平塘、惠水、獨山的毛南族，為適應當地的地理特點、氣候條件和農耕文化的需要，多選擇背風、依山、臨水、靠近耕地的地方建屋定居，於是固定的地面住居方式傳承了下來。現在毛南族地區留存的年代稍微久遠一點的房屋都是地面居室，雖吸收了漢式住房的一些建築形式和構造方法，但從結構上看，主要應是穴居屋和半穴居屋陞遷到地面的表現形式，是他們改進和發展的結果。

毛南族建造房屋非常講究風水和擇吉。建房前基址的選擇，地基的方位、朝向、地勢都要請風水先生認真選定，還要擇定吉日吉時請石匠動土奠基，吉日吉時請木匠砍樹發墨，砍中柱、樑柱、立房、上樑、釘大門等都有許多講究。毛南族的建房材料多是就地取材，房屋的立柱、大梁、瓜、椽、檁、樓枕、樓板、壁板均用木材，多為當地最常見的松樹，但必須以杉樹為梁，以柏樹為大門，屋頂用青瓦覆蓋。過去經濟落後、交通不便的地區多數建泥坯草房、木板房，現在隨著經濟的發展，多數地方建青磚瓦房和夾用石料的木石結構房屋，有的毛南山村還建起了磚混平房、樓房。

毛南族民居的構造方式和裝飾裝修非常簡潔樸素，以牢實耐用、經濟美觀為主。屋內裝飾的重點是神龕，那是供奉祖宗和舉行重大活動的場所，即使沒有能力的人家建房子也要先考慮堂屋神龕的裝飾效果，把本家的姓氏牌匾放置在正中，設立祖宗靈位，請專人書寫對聯和吉利之語張貼或者鑲嵌懸掛在神龕兩側。許多人家要打製「八仙桌」或祭臺以方便擺放供品。另外需要裝修和裝飾的還有門窗，大門上一般懸掛連蒂水牛角和一面鏡子，制七把木劍用稻草繩連接橫掛在牛角下方，用以避邪。年輕夫婦居住的房屋還要請村裡德高望重的老人將一個老式的雙罐相連的鹽辣罐掛在鏡子的上方，祝願這對夫婦婚姻美滿、子孫發達、富貴雙全、和諧幸福。

傳統毛南族民居有其簡易性、經濟性、實用性、淳樸性的特點，與自然環境相和諧，具有明顯的地域性特徵。表現為：因地取材，土木結構，建築材料隨處可取；經濟實用，利於生產生活，房簷、堂屋上方都可以順梁懸空橫放圓枕木，秋收之後，將半乾的玉米或者辣椒編成串懸吊在圓木上，讓其自行風乾，還可以起到防鼠害和防腐防蟲的作用。剛收回家的稻穀可以直接倒在樓上，因為樓板是木板，稻穀不至於受潮。毛南人重風水，尊重自然，順應自然，民居與周圍環境渾然一體，村寨和民居大都背風、依山、臨水，靠近耕地和水源，村村有保寨樹，寨寨有風景林，家家戶戶房前屋後還有果樹，顯得淳樸、和諧與優美。

毛南族民居是毛南先民為了適應農業生產和地理環境的需要而逐漸發展起來的。它的建築方式較為簡單，建築面積、空間布局和使用功能相適應，木架主體，黃泥土牆，青瓦覆頂，自然而質樸。置身毛南山寨，倍感安全和溫暖。那種人與自然和諧相處的美感無處不在。毛南族民居反映了毛南族的民俗文化，是物質文化和精神文化相互作用的結果，是毛南族人們的生活需求、風俗習慣、思想感情的綜合體現，是民俗文化的重要載體。貴州毛南族傳統民居的建築特色與相鄰布依族、水族、漢族、苗族等民居都有所不同。但隨著社會的變革和經濟的發展，毛南山村的一切也都在悄然改變。也許有一天，我們再也看不到毛南族傳統民居的蹤影，再也無從瞭解毛南族傳統民居的傳承發展和附著於傳統民居之上的毛南族文化內涵，這正是我們所深深憂慮的。

四、重視貴州毛南族民居文化的傳承、開發、利用

毛南族聚居地區的地理條件和自然環境以及毛南人長期沿襲的風俗習慣，決定了毛南族不同於其他民族的建築風格，從而形成了毛南族地區特有的民居文化現象。村寨的布局、建築風格以便於生產為前提，以順應自然為基礎，與環境融為一體，適應了農耕文化的需要。在特有的民族文化支撐的背景下，毛南族民居凸顯出獨特的美學和文化旅遊價值，成為促進

區域經濟可持續發展的積極因素。

現在，由於經濟的發展，人們追求現代生活的願望越來越強烈，多數毛南族聚居區受漢族同胞的影響和城鎮化建設的衝擊，傳統民居已不多見。筆者在毛南地區的考察中發現，在平塘縣卡蒲毛南族鄉河中村課寨組原有一棟保存得最完好、最有特色的毛南族民居已於近年拆除重建，能夠反映毛南族建築風格和建築特色的元素已蕩然無存；僅在平塘縣者密鎮六洞壩子發現幾棟略顯滄桑的毛南老屋，還可看到毛南族傳統民居的一些影子，在惠水縣高鎮鎮的一些民居建築中也還依稀保存了毛南族的石刻和木雕藝術。而在政府耗資修建的毛南新村幾乎沒有發現傳統民居文化的影子，這不能不說是一大遺憾。

毛南族作為貴州的世居民族之一，其文化特徵正在消失。民居是一個民族傳統文化的重要載體，也是一個民族村寨的物化標誌，理應納入民族村寨的建設發展規劃之中。現在毛南族地區正在大力推進新農村建設，許多民族新村不斷湧現，但僅從房屋建築來看都沒有體現毛南族的傳統特色。許多現代平頂樓房取代了毛南族的人字頂瓦房，在空間布局和功能上也有了一些改變。與傳統民居相比，它們失去了房屋通風透氣便於貯藏糧食的優勢，並不適應農業生產的需要。這已引起當地政府和毛南族同胞的高度重視。不可否認，隨著經濟的發展和人民生活的改善，現代社會生活使得毛南人提高了對民居建築的衛生條件和用料標準的要求，擴大和改造了傳統民居的空間布局和使用功能，屋內的家具擺設和屋面的外觀裝飾也有了較大變化。但從發展旅遊經濟和傳承民族文化的要求來看，有必要對毛南族村寨進行規劃建設，把毛南族民居景觀建築作為當地發展旅遊經濟的重要項目，選取毛南族聚居的村寨集中打造毛南族風情文化村，在尊重毛南族民族傳統文化的基礎上，重點挖掘毛南族傳統民居的建築元素，在保持毛南族原有住房合理因素、功能的基礎上加以現代化改造，集中展示毛南族傳統民居的建築風格，充分體現毛南族民居文化的內涵。

在毛南族民居文化開發中，要將民族傳統歷史文化與旅遊景觀要素綜合考慮，避免其隨意性。作為傳統文化的載體，民居文化開發失真或者缺乏文化內涵等，都將導致傳統民族文化的消亡。在今後毛南族風情文化村的規劃設計中，應加深對毛南族民居建築文化的理解，打造鄉村旅遊民居景觀的品牌。

毛南族民居是一種具有明顯地域性特徵的鄉村景觀，是毛南人適應地域氣候、自然環境及人文過程的物質形態的表露，它使我們能夠更為透徹地、更深層次地瞭解毛南族的民俗文化內涵，更好地為毛南族地區的經濟社會發展把脈和定位，更有針對性地為毛南族地區的科學發展進行設計規劃。

隨著經濟的發展和社會進步，傳統民居的保護和傳統文化的傳承面臨著巨大的壓力。在現代文明和強勢文化的衝擊下，毛南山村老百姓的觀念也在疾速改變，現代建築的興起和傳統建築的迅速消失使傳統民居建築越來越少。在傳統民居消失的同時我們失去的是珍貴的文化遺產和優秀的建築藝術以及彌足珍貴的旅遊資源。如何在保護的前提下傳承和發展這些珍貴的遺產與文化，還需要更多的學者去研究和探索，提出更多的措施與建議，從而在保護遺產的同時促進社會的文明進步和可持續發展。

（原載於《黔南民族師範學院學報》2010 年第 1 期）

民族村落文化景觀遺產保護評價研究

——以雷山縣控拜村為例

李亮 但文紅 黃娟

民族村落文化景觀遺產是遺產保護體系的重要組成部分。[1](P84-93) 伴隨著國內民族村落文化景觀遺產保護研究的深入，對民族村落文化景觀遺產的研究範圍逐步擴大，取得了許多新的成就，主要集中於民族村寨聚落的物質層面：地域特徵、建築結構與空間布局、環境風貌等[2-4]；非物質層面：宗教文化、歌舞文化、農業景觀與蠟染刺繡等[5-7]。但對村落文化景觀遺產的價值的量化評價則鮮有研究[8-9]，當前僅限於價值定性的描述與說明[10-13]，常存在研究者的主觀性和片面性，從科學的角度來看缺乏精確性，難以對不同區域、不同類型的村落文化景觀遺產進行精確的評價與對比。

基於上述問題，在貴州省村落文化景觀遺產系統性保護工程即將啟動的背景下，本文以層次分析法與德爾菲法作為技術手段，構建具有地域特徵的貴州省民族村落文化景觀遺產保護評價體系及其評估模型，並以雷山縣西江鎮控拜村為例進行實證研究，以此為民族村落文化景觀遺產資源更好地保護與利用提供基礎資料和依據。

一、民族村落文化景觀遺產

村落文化景觀是農業社會創造的人類智慧的結

晶，是一種融合「物質與非物質」文化遺產與自然遺產的復合遺產類型，其蘊含的自然和文化多樣性，具有重要的文化象徵意義。

民族村落文化景觀是自然與人類長期相互作用的共同作品，體現了地域民族鄉村社會及族群所擁有的多樣的生存智慧，折射了人類和自然之間的內在連繫，是農業文明的結晶，展現了人類與自然和諧相處的生活方式，記錄著豐富的歷史文化信息，保存著本民族特有的傳統文化精髓，是人類寶貴的文化遺產。民族村寨因不同的形成、發展過程而各具特色，記錄著各個村寨歷史文化的發展脈絡，是人類寶貴的村落文化景觀遺產資源。其所蘊含的自然和文化多樣性是未來理想生活的活力源泉，具有如下兩方面重要的價值意義：第一，承載著民族村寨的物質文化形態，即可以被視覺所觀察到的有形物質形態，包括村莊的山川、河流、聚落形態、民居、街道、農田、服飾、碑石、水井、娛樂場所等。民族村寨的產生和發展都具有悠久的歷史，在特定的地域範圍及歷史階段內，民族村落文化景觀具有不可替代的價值。第二，記錄了村寨的風俗習慣、民間文學、民間藝術，凝聚了人們的精神內涵、行為生活方式，在一定的歷史階段逐漸形成人們的風俗習慣、宗教信仰、審美觀念、道德觀等，是民族村落集體記憶的源泉，對民族村落文化景觀的形成、演變具有重要意義。

二、村落文化景觀遺產價值評價的指標體系

（一）指標體系的構建

在民族村落文化景觀遺產概念與價值內涵基礎上，結合對貴州省典型

民族村寨的實地調研，從體系設置、指標選取兩方面構建以「民族村落物質文化景觀遺產」、「民族村落非物質文化景觀遺產」為主要評價要素的貴州省村落文化景觀遺產保護評價因子和評價模型，同時考慮到評價對象的科學性、實用性、完整性、村民認同性等因素，最終研究設計四層保護評價體系，即目標層 A、綜合評價層 B（2 項指標）、要素評價層 C（6 項指標）、方案評價層 D（23 項指標），見圖 1 所示。

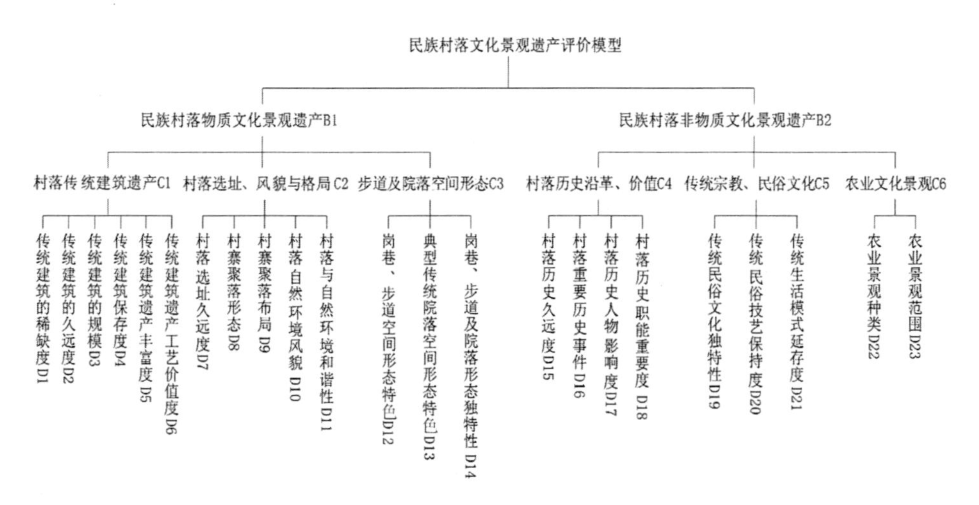

圖 1　民族村落文化景觀遺產評估框架

（二）採用德爾菲法與層次分析法確定指標權重

評價成功的關鍵在於評價因子權重的確定。權重的評判方法與過程的科學性與合理性，制約著評價結果的準確性和客觀性。目前評判指標權重值方法仍主要採用主觀經驗，因此具有較大的主觀隨意性，為了規避這一問題，筆者通過引入數理統計方法確定評價指標權重值，以降低民族村落文化景觀遺產價值評價過程中的主觀性。綜合考慮上述因素，結合民族村落文化景觀遺產評價的特點，本研究主要採用德爾菲法和層次分析法相結合的方式來確定評價指標的權重。

1. 獲取指標權重諮詢值

德爾菲法是集中專家意見和智慧的一種方法。首先根據保護評價的體系制定問卷的內容，對所涉及知識領域進行選擇、確定專家範圍，然後採用德爾菲法進行指標權重值的調查。本研究邀請貴州省文化局和高等學校的社會學、建築學、環境、地理、文化遺產等相關專家二十人，並向其發出徵詢問答卷，經過多輪專家調查諮詢，直到每個專家不再改變自己的意見為止。

2. 權重值計算過程

回收答卷後，根據專家對指標權重的最終意見，通過數量計算，從而得出 B-D 層各層權重值，考慮到評價時以 D 層為依據，故繼續計算各因素總排序權重值。層次分析法計算指標權重的一般流程如下：

（1）將矩陣按列歸一化：$b_{ij} = \dfrac{a_{ij}}{\sum_{i=1}^{n} a_{ij}}$

（2）按行求和：$v_i = \sum_{j=1}^{3} {}_{ij}$

（3）歸一化：$w_i = \dfrac{u_i}{\sum^{3} v_i}$

（4）一致性檢驗：$C.I. = \dfrac{(\lambda_{\max} - n)}{(n-1)}; \lambda_{\max} = \dfrac{1}{n} \sum_{i} \dfrac{(AW)_i}{w_i}; C.R. = \dfrac{C.I.}{R.I.}$

R.I.為平均隨機一致性指標，需要查表。當 $C.R.<0.1$ 時，可以接受判斷矩陣的一致性（表 1）。

表 1　平均隨機一致性指標值

N	1	2	3	4	5	6	7	8
RI	0	0	0.52	0.89	1.12	1.26	1.36	1.41

指標權重值層次總排序及其一致性檢驗：確定某層所有指標對於總目標相對重要性的排序權值過程，稱為層次總排序。在求得 B、C、D 各單一準則下各指標的權重後，再計算各個層次所有指標對於從最高層相對重要性的權值及排序，特別是最底層的各個備選方案相對於總目標的權值及排序，即層次總排序，可依據表 2 計算。從最高層到最低層逐層進行：設：A 層 m 個元素 A_1，A_2，$\cdots A_m$，對總目標 Z 的排序為：a_1，a_2，$\cdots a_m$，B 層 n 個元素對上層 A 中元素為 Aj 的層次單排序為：

$b_{1j}b2_j$，$\cdots b_{nj}$（$j=1$，2，$\cdots m$），

B 層的層次總排序為：

$B1$：$a_1b_{11}+a_2b_{12}+a_mb_{1m}$

B_2：$a_1b_{21}+a_2b_{22}+a_mb_{2m}$

……

B_n：$a_1b_{n1}+a_2b_{n2}+a_mb_{nm}$

即 B 層第 i 個指標對總目標的權值為：$\sum_{j=1}^{m} a_j b_{ij}$

表 2　層次總排序的合成權重計算

層次 A	A_1	A_2	…	A_m	B 層指標對目標的權重
層次 B	a_1	a_2	…	a_m	
B_1	b_{11}	b_{12}	…	b_{1m}	$\sum_{j=1}^{m} a_j b_{1j} = b_1$
B_2	b_{21}	b_{22}	…	b_{2m}	$\sum_{j=1}^{m} a_j b_{2j} = b_2$
⋮	⋮	⋮	…	⋮	⋮
B_n	b_{n1}	b_{n2}	…	b_{nm}	$\sum_{j=1}^{m} a_j b_{nj} = b_n$

（三）指標權重值的確定

根據專家反饋結果，利用層次分析法中的指標權重計算程序，最終得到各指標權重值（保留四位）（表 3 所示）。經一致性檢驗，$C.R.<0.1$，判斷矩陣具有滿意的一致性。

表 3　民族村落文化景觀遺產評價指標權重續表

<table>
<tr><th>B 層因子及權重</th><th>C 層因子及權重</th><th>D 層因子及權重</th><th>總排序權重</th></tr>
<tr><td rowspan="14">民族村落物質文化景觀遺產
B1
0.4952</td><td rowspan="6">村落傳統
建築遺產 C1
0.5368</td><td>傳統建築的稀缺度 D1 0.0826</td><td>0.0220</td></tr>
<tr><td>傳統建築的久遠度 D2 0.0690</td><td>0.0183</td></tr>
<tr><td>傳統建築的規模 D3 0.2804</td><td>0.0745</td></tr>
<tr><td>傳統建築保存度 D4 0.1348</td><td>0.0358</td></tr>
<tr><td>傳統建築遺產豐富度 D5 0.2874</td><td>0.0764</td></tr>
<tr><td>傳統建築遺產工藝價值度 D6 0.1458</td><td>0.0388</td></tr>
<tr><td rowspan="5">村落選址、風貌
與格局 C2
0.1726</td><td>村落選址久遠度 D7 0.1782</td><td>0.0152</td></tr>
<tr><td>村寨聚落形態 D8 0.2392</td><td>0.0204</td></tr>
<tr><td>村寨聚落布局 D9 0.1225</td><td>0.0105</td></tr>
<tr><td>村落自然環境風貌 D10 0.2648</td><td>0.0226</td></tr>
<tr><td>村落與自然環境和諧性 D11 0.1953</td><td>0.0167</td></tr>
<tr><td rowspan="3">步道及院落
空間形態 C3
0.2906</td><td>崗巷、步道空間形態特色 D12 0.5286</td><td>0.0761</td></tr>
<tr><td>典型傳統院落空間形態特色 D13 0.2478</td><td>0.0357</td></tr>
<tr><td>崗巷、步道及院落形態獨特性 D14 0.2236</td><td>0.0322</td></tr>
<tr><td rowspan="9">民族村落非物質文化景觀遺產 B2
0.5048</td><td rowspan="4">村落歷史
沿革、價值 C4
0.1357</td><td>村落歷史久遠度 D15 0.1896</td><td>0.0130</td></tr>
<tr><td>村落重要歷史事件 D16 0.2148</td><td>0.0147</td></tr>
<tr><td>村落歷史人物影響度 D17 0.2536</td><td>0.0174</td></tr>
<tr><td>村落歷史職能重要度 D18 0.3420</td><td>0.0234</td></tr>
<tr><td rowspan="3">傳統宗教、民俗
文化 C5
0.6215</td><td>傳統民俗文化獨特性 D19 0.3612</td><td>0.1133</td></tr>
<tr><td>傳統民俗技藝保持度 D20 0.4218</td><td>0.1323</td></tr>
<tr><td>傳統生活模式延存度 D21 0.2170</td><td>0.0681</td></tr>
<tr><td rowspan="2">農業文化景觀 C6
0.2428</td><td>農業景觀種類 D22 0.5198</td><td>0.0637</td></tr>
<tr><td>農業景觀範圍 D23 0.4802</td><td>0.058</td></tr>
</table>

由於目前省、市、縣各級人民政府財政支持力度有限，只能對部分頗有價值的村落景觀遺產進行保護，通過計算獲知影響村落文化景觀遺產價值的因子權重大小，指導相關人員在保護工作中抓住問題重點與要點，使得保護資金、人員配置和保護政策的效用最大化。

三、評分標準

在獲得評價因子的權重後，需要進一步對評價因子制定評分標準，同時簡化評價體系框架，僅保留 D 層評價因子，為了更符合人們的認識習慣，對最終分值進行處理，將指標的評分設置為滿分一百分。在問題設置上，採用模糊綜合評判方法，以絕對標準與相對標準進行調查研究。絕對標準，即對部分評價因子的評判，儘可能查閱文獻、碑帖、家譜等資料，給予客觀的回答，以增強準確度和精煉性。相對標準，即由於某些評價對象受多個因素的制約影響，反饋的信息難免帶有模糊性與主觀性，因此在評分標準的設置上，採用相對模糊的方式（表 4 所示）。

表 4　民族村落文化景觀遺產評分表續表

權重值	評價因子	評分標準（100 分制）			
		100~90 分	80~60 分	50~30 分	20~0 分
0.0220	傳統建築的稀缺度	世界級	國家級	省級市、縣級	
0.0183	傳統建築的久遠度	明代及以前	清代	民國	新中國成立至 1980 年
0.0745	傳統建築的規模	5 公頃以上	3~5 公頃	1~3 公頃	0~1 公頃
0.0358	傳統建築保存度	完全保持原狀	20%以下經過修復	40%以下經過修復	40%以上經過修復
0.0764	傳統建築遺產豐富度	極豐富	豐富	較豐富	一般
0.0388	傳統建築遺產工藝價值度	極高	高	較高	一般
0.0152	村落選址久遠度	明清以前	明清	民國	新中國成立後
0.0204	村寨聚落形態	十分優美	優美	比較優美	一般
0.0105	村寨聚落布局	規劃布局理論	布局十分完整，傳統功能保存齊全	布局較為完整，傳統功能尚在	空間布局較為一般

0.0226	村落自然環境風貌	自然環境完整優美	自然環境較完好	自然環境一般	自然環境有一定破壞
0.0167	村落與自然環境和諧性	和諧共生	較和諧	一般	不和諧
0.0761	崗巷、步道空間形態特色	極鮮明	鮮明	較鮮明	一般
0.0357	典型傳統院落空間形態特色	極鮮明	鮮明	較鮮明	一般
0.0322	崗巷、步道及院落形態獨特性	空間構成要素獨一無二	空間構成要素十分獨特	空間構成要素較為獨特	一般
0.0130	村落歷史久遠度	宋及以前	元代	明清	清及以後
0.0147	村落重要歷史事件	10 件以上	10~7 件	7~4 件	4 件以下
0.0174	村落歷史人物影響度	在全國範圍內產生過重要影響	在地區範圍內產生過重要影響	在本地範圍內產生過重要影響	沒有
0.0234	村落歷史職能重要度	在全國範圍內具有重要地位	在地區範圍內具有重要地位	在本地範圍內具有重要地位	沒有
0.1133	傳統民俗文化獨特性	極獨特	獨特	較獨特	一般
0.1323	傳統民俗技藝保持度	很好保持	保持	基本保持	較差
0.0681	傳統生活模式延存度	完整延續	延續	基本延續	不延續
0.0637	農業景觀種類	8 種以上	8~6 種	6~4 種	4 種以下
0.0589	農業景觀範圍	占土地總面積的比 15%以上	占土地總面積的比 15%~12%	占土地總面積的比 12%~10%	占土地總面積的比 10%以下

四、實證研究——控拜苗族銀匠村遺產價值評價

（一）控拜銀匠村概況

控拜銀匠村位於貴州省雷山縣西江鎮，是雷公山區典型的苗族聚居村落。村寨坐落在海拔一千餘米的半山腰的陽坡上，其地理方位為：東經108°11′739″~108°14′39″，北緯26°33′45″~26°30′30″，由上寨、中寨、下寨三個部分組成，共一百九十一戶一千二百九十二人，有李、穆、龍、楊、潘五大姓。干欄式木質吊腳樓依山而建，鱗次櫛比，疏密有致。村寨四周是層層疊疊的梯田，延續著古老的稻魚生產傳統。海拔較高處是茂密的杉木林，涵養村寨的水源，提供房屋建造的材料。村寨、稻田和森林構成了人與自然和諧相處的悠遠寧靜的田園景色。

控拜在明、清兩代進入雷公山的戰略要地，最早建有九個寨子。雍正十三年（1735），清廷「改土歸流」政策引起當地苗民起事，九寨盡毀於兵燹。流落他鄉的控拜村民學會了銀飾鍛造技藝後，陸續轉回故土修建了現在的寨子，並改為漢姓。農閒時，各家的成年男子走村串戶為苗族群眾製作銀飾，足跡遍布西南各省，形成了遠近聞名的銀匠村。

控拜銀匠村至今仍保留著豐富的雷山苗族非物質文化遺產，如祭祀、婚嫁、喪葬、服飾、歌舞、刺繡、蠟染、紡織等，積澱了以「寨老」管理世俗生活、「鼓藏頭」執掌精神生活的傳統村落治理結構，反映了雷公山地區苗族先民創造的人與自然和諧相處的生存智慧。獨特的自然環境與人文環境，構成了獨特的村落文化景觀。現存百年以上典型苗族吊腳樓式民

居三十五棟以及祭祀場所鼓藏坪等文物。二〇〇八年，省文物局將控拜銀匠村作為首個「村落文化景觀保護與發展研究」試點村寨。二〇一二年六月十日，其成為貴州省「百村計劃」保護工程中首批「村落文化景觀保護示範村寨」。

（二）綜合評估結果

根據上述確定的貴州民族村落文化景觀遺產保護評價指標體系，在通過計算求得指標權重值和確定指標評分標準之後，邀請了二十位專家、學者及相關專業研究生對控拜村文化景觀遺產進行評價，通過對回收的《貴州省民族村落文化景觀遺產保護評價指標評分表》進行數理統計，得出評價結果（表5）。

運用評價模型對控拜村進行實際評估，並分析計算評分結果，可以從總體上把握控拜村村落文化景觀遺產的綜合價值，同時，通過各指標價值得分的狀況，比較分析發現控拜村村落文化景觀價值的優勢項和弱勢項，以此有針對性地對控拜苗族銀匠村的遺產保護提供相關的建議、解決問題的途徑與方法。另外，對同一縣、鎮域內，加入不同村寨的遺產評價，可直觀對比分析村落文化景觀遺產之間的現狀差距，為保護工作的重要性排序提供數據支撐。

表 5　控拜銀匠村村落文化景觀遺產價值統計表

目標層	分數	綜合評價層	分數	要素評價層	分數
控拜銀匠村村落文化景觀遺產	81.2	民族村落物質文化景觀遺產	38.8	村落傳統建築遺產	21.8
				村落選址、風貌與格局	6.7
				步道及院落空間形態	10.3
		民族村落物質非文化景觀遺產	42.4	村落歷史沿革、價值	5.1
				傳統宗教、民俗文化	26.8
				農業文化景觀	10.5

五、結論

民族村落文化景觀遺產價值評估包括物質文化景觀遺產與非物質文化景觀遺產兩方面的內容。其中，物質文化景觀遺產考慮到村落單體建築、院落與建築群乃至整個村落的格局及空間形態、村落整體風貌、與環境和諧性、崗巷、步道空間形態等方面，總體上反映了村落居民生活的物質層面；非物質文化景觀遺產包含有村落的歷史沿革（重要歷史事件、人物）、民俗文化、民俗技藝等，使得民族村落文化景觀價值評價既有客觀評價，又有主觀感受，因此是具有綜合性、較為完整的評價體系。同時，考慮指標間的相互關係和內在連繫，在評價因子的選擇與設計上突出文化景觀遺傳保護的整體觀念，因此是一個較完整的綜合性民族村落文化景觀遺產評價體系。

研究利用德爾菲法，在將專家權重諮詢值和主觀經驗統一的基礎上，採用層次分析法分層計算、分配權重，儘可能利用嚴密的數理計算規避主觀因素，並對評價因子權重進行一致性檢驗，使評價因子的權重在符合客觀實際的同時又滿足於定量表達，從而提高評價體系的合理性、客觀性和準確性。

評價模型是在基於長期從事民族村寨調研的基礎上構建的，能夠合理地、準確地反映出貴州省民族村落文化景觀遺產的客觀實際狀況。根據具體情況適當調整指標體系，對於其他地區民族村落文化景觀遺產價值評價同樣適用。整個評價體系的層次結構簡明，評分標準易於設計，權重的數理計算可通過 Mathtype、Eviews 等軟件來實現，可操作性強。

通過對民族村落文化景觀遺產的價值計算與統計，能從總體上反映出民族村落文化景觀遺產價值的高低優劣，有利於民族村落文化景觀遺產保護重要性排序工作的開展，對於如何在眾多村寨中遴選出具有典型代表的村寨，以進行必要保護與發展的研究工作就顯得極為必要。

參考文獻

〔1〕吳小華.村落文化景觀遺產的概念、構成及其影響〔J〕.古今農業，2010（4）.

〔2〕彭思濤，但文紅.基於社區參與的村落文化景觀遺產保護模式研究——以貴州省雷山縣控拜社區為例〔J〕.原生態民族文化學刊，2009（2）.

〔3〕宋江，但文紅.控拜村傳統民居景觀保護的問題與對策研究〔J〕.貴州大學學報（社會科學版），2009（6）.

〔4〕王偉，劉海裕.村落文化景觀保護利用的原則及制度思考〔J〕.山西省政法管理幹部學院學報，2013（1）.

〔5〕吳忠軍，吳少峰.苗族旅遊村寨村落文化景觀變遷研究——以貝江景區的溝灘屯為例〔J〕.重慶工商大學學報（社會科學版），2013，30（1）.

〔6〕但文紅.銀匠村怎樣保護村落文化景觀〔N〕.中國文化報，2008-12-14.

〔7〕張成渝.村落文化景觀保護與可持續發展的兩種實踐——解讀生態博物館和鄉村旅遊〔J〕.同濟大學學報（社會科學版），2011，22（3）.

〔8〕張文靜.民族村落文化景觀的保護〔J〕.中國民族，2011（4）.

〔9〕蔣盈盈，王紅.淺談貴州民族村落文化景觀保護與利用——以花溪鎮山布依族村寨為案例〔J〕.貴州工業大學學報（自然科學版），2008，37（5）.

〔10〕程曉玲.西遞古村落建築評價方法初探〔J〕.安徽工業大學學報（社會科學版），2012，29（3）.

〔11〕童喬慧，劉天楨.歷史建築評估中的結構方程模型研究〔J〕.華中建築，2008（12）.

〔12〕朱曉明.試論古村落的評價標準〔J〕.古建園林技術，2001（4）.

〔13〕汪清蓉，李凡.基於模糊綜合評判法的我國歷史文化名村（鎮）綜合價值評價研究〔J〕.生態經濟（學術版），2006（02）.

（原載於《黔南民族師範學院學報》2014 年第 1 期）

民族習慣法變遷的不同路徑

——兩個水族村寨的比較

文永輝

少數民族習慣法是「中國習慣法體系的主要組成部分，是中國習慣法體系中內容最豐富、影響最大的一種習慣法。」[1](P11)近年來，相關研究成果可謂非常豐富，探討的主要內容包括各民族習慣法的比較研究、習慣法與國家法的斷裂與調適等。縱觀各類研究可發現，多數研究都以某一民族作為一個習慣法的主體。誠然，某一民族共同體在習慣法方面具有大致相同的共性。然而，在外來文化的衝擊下，習慣法卻並非總是鐵板一塊。筆者通過在貴州省三都水族自治縣的兩個典型水族村落——塘黨寨和水各大寨的田野調查中發現，在不同的外來文化衝擊下，水族習慣法從形式到運行都表現出了細微的差別，其在水族人心中的地位也多有不同。這為我們探討民族習慣法的內部差異、理解格爾茨的名言——「法律說到底是一種地方性知識」提供了一個參照，也為思考和觀察當代中國的法治進程提供了一個小小的特別視角。

收稿日期：2010-02-17

作者簡介：文永輝（1976-），男，貴州貴陽人，貴州師範大學法學院副教授，法學博士，研究方向：習慣法、民商法。

一、漢文化浸潤的塘黨寨和旅遊文化衝擊下的水各大寨

筆者分別於二〇〇五年七月和二〇〇九年八月在三都水族自治縣南部的塘黨寨和水各大寨進行了一個多月的田野調查，這兩個水族村寨可以說是受外來文化影響的典型。

塘黨寨隸屬於三都縣恆豐鄉，距縣城四十六千米，距恆豐鄉政府駐地四千米，是一個典型的韋氏單姓宗族村落，現有一百六十八戶七百五十多人。塘黨受漢文化影響較早、較深，民國時期（1931 年），塘黨鄉紳韋學霖籌建省立恆豐小學，後來該小學發展成為「邊疆教育的典範」，為水族地區文化教育事業和人才培養做出了不可磨滅的貢獻。而塘黨小學從一九三一年開辦以來，一直沒有停過課。一九四九年以後，一個小小的塘黨寨就有五十多名子弟考上包括清華大學在內的大中專院校，其中有人後來當了縣長、（副）州長、大學教授、高級工程師，有人出國留學等。這種情況在貴州教育相對發達的漢族村寨也不多見。因此，塘黨寨是一個深受漢文化和現代教育浸潤的典型的水族村寨。

水各大寨隸屬於三都縣九阡鎮，離九阡鎮政府五千米左右，是九阡鎮水各村八個自然寨中最大的一個寨子，一百七十四戶，總人口七百二十餘人，大多為吳姓，除兩戶屬布依族和一位嫁入的漢族女子之外，絕大部分人皆為水族人。大寨自然風光優美，氣候宜人，山、水、田園、村寨和濃厚的民族風情構成了一幅美麗的風景畫。水各大寨是水族卯文化的發源地，是所有過卯節的地區中最有名的地方。當地有句話說，「九阡卯最大」，就是指水各的卯節。另外，水各大寨的水族建築、服飾、語言、飲

食（九阡酒和九阡李）等文化都保存得較為完好。從一九九〇年起，水各大寨就開始有意識地發展旅遊業。二〇〇四年前後，黔南州城鄉規劃設計研究院為水各大寨做出卯文化景區的規劃，而且州縣政府投入了大筆資金進行旅遊景區的建設和人員的配置。二〇〇五年通過廣泛宣傳，策劃舉辦了海內外數萬人參加的卯節。目前，該寨已經初步具備了作為民族文化旅遊景點的輪廓，水各是在現代旅遊經濟衝擊下的一個典型的水族村寨。

二、塘黨寨和水各大寨習慣法的表現形式

塘黨寨和水各大寨同屬三都水族自治縣南部的水族腹地，二者相距不過二十多千米，但在風俗上有一定的差異。水族最重要的節日是「端節」和「卯節」，但在民間都是「過端不過卯、過卯不過端」。塘黨屬於「過端」的地區，水各則是三都「過卯」的中心。二者在習慣法表現上，則大同小異：

1. 維護水族宗教信仰方面

水族民眾信奉萬物有靈，石頭、古樹、水井都可能成為人們信奉的對象，如果是村落公共信仰的自然神靈，任何人都不得破壞。

塘黨人信奉石頭菩薩，特別是豬頭形狀的石頭菩薩被認為最靈驗。寨子裡有兩座供奉石頭菩薩的小廟，為塘黨人的公共信奉區域。另外，幾乎每家都在房前屋後供奉了自家的石頭，作為私家祈福的神靈。

塘黨人普遍相信，塘黨寨之所以培養出那麼多大學生，是風水好的緣故，而這種好風水則被歸因於寨子中央的幾根大杉樹以及離寨門一千米處

的三棵大杉樹，這些樹都是神樹，不得砍伐。如果有人敢動這些樹，就會遭到眾人懲罰，也會受到樹神的懲罰——生病或死亡。

水各大寨亦信仰石神、樹神、井神、霞神等。石神是寨子西南邊二百米左右的兩塊大石頭，被稱為「石公」、「石奶」，是人們祈福、還願的主要神靈。筆者看到，石神周圍擺滿了人們還願的木架、豬籠、掛的紅布。石神還是在卯坡上對歌成為情侶、夫妻的男女愛情的見證人，水歌唱道：「拜上石神來證婚，誰敢負心報應深；哪天二人喜婚配，回頭重謝月老恩。」在調查中，水各人告訴筆者，在傳統習俗中水族青年成婚大多不領結婚證，但由於有石公、石奶作證，一般人不敢背叛婚姻，有些外出打工的水族男人即使在外風流，也不敢拋棄家中妻子，擔憂石公、石奶會罰他斷手斷腳、不得好死。

水各大寨的樹神是寨子西邊一座山上的兩棵千年紅豆杉，被稱為「樹公」、「樹奶」。根據傳說，樹公名「阿林」，「樹奶」名「阿月」；另一棵較小的紅豆杉是樹公和樹奶的兒子，名叫「阿月下」；還有一棵更小的紅豆杉則被認為是樹孫，都有神性。樹神也是男女愛情的見證和保證，更主要的功能是保障夫妻生育，正如水歌所唱：「哥拉妹登樹神山，同把樹公樹奶參；保我雙雙添貴子，保我夫妻白頭歡。」另外，如果為小孩生病祈福、找「保爺」（一般找樹作保爺），也會到樹神面前獻祭。寨子門口還有幾棵大樹，是護寨樹，是整個寨子的保護神。

井神是寨子南邊的兩口水井，被稱為龍井和鳳井，傳說喝龍井水生男孩，喝鳳井水生女孩。

霞神是一塊人形的石頭，是雨神，據說要十二年才能祭拜一次。但水各寨是每年都可以拜「霞」的，由寨子裡的水書先生確定祭拜的日子。現在，為了旅遊的需要，水各大寨的霞神被搬來放在修建的卯文化博物館前的院壩上，修建了專門的神臺供奉。

2. 維護社會治安方面

對於偷盜等危害社會治安的活動，若盜賊被抓住，除了對被盜人家進行賠償外，還要「吃榔」，只是具體的做法不太一樣。

塘黨寨的「吃榔」被稱為「三個一」，即按寨子戶數，盜賊按每戶一斤酒、一斤肉、一塊錢的標準出資（後又增加了 1 包煙，稱為「四個 1」）。每戶人家出一人，共同聚會「吃榔」。

水各大寨「吃榔」的做法是罰「三個一百二十」，即罰盜賊一百二十斤肉、一百二十斤酒、一百二十斤米，全寨人到龍鳳井去「吃榔」。

3. 婚姻家庭方面

據資料記載，水族傳統有「舅爺家討外甥女」的習俗，即舅爺家兒子有娶外甥女的優先權。如果舅爺家沒有兒子，則外甥女在出嫁前必須交外甥錢，由婿家支付。〔2〕（P430）筆者在塘黨和水各的調查中，人們都說這一習俗早就不存在了。在婚姻家庭方面，主要是「兄弟寨不通婚」、對事實婚姻的承認這樣的習慣法。

「兄弟寨不通婚」是指一些寨子被認為與本寨是有血緣關係的兄弟寨，不能通婚。違背此規定的男女，傳說有被「浸豬籠」的危險。塘黨本寨人由於被認為是同一祖先三兄弟的後代，因此本寨的通婚是絕對禁止的，也沒有人違犯過。至於周邊的哪些寨子是「兄弟寨」，則十分模糊，老人們都說不清楚。不過塘黨青年人都盡量避免在周邊村寨找對象，塘黨的媳婦大多來自較遠的三洞鄉和荔波縣內。這表明「兄弟寨不通婚」被一定程度地遵守著。

水各大寨也有「兄弟寨不通婚」的習俗，水各大寨的兄弟寨明確就是指不遠處的母下寨，水各人認為母下寨的人與他們是未出三代的親屬，因此不能通婚。雖然大家都知道水各大寨與母下寨早就過了三代的親屬關係，但這一習俗一直被很好地遵從著。

在結婚禮俗方面，以前水族也有一些「三媒六聘」的規矩，現在已發生了巨大的變化，按照水族的文化專家石國義先生的說法：「父母已經駕馭不住男女青年的婚戀了」、「以前是三媒六聘，現在幾乎都是先『通車』（女方先到男方家去）後送禮了」。水族人對這種國家法律不承認的事實婚姻是認可的。筆者在周覃鎮法庭（塘黨的民事案件由周覃法庭審理）翻閱了一些離婚案件的卷宗，發現當地婚姻很多都沒有領取結婚證。但是，對於這種事實婚姻，現在已經形成了一定的禮俗來確保世俗的承認，在塘黨和水各大寨，這種禮俗基本是這樣的一個程序：

女方先到男方家同居，男方家辦一個「小酒」，住一段時間或有了小孩後，男方父母在過端、過卯時帶上小聘禮（一頭豬、糯米粑、糖煙酒等）去女方家認親（也稱「賠禮道歉」）。女方父母如果不同意，就不殺豬，男方只好再找媒婆說和，直到女方父母同意。雙方父母根據男女生辰選定「大酒」日子，男方帶上大牛、豬到女方家，女方陪嫁牛或馬。辦完「大酒」後，婚姻即為社會所承認。

水族人大多知道，這種事實婚姻並不為現行國家法律所保障，但他們完全認同，並認為有石公和石奶作保，婚姻也相當穩定。

4. 繼承、收養和贍養老人方面

過去，水族的繼承方式是男子繼承，女子沒有繼承權。父母也可將少量土地分給女兒，這些土地叫做「姑娘田」，但女兒對其只有使用權，沒有所有權。[2]（P426）

在塘黨和水各大寨，沒有聽說「姑娘田」的存在。在塘黨寨，很多人都知道法律規定女子與男子享有同等的繼承權，但嫁出去的女兒實際上不能繼承土地，但有繼承其他財產的情況。水各大寨的人則認為女兒沒有繼承權是理所當然的，那些沒有兒子的人家，如果想要收養兒子，一般應當收養同族「三家六房」的孩子（「三家」是三代以內的血親；「六房」則是以己身為中心，上溯三代，下溯三代），收養的孩子既可繼承親生父母的遺產，也可繼承養父母的遺產。無兒子的人家的遺產，由同族的「三家六房」進行分配，有「三家」存在，則「三家」之外的「六房」沒有繼承權。

女兒沒有繼承權，但同時也沒有贍養父母的任何義務。只有女兒沒有兒子的人家，父母年老後，嫁出去的女兒不回來照顧父母，任何人都不會譴責女兒不孝。照顧老人的責任相應由享有繼承權的「三家六房」承擔。在水各大寨，還流行「幺兒」贍養的習慣，一戶人家有幾個兒子的，在分家時，最小的兒子可以分得父母的房屋和其他更多的財產，但最終贍養老人的責任就落到「幺兒」身上，其他兒子的贍養義務相對減少。

當然，上述習俗已有移易。在塘黨，有一戶人家因為兒子在外工作，女兒女婿回到老人身邊居住，照顧老人，老人表示，死後在農村的財產均會交給女兒女婿。另外，「三家六房」的作用也在發生變化，筆者在調查中發現，由於相互之間親屬關係近、權利義務多、利益糾葛多，因此，「三家六房」之內的矛盾也較多，很多「三家六房」的內部關係比外部關係還要差，其所享有的繼承權和贍養老人的義務也就經常不能實現，其在調解糾紛方面的作用也大大降低。

5. 村規民約和族規族約

塘黨寨和水各大寨的村規民約都是在一九九二年前後製定的，由村民小組幹部會議通過，報鄉（鎮）政府批准後生效。由於村規民約是在政府引導下制定的一種制度規範，內容也大同小異，涉及農村生活的一些主要方面，包括山林管理、農作物生產、社會公益勞動、水源管理、對偷竊行為的處罰等方面。執行的手段較為單一，多以罰款為主。

從實際效果來看，塘黨寨的村規民約宣傳和執行過一段時間，還成立了村規民約執行小組，但規定的罰款過重，很多村民難以承受，很快就執行不下去了，執行小組也最終解散。水各大寨的村規民約的命運也大致相似，現在，只有在水書先生家裡能夠找到一份村規民約，大多數村民都已經不瞭解其內容。

在塘黨寨還曾經有一份宗規族約，是二〇〇五年二月四日在水梅（三都九阡鎮的一個寨子）召開的三都韋氏宗族大會上通過的。塘黨當時有五十多個老人參加會議，但帶回來的宗規族約從未向寨子上的人公示過，青壯年人多不知其存在。筆者在一個老人家裡看到，其內容主要包括：一是規定同族的人不能通婚；二是要求族人相互協助，保護家族利益；三是對偷盜、拐賣婦女進行懲罰；四是要求族人尊敬、孝順、贍養老人等。在處罰措施方面，有罰「吃榔」、逐出宗族、不予幫忙干重活等。從塘黨人對宗規族約的知曉程度來看，這份壓在箱底的宗規族約恐怕永遠沒有執行的機會。

另外，塘黨寨還有一些新近形成的習慣，如寨子工匠建房只收二百八十元，寨子著火全寨人共同撲救等。關於「神判」，在很多少數民族中存在。據塘黨寨的一些老人回憶，新中國成立前看到過撈桐油、雞判等方法，但現在幾乎絕跡了。水各大寨的人記憶中也不曾有過類似的神判方法，但在如果雙方發生糾紛難以解決時，也有雙方在石公和石奶面前賭咒發誓的情況。如果單方面懷疑某人偷竊自家東西又沒有證據，會找巫婆或在石公和石奶面前去詛咒對方。另外，水各大寨的老人死亡，必須在當天下葬，不能過夜，而塘黨寨沒有這樣的習慣。

三、外來文化對水族習慣法的影響分析

應該說，水族社會一直以來就並非完全自足封閉的社會，而是和外界社會存在交流的，外來文化也一直在不斷地影響著水族的習慣法。其中，一九四九年後國家權力在鄉土社會的擴展影響至深，「公社化造就了一套自上而下的經濟控制與行政控制網絡，使得國家權力對鄉村社會的滲入和

控制達到了前所未有的規模和深度」[3](P418)，水族社會原有的宗族互助網絡被撕裂，「最重要的關係已改換成國家政權與農民的關係」[4](P194-195)。同時，不斷的「送法下鄉」運動和普法教育，也對水族民眾的法律意識形成了衝擊。特別是在改革開放以後，持續不斷的市場化、商品化、全球化的衝擊，也使水族社會中的個人選擇面增大，職業範圍和生活方式的轉變以及謀生手段的多元化，使原來基於土地和自然經濟而建立起來的「生於斯、長於斯」的村落、家族的認同進一步受到破壞，建立在自然經濟和家族血緣基礎上的水族習慣法的變遷也就不可避免。

基於上述宏大的國家政治和經濟制度的變遷給鄉土社會及其習慣法所帶來的變化，放在任何一個民族及其習慣法上也許都是適用的。不過，當我們拋開這些宏大敘事，單純地去關注民族內部的個性及細微差別時，我們可以發現，在塘黨和水各大寨這兩個相距不過二十多千米的水族村寨，由於分別受到漢族文化的浸潤和旅遊經濟的衝擊，其在習慣法方面開始表現出細微的差別。

1. 在習慣法和國家法的認識方面

筆者在塘黨調查期間，曾有意無意地向很多村民提出了這樣的兩個問題：(1) 你感覺法律是否有用？(2) 日常生活中大家遇到矛盾糾紛時，是用國家法律還是地方習慣來解決？對此，大多數人回答「法律當然用處很大」、「我們都是用國家法律解決問題」。很多人還給筆者解釋：「現在都是法治社會了，一切都要依法辦事，傳統的那一套早就不時興了。」個別村民甚至當場向筆者展示他們所擁有的一些民法、婚姻法或刑法的基本知識。在塘黨，甚至有一名自學成才的法律工作者韋前（塘黨人都稱他為

「律師」），他於二十世紀八〇年代開始自學法律，後來曾獲得過司法部「全國司法系統先進個人」等表彰，目前在三都縣周覃鎮從事法律服務工作，擁有國家頒發的法律從業人員資格證書。由此可見，塘黨人對國家法有相當的認識和認同，只有在與他們不經意閒聊到一些事情時，才能感覺得到上述習慣法也在實實在在地影響著他們的生活。

水各大寨的人對習慣法和國家法關係的認識則不一樣，筆者在水各大寨調查時，同樣向村民提出了上面的兩個問題，當地人則多數回答：「我們這個地方都照我們的習慣，大家都不太懂法律。」當問到「如果遇到偷牛、殺傷殺死人之類的重大案件時怎麼處理」時，當地人說可能會把他們交給公安機關，但是多數也會私了。幾個村民還舉了一個例子：前些年有一個人到村子裡偷牛，被發現後遭村民追打致死。公安機關來調查時，全寨村民都說小偷是自己摔死的。公安機關調查過後，雖然可能明白是怎麼回事，但最後還是按自己摔死來處理。村民們都說，他們有事一般在族內、寨內解決，遇到和外面的糾紛時，他們異口同聲地進行指證，執法機關往往也沒有辦法，只能按照他們說的辦。由此可見，現代法律滲入的程度，在水各大寨要比在塘黨寨淺得多。

2. 對習慣法本身的認同方面

習慣法本身包含著大量民間宗教信仰、維繫家族血緣利益和關係的成分在其中。在塘黨寨的訪談中，筆者發現，多數塘黨人特別是年輕人將找巫婆、拜樹、拜菩薩等行為直斥為「封建迷信」，言語中對於家族本身也頗為不以為然。當然，筆者調查中也能感受到，即使有些人不信或者說口頭說不信「迷信」，他們也會避免直接和上述帶有神性的物品發生衝突，更不會主動去破壞樹神、石神等，這使塘黨在宗教信仰方面的習慣法得以維繫。即使政府正大力保護的水書，很多人也把它們當成是落後的標誌。筆者在塘黨調查的一個月間，儘管和寨子裡的一位水書先生很熟悉了，但是他始終不承認自己就是「水書先生」。可見，帶著傳統習慣的一切文化、物品、習慣法等，塘黨人本身的認同度並不高。

而在水各大寨，村民普遍將他們的信仰及習慣當成是民族文化的一部分，驕傲地對外展示。水各大寨的石神、樹神、霞神、井神都得到了很好的安置和保護，地位顯要。水各大寨的很多年輕人回到寨子從事旅遊活動，在與他們聊天時，他們也會毫不避諱地說起找巫婆占卜、請水書先生禳解等活動。傳統的一切似乎都使他們感到驕傲。

3. 在習慣法的維護機制方面

據資料記載，以前水族寨子裡有些能說會道的老人，稱為「補改」(講理公)，他們會用水族的習慣來排解糾紛。有時，糾紛的雙方會各自去找自己的「補改」，由「補改」去辯論是非，直到一方無話可說，這時，另一方就服從「補改」的裁決。另外，族長也具有相當的權威。[2](P425)可見，以前的習慣法主要靠傳統的老人權威來維護。

而筆者在塘黨和水各大寨的調查表明，兩地的習慣法由「三家六房、寨老、村委會、鄉政府和派出所、鄉鎮法庭」來綜合維護。

在塘黨，村支書在鄉村習慣法的執行機制中地位獨特，他在職已經二十多年，很多村民對他又恨又怕，同時又離不開他。一方面，村民們認為他不公道、自私；另一方面，村民們承認他有本事、能說會道，掌握法律和政策很到位，有了矛盾糾紛必須靠他來解決。而村支書除了「會說話」、能解決問題（糾紛）之外，他對人的懲罰最直接的手段就是在某個人遇到糾紛時不幫忙解決，讓他直接暴露在國家權力面前。在塘黨調查期間，很容易感受到塘黨人對於習慣法的這一套維護機制的不滿，希望國家法律能保護他們。可以說，塘黨人對國家法律的公正性有相當的企盼，在他們的直覺中，國家法律可能會帶給他們公正，只是國家法律的運行成本是他們難以忍受的。

在水各大寨，沒有出現如塘黨那樣強勢的村支書，村民們對目前的這一套習慣法維護機制，似乎較為滿意，水各大寨的寨老的地位比塘黨寨的寨老的地位高得多。在調查中，也沒有感受到他們如塘黨人一樣對國家法律的企盼。

筆者認為，造成塘黨和水各大寨這兩個相距並不遠的水族村寨在習慣法方面的差異，直接原因就在於塘黨和水各大寨分別受兩種不同的外來強勢文化的影響，形成了兩個寨子村民不同的思維習慣和文化心理。塘黨由於受漢族文化和現代教育浸潤較深，因此，在村民中形成了一種固有的「山內、傳統、落後—山外、現代、先進」的比較性思維，對固有的信仰和文化本身並不自信，對外來的文化（如法律）接受程度較高。而水各大寨則不同，他們可能也曾有過「山內、傳統、落後—山外、現代、先進」的思維，但由於旅遊經濟的衝擊，大量代表外來文化的人湧入原本封閉的村寨，將他們的信仰、建築、語言、習俗等視為瑰寶、大加讚美，由此水各人又重新建立起了一種文化的自信，重新發現了他們本來習以為常的文化的價值。由此，也就比較容易理解水各人對自己那一套習慣法體系的認同和自足。

目前，我們還不能預測塘黨和水各大寨的習慣法體系在未來是否會發生更大的分野。不過，通過對這兩個水族村寨的比較，應該注意到：學者們習慣上把少數民族習慣法想像成為一種原始、民主、悠遠的自足體系，是「鐵板一塊」[5]，研究農村法律的學者大多注意到了國家法律在基層社會的延伸對地方習慣法的影響，但同時也強調國家法沒有完全內化進入村民們的生活，相對於習慣法而言，國家法往往易被看成是「外來者」、「破壞者」。上述研究結論或許在水各大寨可以適用。但在塘黨寨，習慣法的認同程度要低得多，習慣法解決糾紛的一套體制也並非總是受歡迎的，反而引起很多水族人的不滿，使他們對國家法律的公正有一種隱隱的企盼，只是運用國家法的巨大成本使他們望而卻步而不得不藉助於習慣法。習慣法在相隔不遠的兩個村寨表現出了完全不同的變遷路徑。

在外來文化衝擊下，少數民族習慣法早已不是一個自足的體系，也並非所謂應對外來衝擊的「鐵板一塊」。即使相隔不過二十多千米的同一民族村莊，由於受不同的外來文化的衝擊，其習慣法也會呈現出不同的樣態，在從事農村的法治工作時，必須注意到這樣一種地方性知識的多樣化。

參考文獻

〔1〕高其才.中國少數民族習慣法研究〔M〕.北京：清華大學出版社，2003.

〔2〕潘一志.水族社會歷史資料稿〔M〕.三都水族自治縣民族文史研究室編印，1981.

〔3〕梁治平.鄉土社會中的法律與秩序〔A〕//王銘銘，王斯福.鄉土社會的秩序、公正與權威〔M〕，北京：中國政法大學出版社，1997.

〔4〕黃宗智.長江三角洲小農家庭與鄉村發展〔M〕.北京：中華書局，2000.

（原載於《黔南民族師範學院學報》2010 年第 2 期）

簡論南方少數民族繼承習慣法的幾個原則

潘志成 吳大華

與現代法律上的遺產繼承不同，我國南方少數民族的繼承習慣法較為複雜。繼承人從被繼承人那裡承受的不僅有財產權利，而且還有身分上的權利。因為一個家庭的大部分財產是以家庭集體共有形式出現的，家庭的子女們既參與創造了這部分財富，且本已擁有這份的共同所有權，分家析產時此部分財物的繼承，只能說是子女們繼承了父母對該財物的支配權，所以我們也可以看出，財產的轉移部分地取決於身分的轉移。[1](P43)且與南方各少數民族的文化、習俗及歷史發展等差異相伴生的，是這些少數民族在繼承習慣法領域表現出的各有特色的繼承原則。

一、單系繼承原則

（一）母系繼承

近代我國雲南的拉祜族、布朗族、傣族、佤族等民族都曾經有過母系繼承製，如雲南孟連縣公良鄉公吉村的佤族，男子外出結婚，女子結婚五六年後分家立戶。分家順序一般由長及幼，父母分給長女、次女等人一部分牲畜、糧食及土地，幼女留家與父母共同生活，財產主要由幼女繼承。[2](P90)這是罕見的女兒繼承製，男性沒有任何繼承權，男子外出結婚時只能帶走自己的衣物被蓋、背袋和煙袋，若帶走長刀和火槍，到分家時也要歸還姐妹。寧蒗摩梭母系社會中卻並不排斥男子的繼承權，兒女有同等繼承家庭財產的權利，只不過兒女只能優先繼承其母親的私人財產，而其父親的私人財產則尤其甥男、甥女優先繼承。不過最終繼承住宅的，只能是女兒，而不能是兒子；若家中無女繼承人，則意味著家族絕嗣了，須過繼養女作為房屋的繼承人。

（二）父系繼承

除上述我們提到的少數幾個民族外，南方少數民族近代以來多數實行的是父系繼承製度。這一繼承與現代法律概念上的遺產繼承有很大的不同，因為土地分散等原因，父母在世時隨著某一個或某幾個兒子結婚，即以分家析產的方式對家庭財產進行分割，有的還要舉行分家儀式，邀請親族長輩見證，並要訂立契約，下面是筆者在貴州錦屏縣文鬥苗寨收集到的一份分家文書，其內容如下：

> 立分陰字人姜紹略、紹熊、紹齊三人兄弟，為父親分占祖遺之田並父親所買之田，至今人口日增，田產益廣，欲合種以同收，恐彼早而此晏，幸承嚴父精公平均派，我等弟兄俱居心平意願，自今以後各照分陰殷勤耕種，世代管業，日後不得異言。
>
> 其有山場杉木尚未分撥，俟後砍伐售賣仍照三人均分，恐後無憑，立此田產分陰永遠發達為據。
>
> 紹略收：黨廟祖田二塊，魁元長田一塊，黨宜田大小六塊，南鳩平鰲、張化田二塊，南鳩水溝田一塊，岩板坡，平敖田一塊，坎

下舊田一塊，污鳩、紹舜田三塊，水溝下二塊，又收藹田一塊，捕生與紹滔共一塊，黨卡一處，皆黨令一塊，又一小塊，內除朝押田上下二塊，祖田一塊，在嚴黨田上坎共除三塊與紹略名下耕種管業。

紹熊收：……（內容略）。

紹齊收：……（內容略）。

嘉慶廿四年正月朔九日　紹略　筆立

經濟考量是分家析產的重要原因，從以上這則分家契約及其後附的鬮書（具體內容略）可知，貴州苗族家庭通常的分家做法是在親鄰及家族長輩的主持和見證下，先將家產分為大致相等的幾份，製成鬮書，由諸兄弟抓鬮決定家產的具體分配，並訂立契約，以免日後引起紛爭。

當然，兒子繼承也並不是指這一財產將成為兒子個人的私有財產，或者是他享有絕對的處置權，名義上或許是如此。但在實質上，他從父母親那裡繼承的更多的是這份財產的處分權，此份財產從被他繼承那一刻起即成為他的新家庭甚至是他子孫後代的共同財產，日後他將此份財產再分給他自己的後代時，也必須如他父親一樣遵循習慣法律規定的分配原則，而不能肆意而行。

在父系繼承製度下，女性原則上沒有繼承權。土家族人認為，女子「只吃得肉，吃不得骨」。分家時，父母要留三五挑谷的田給未婚女食用，但女兒出嫁時，不戧帶走，要留給父母。〔3〕（P431）

「在任何有秩序的社會體系中，某種形式的單系制度（指繼承：引者注）即便並非完全是，但也幾乎都是必須的」[1] (P49)，這種單系繼承最為重要的功能即在於對血緣家族的維繫。美國人類學家羅維認為，繼承法實質上是血族觀念的基礎，其結果使一個屬於死者血族的遠親占取較血族之外的近親更優先的地位。[4] (P296) 關於血族內繼承的原則，下文我們還要談到，這裡要說的是，極端的單系繼承極為罕見，一般說來都可能會有一定的調和，當一方的親屬具有優勢權利時，另一方面的親屬也具有某些得到認可的權利。[1] (P43) 這種權利可能是舅父對財產分割事宜的監督權等等，又如在藏族、彝族、排瑤等民族社會中，若一個男子受到傷害，則其舅父等母系親族有權向兇手索取經濟賠償。藏族部落的繼承法則，對財產繼承方面的調和亦有一定的闡明。吐蕃時期的《狩獵傷人賠償律》規定子女妻室是第一繼承人，父母是第二繼承人，兄弟近親是第三繼承人。[5] (P229) 近代藏族大部分部落規定，女兒與兒子一樣享有財產繼承權，姑娘出嫁時陪嫁物也可以看作是她從父母處繼承的財產。姑娘離婚後返回娘家或入贅於他人家庭的兒子重回自家定居，他們都有和在家的成員一樣的繼承權。當然，有些藏族地區女兒所得的份額則要比兒子少一些，極個別的地方女兒也沒有繼承權，如廟頂藏族等。

二、幼子繼承製與長子繼承製

（一）幼子繼承製

近代南方少數民族中曾廣泛流行幼子繼承製，幼子是諸子中寵命優渥的特殊對象，在身分繼承、財產繼承甚至是權力繼承方面，均有優先權。

在羌族社會中，有所謂「皇帝愛長子，百姓愛幺兒」的說法，除了幼子外，其他的兒子一旦結婚成家，父母就分給其一部分家產，讓其自立門戶、分開居住，年老的父母則與幼子居住在一起，大部分家產包括父母居住的房屋也交由幼子。而生活在雲南怒江流域的白族人也有類似的做法，家產由幼子繼承，其餘諸子須自立門戶，除了有權和幼子同耕家庭共有土地、平均分配收成外，無權享有任何牲畜及生產工具的繼承權。

關於景頗族的幼子繼承製或可詳盡地說明這種繼承法則，景頗族的幼子繼承製不僅通行於百姓等級的財產繼承方面，亦通行於官種等級的山官官位的繼承，這種以幼子身分繼承的稱為烏瑪官，即正統山官。幼子繼承使幼子的地位比諸子要高，兄長們即使已經離開老家，另立門戶，仍要尊重老家和幼弟，當老家和幼弟遇到什麼困難時要儘可能給予幫助。〔7〕(P121-122) 按理說，長子、幼子都是家長的直系血統的繼承人，都是家族香火的傳承者，因此，重長重幼與宗法上要求維護以父權為中心的繼承製並不矛盾，都是維護血緣家庭的方式。〔8〕(P236) 但其社會原因在於：首先，幼子繼承製的形成，可能是財產積累剛產生時，掌握著財產權的父親，在群婚制殘餘及婚前性自由的影響下，懷疑長子不一定是親生子〔9〕，相比較而言，幼子為親生子的概率更大，為了確保父系的直系血親的繼承權，故推行幼子繼承製。當然這只是表象，對景頗族來說，更本質的則是與低下的經濟水平相關。景頗族原先主要從事砍倒燒光的旱地農業，而其所處的環境較差，山區地方狹窄，可供輪歇丟荒的土地是有限的，這種農業無法承受大量人口，換言之，有限的土地和低下的生產力無法養活更多的兒孫，所以男子長大結婚後要攜帶妻子離開老家，出去開闢山頭，在新的土地上自謀生計。同時，諸子年齡差距較大，長子已結婚，理應獨立承擔家庭責任，而幼子可能尚未成年，父母還要承擔撫養其長大並為其娶妻的責任，待父母年邁時幼子年富力強，能夠更好地照顧父母，這樣在父母還有能力撫育幼子時先分出長子獨立生活是適宜的，留下幼子讓其長大後贍養年老的父母並繼承父母留下的家庭財產也是適宜的。幼子繼承製與砍倒燒光而相對定居的旱地農業生產方式相適應。如果長子沒有能力獨大出去，就只好從屬於幼子，被視作無能之輩。〔7〕（P120-127）

（二）長子繼承製與諸子均分制

與幼子繼承情況恰好相反的是，長子繼承中的長子，作為第一序列的財產繼承人，有權繼承較多的甚至是全部的家產。雲南滄源縣佤族家庭的財產全部由長子繼承。父親死後，長子為家長，財產由長子分給各位兄弟，孰多孰少，全憑長子個人意願決定。長子是父宗亡故之後的一家之長，兄弟們對他尊若「小父親」，就連母親也不能取代他在家中的絕對權威。這種長子繼承製有濃厚的宗法色彩，但比較罕見，即使在長子享有較優越地位的地方亦復如是，更多的是在長幼之間不做任何歧視，這就是諸子均分制，主要流行於苗族、侗族等少數民族中。

三、其他原則

在上述幾個法則之外，仍有一些因素需要在此一併考慮：

（一）族內繼承原則

鑒於對血族觀念的強調，人們把個體家庭的財產看成是夫家家族財產的一部分，如同有些民族中土地的買賣必須在本家族內進行一樣，遺產一般也只在本家族內進行分配，防止本家族財產外流，以維護繼承過程中家族成員的切身利益以及家族的整體利益。在父系社會中，女兒成人後要出嫁到夫家，所以並不會被看成是父系家族的成員，也正因此，女兒在父系繼承製下並沒有繼承權。男子去世以後，其寡妻儘管可以繼續占有亡夫的家產，但實質上也只是家產的代管人而已，待兒子成年後，這些家產都歸兒子所有。且如果寡婦改嫁，她是無權帶走亡夫遺留的土地、房屋等財產的。有的民族還盛行收繼婚，把婦女看成家庭的財產，為了防止其外流，有兄亡收嫂、弟亡收弟媳的習俗，稱為轉房或坐床。珞巴族博嘎爾部落中，不僅死者的妻子要轉房，而且若死者沒有成年的兒子，其兒女亦歸其兄弟所有。[10]

某些時候，即使父母立有遺囑，但如果該遺囑並不符合當地的習慣法，家族長輩也會出面予以制止。下面這個發生在珞巴族內的家產處置糾紛將有助於我們很好地認識家產族內繼承原則的重要性：珞巴族博嘎爾部落仰崩村的仁波有三個兒子，兩個兒子先後死去，且留有遺妻。活著的那個兒子又是個傻瓜。仁波覺得如果自己一旦死去，兩個兒媳及兩個孫子都將歸自己的侄子布英、布都繼承，他的家庭就消失了（這種奇異的繼承原則在上文我們已經談到過）。因此，他思考再三，覺得把這些子媳交給妻弟，即兒子的舅舅更可靠。於是他約請妻弟巴東、巴都，決定在自己辭世後，把子媳、孫子交給他們領養。為表示自己的決心，他們一起起誓。不久後仁波的兩個侄子便上門來質問：「我們是同一個杭隆的近親，有重要事為什麼不跟我們商量？你背著我們同外族人立石為盟，這怎麼成？」還把仁波的一頭　奶牛拉走了。對於侄子的這種做法，仁波無法申辯。為了求得他們的讓步，臨終前他把一對名叫達寧和亞馬的奴隸夫婦送給他們均分。雖然如此，仁波的做法還是沒有取得兩位侄子的認可。他死後，兩位侄子還是堅持傳統的繼承法，不許外族人繼承叔父的遺產。〔10〕(P7-8) 以此看來，即使立有遺囑，立囑人真正能自由處置的只是自己的私人物品，他對家庭共同財產的處置必須在習慣法所容許的框架內。

（二）繼承的有效應用原則

所謂繼承的有效應用原則，羅維解釋說這是在規則許可的範圍內，人們總是把財產留給用得著的繼承人。〔4〕(P294) 這很好理解，最常見的例證是婦女的首飾，一般都歸個人私有。有意思的是，在貴州有些地方，出嫁姑娘的首飾必須傳給她本人的女兒或其兒媳，如果姑娘出嫁後不久即去世且沒有後代，則這份財產要回到姑娘的娘家。〔11〕(P261) 藏族也有「父業由兒依次繼承，松耳石由女兒保管」的說法。而在摩梭人的社會裡，被繼承人個人所有的衣物等零星日用品，一般按性別留給下一代，如母親的衣物首飾等，母死首先由親生女繼承，無親生女則尤其姐妹或姐妹的女兒繼承，舅父的衣物等用品，由甥繼承。

參考文獻

〔1〕〔英〕拉德克利夫・布朗.原始社會的結構與功能〔M〕.潘蛟，等，譯.北京：中央民族大學出版社，1999.

〔2〕雲南社會歷史調查資料叢刊編輯組.佤族社會歷史調查（二）〔M〕.昆明：雲南人民出版社，1989.

〔3〕嚴汝嫻.中國少數民族婚姻家庭〔M〕.北京：中國婦女出版社，1986.

〔4〕〔美〕羅維.初民社會〔M〕.呂叔湘，譯.上海：商務印書館，1935.

〔5〕陳慶英.藏族部落制度研究〔M〕.北京：中國藏學出版社.1995.

〔6〕李鳴.羌族繼承習慣法試析〔J〕.政法論壇，2004（6）.

〔7〕龔佩華.景頗族山官社會制研究〔M〕.廣州：中山大學出版社，1988.

〔8〕張冠梓.論法的成長——來自中國南方山地法律民族志的詮釋〔M〕.北京：社會科學文獻出版社，2000.

〔9〕楊懷英.滇西南邊疆少數民族婚姻家庭制度與法的研究〔M〕.北京：法律出版社，1988.

〔10〕西藏社會歷史調查資料叢刊編輯組.珞巴族社會歷史調查（二）〔M〕.拉薩：西藏人民出版社，1989.

〔11〕民族問題五種叢書貴州省編輯組.苗族社會歷史調查（二）〔M〕.貴陽：貴州民族出版社，1987.

（原載於《黔南民族師範學院學報》2014 年第 1 期）

貴州世居壯族傳統制度文化的變遷趨勢

金白楊　歐黔

傳統的貴州世居壯族社會是一個「血緣+地緣」為本位的社會。清中葉以前，貴州壯族傳統社會不是被租佃制度嚴重分裂的兩極社會，階級矛盾並沒有民族矛盾那樣突出，基本上是一個由寨老鄉公治理的內聚性的自治的共同體。[1](P340)儘管清末及民國時期強制推行保甲制度，使貴州世居壯族的制度文化在形式上發生了比較大的變化，但是家族或村寨的村民議事和習慣法規仍然保留並發揮著作用，不因改朝換代而中斷。直到今天，壯族聚居地鄉人民政府仍然要依靠傳統制度進行鄉村治理。貴州世居壯族傳統制度文化儘管不斷在順應時代而變化發展，但傳統制度文化始終是壯族村寨社會治理的構成要素，從壯族頭人的產生、商品經濟的發展以及與周邊民族友好相處中可以看出，壯族共同體具有一定的現代社會的因素。

一、貴州世居壯族傳統制度文化

壯人來到貴州時，其定居地屬於化外之地，並沒有納入中央王朝的編戶齊名之中，直到清朝末年，壯民社會成為一個「血緣+地緣」的自治共同體。元朝時在今從江縣剛邊鄉以東西山、丙妹地區建有西山陽洞長官司，明朝的洪武初年把西山陽洞改為西山陽洞蠻夷長官司。十年後，因苗族吳面兒反叛，官府對這些以夷治夷的蠻夷土司無法控制只好廢除。明朝永樂元年又設置西山陽洞蠻夷長官司，任命壯族寨老韋萬木為長官，韋萬魁為副長官。三十年後，當地壯族反叛，韋姓長官向官府辭職。官府對西山陽洞壯民的反叛束手無策，於明正統年間廢除。西山陽洞的壯民又過起了遠離皇權專制的生活。此後，明朝廷幾次任命流官治理西山陽洞，但都沒有得到壯民的認可。就是在蠻夷長官司設立期間，真正納入編戶齊名的也並不多，範圍也不廣，大多數壯人遊離於官府的控制之外。直到清朝順治時期，西山陽洞又建起了壯族韋有能任長官的蠻夷長官司，三十七年後於康熙年間又被廢除。〔2〕(P66-70)廢除的直接原因是韋有能助何新端反叛，其實質是「改土歸流」的大勢所趨，朝廷加強了對貴州壯族的控制，實行流官統治，此後逐漸推行保甲制度。到了民國時期，保甲制度已比較成熟。在這期間，為了維護中央集權在壯族地區的統治，官府利用寨老鄉公在壯鄉的影響力實行對壯鄉的統治，但寨老鄉公的治理已經有了「官辦」的性質。

在蠻夷長官司設了被廢、廢了又重建的反反覆覆二百八十一年的過程中，貴州壯族民眾比較強烈地依附於貴州世居壯族社會。這一時期大一統的皇權專制還沒有滲透到壯鄉，貴州世居壯族社會就已經有了「私有制」，貧富差距已經形成，有一定的「個體本位」現象的存在，可以自由買賣田土及各種生產資料，其土地可以租給外村人，也可以賣給外村人甚至是外族人。人際關係主要包括租佃關係、主雇關係、家長與房族關係，還有因宗族不發達，村寨之間有一定的聯盟關係。這些關係主要靠傳統的制度文化進行調節。在貴州傳統壯族社會中有聲望者多富有，出頭抗官者也多是富人，他們往往站在壯族民眾的立場上與官府對抗。貴州傳統壯族社會就是這樣一個封閉的自治共同體，但這個自治共同體沒有公共的田土和林場，沒有發育出政權組織形式，寨老鄉公都是自願為民眾服務的，不取報酬。他們的產生有如習慣法法理學中的契約關係，習慣法將那些有豐富的生產和生活經驗、精明能幹、熱心公眾事務、能言善辯的人推舉為寨老鄉公，通常情況下被稱為頭人（以下統稱頭人）。當頭人有私心雜念、處理公眾事務不能讓人信服時，習慣法規定其頭人地位就會喪失。在本質上頭人與民眾之間就存在一個權利與義務的契約關係，其中沒有任何強制的成分，雙方是完全自願的。當這一契約關係成立後，頭人享有處理公眾事務的權利，同時也有為公眾服務、公正處理公眾事務的義務，而民眾則有了對頭人進行監督甚至罷免的權利，但同時有接受頭人管理和支持頭人正確處理公眾事務的義務，當頭人不能正確履行自己的義務時，其頭人的地位和權利也隨之喪失。[3]（P32-35）這種頭人的選舉產生確實有「小共同體政治」的現代功能，但貴州壯族這樣的自治社會並非是完美和諧的。貴州世居壯族社會很早就進入到地主經濟制度時代，貧富差距產生的時間較長，壯族民眾雖然對本族的小共同體比較依賴，但是貴州世居壯族共同體沒有發育出政權組織形式，僅靠傳統制度規範人們的行為。在清末推行保甲制度以前沒有秦帝國以後各朝代吏治文化奉行的「法治」，也沒有中國傳統社會思想中「儒表法裡」、「法道互補」的傳統，所以小共同體對人們的限制能力並不十分強烈。清康熙二十三年（1684）廢除西山陽洞蠻夷長官司後實行流官統治，逐漸推行保甲制度，到了民國時期保甲制度已較為成熟，但是壯族村寨傳統社會組織仍然存在。為了維護中央集權在壯族地區的統治，官府常利用頭人在壯族村寨的影響力來處理公共事務，寨老鄉公多半由地主或富農擔任，也由他們來擔任保甲長。寨老鄉公等頭人與壯族民眾之間的契約關係已大大「注水」，當頭人面對壯族群體利益時，不得不維護保甲長的利益而優先考慮「行政」，此時由保甲長顯示出來的利益已經不能等同於「壯族人民的利益」，這一時期的貴州世居壯族社會與清中期以前的內聚性的小共同體距離現代社會制度卻更遠了。一六八四年廢除西山陽洞蠻夷長官司，官府通過保甲制度對貴州壯族「編戶齊民」以後，貴州世居壯族社會逐漸受制於國家的土地統治，隨著國家「大共同體」不斷膨脹的結果，貴州壯族本來發育就不成熟的小共同體幾乎停止發展。這時，相對於國家強權而言，世居壯族民眾對世居壯族社會來講是比較自由的，但他們卻強有力地隸屬於國家強權。

二、貴州世居壯族傳統制度文化的特徵

壯族在元末明初從廣西逐漸遷入貴州的九萬大山中已有六百多年的歷史，在與侗族、苗族等各民族友好相處以及與中央皇權專制融和衝突中形成了貴州世居壯族傳統制度文化，此制度文化滲透於壯民生活的各個方面，調整的對象廣泛，主要有以下特徵。

（一）「血緣+地緣」小共同體為本位的社會

傳統貴州世居壯族基本是一個由寨老鄉公等頭人管理下的以「血緣+地緣」小共同體為本位的自治社會，壯族民眾依賴「小共同體」，受它的束縛，同時也得到它的保護。但是這樣的小共同體發育並不成熟，沒有公田和公產，沒有形成政權組織形式。到清中葉「改土歸流」，強制推行保甲制度以後，逐漸認同國家大共同體的統治。在面對國家大共同體時，

「血緣+地緣」小共同體對壯族民眾的束縛和保護就顯得弱小和鬆散。但是壯族傳統制度文化的現代因素仍頑強地為自己創造條件去走向現代化，一九七八年改革開放以後，傳統制度文化中小共同體自治在復甦，個體本位的現代社會正在形成之中。

（二）「血緣+地緣」小共同體具有現代政治學智慧

如前文所述，貴州世居壯族寨老鄉公等頭人，與壯族民眾有契約關係；西山陽洞蠻夷長官司建了被廢，廢了又重建，反反覆覆的二百八十一年間，封建王朝的勢力均不能到達貴州世居壯族聚居地。貴州世居壯族有與當地的苗族、侗族等友好相處的傳統，比如，在從江縣壯族聚居地區的宰便區和下江區，傳說過去都是苗族聚居的地盤，宰便的蒙姓壯族來到此地居住，此後專門開闢場地，每三年一次邀請附近的苗族來跳蘆笙舞，屆時壯族備糯米飯、酒、肉各三挑招待他們，表示民族團結友好。[4]（P292）這些習俗反映出貴州壯族懂得不同權力之間的相互制衡，在各種權力衝突、妥協之中尋求一個平衡點的現代政治學智慧。

（三）「私有制」成熟較早

在皇權專制還沒有滲透到貴州世居壯族聚居地時，壯族社會較早地進入了地主經濟階段，且長期處於封閉式的自給自足的自然經濟狀態之中，地主經濟發展緩慢，有一定的公民權利。民國時資本主義經濟有所萌芽。如：一九二〇年，下江縣西區（轄今宰便、加鳩、平正、剛邊等鄉鎮）團總、地方富裕戶莫寅發開闢大寨（宰便區所在地）河邊為集市，招來榕江、荔波和廣西鄰近的宜北、羅城等縣的小商小販以及周圍百里的各族民眾到新開闢的集市做買賣，莫姓家族隨著宰便集市的繁榮而不斷積累資本。如今市場經濟模式在壯鄉已經建立並發展迅速，宰便因集市而發展成為從江縣西部貿易中心。〔1〕(P348)

三、貴州世居壯族傳統制度文化的現代化變遷趨勢

（一）現代化變遷趨勢

在康熙二十三年實行流官統治以前的貴州世居壯族社會是一個以「血緣+地緣」小共同體為本位的社會，那麼在實行流官統治以後，就逐漸認同並形成了國家「大共同體」本位的社會，但「血緣+地緣」的小共同體社會依然存在。一九四九年以前貴州世居壯族社會還保留了較完整的民間自治組織，但已經很鬆散，其功能的發揮已大不如還沒有被官府「編戶齊名」前的社會了。一九四九年以後，推翻了地主經濟，廢除了保甲制度，壯族民眾人人都分得了田地和部分生產資料，幹勁十足，生活得到了很大的改善，先後建起了作為黔東南苗族侗族自治州必要補充的壯族民族鄉，實行民族鄉制度，大大提高了壯民對國家的認同感。一九五八年民族鄉改為人民公社制，實行集體經濟，壯民的勞動熱情不減。但是，大躍進導致壯民生活水平大幅度下降，後來由於貫徹中央「整頓、調改、充實、提高」的精神，放寬了政策，很多壯族民眾上山開荒，增加了收入，生活大有改善。然而「四清」運動，對開墾荒地增收糧食的幹部群眾進行了所謂的「排隊」清理，賠退兌現，一部分壯民只能賣房賣豬用於賠退兌現，生活再度陷入困境。一九六六年「文革」初期，公社領導受到衝擊和批鬥，縣級機關又忙於派系鬥爭，農村暫時出現了「自理」狀態，壯鄉民眾自己

安排農業生產，有的地方還分田到戶搞起了「單幹」，因餘糧無人收取，壯民生活有所改善。隨著「文革」的深入，縣革委成立以後，一九七〇年各種宣傳隊紛紛下鄉駐隊，分出去的土地又重新收回合種，還補交三年（1967 年、1968 年、1969 年）沒有上交的公餘糧，宣傳隊又要求生產隊虛報高產量，結果造成群眾生活困難。[4]（P66）值得注意的一個現像是，人民公社和工礦企業一樣是社會主義行政管理下的集體經濟，生產由國家統一安排，所不同的是，國家承擔工礦企業的生產結果，而人民公社卻是要由農民承擔生產結果的。[5]（P50）所以壯鄉民眾生活困難，每年平均有四個月以上要從廣西買木薯、雜糧充飢。在政治國家的建構過程中，政權下鄉、政黨下鄉、法律下鄉，壯鄉自治的空間被壓縮，自治資源的減小和自治精神的流失使得貴州世居壯族自治社會進入了歷史低潮時期。一九七八年以後，我國實行波瀾壯闊的改革，這場改革深刻而全面地改變著中國大地。經濟體制改革的目的是建立社會主義市場經濟體制，政治體制改革的目標是建立中國特色社會主義民主政治制度。貴州世居壯族和全國同步進入現代化建設的新時期。以從江縣秀唐鄉桿洞寨為例，二〇一二年全寨有一半的人外出務工，由於外出務工和學習的人較多，為了家庭成員在過年時能聚在一起，所以頭人組織村民討論決定將傳統的壯年（農曆冬月三十為除夕）延遲到春節來過，壯年除夕改為農曆十二月末，秀唐鄉政府尊重本民族的意願，積極幫助他們過好春節。該寨的蒙支書也是外出務工多年後回到家鄉、建設家鄉的。如今貴州世居壯族聚居地城鎮化也在如火如荼地建設中，外出務工、自辦企業、經商的人越來越多，貴州世居壯族社會已顯示出多種經濟成分。「血緣+地緣」小共同體自治社會在復甦，當地政府常常依賴「頭人」進行鄉村治理，個體本位正在形成，傳統制度文化現代化變遷趨勢明顯。

（二）市民社會制度文化的培育是現代化的必由之路

我國自鴉片戰爭開始，被西方列強以戰爭的方式打開國門，在拯救民族危亡的歷史主題下開始了現代化探索。[6]（P96-113）從廣義上來說，現代化作為一個世界性的歷史過程，是指人類社會從工業革命以來所經歷的一場急遽變革，這一變革以工業化為推動力，導致傳統的農業社會向工業社會的全球性的大轉變，它使工業主義滲透到經濟、政治、文化、思想的各個領域，引起深刻的相應變化；狹義而言，現代化又不是一個自然的社會演變過程，它是落後國家採取高效率的途徑（其中包括可利用的傳統因素），通過有計劃的經濟技術改造和學習世界先進經驗，帶動廣泛的社會改革，以迅速趕上先進工業國和適應現代世界環境的發展過程。[7]（P17）無論廣義還是狹義都透露出現代化有自發性和誘發性兩種現代化模式。我國的現代化模式屬於誘發性的，其制度變遷模式是自上而下強制性的，文化滯後於制度的變遷。現代化過程本質上是人身依附的共同體社會向個性自由的公民社會轉變的過程，所以社會現代化的基礎是人的現代化，目前農民實現現代化必須要經歷農民市民化這一過程，為此農民將實現自身在生活方式、思維方式、生存方式和身分認同等方面的轉變。[8]（P115-116）當前的城鎮化建設作為正在進行的現代化歷史，明確地體現在社會主義市場經濟制度的不斷完善和中國特色社會主義民主政治制度的不斷完善之中，然而與制度變遷相適應的中國特色社會主義文化的建設卻並非一日之功。

相對於傳統中國而言，當代中國製度文化正在經歷第三次轉型。其中第一次是以辛亥革命為契機的傳統制度的革命，它推翻了皇權「帝制國家」，建立了一個由資產階級領導的「政治國家」。第二次是中華人民共和國的成立，它進一步強化了國家與社會在中國合一的情形。第三次就是以經濟領域為先鋒的，涉及政治、文化領域的一系列的「改革開放」，從根本上說，其使命是為了使統攬一切的「國家主義」有所變化，實現「政治國家」與「市民社會」的分野。[9](P50-55)我國正處在社會主義市民社會的形成、發展和建設之中。研究貴州世居壯族傳統制度文化的變遷，首先面臨著「城市社會」（也是一定意義上的「市民社會」）和「鄉民社會」的分野。我們不得不同時考慮三種獨特的社會結構：強大的「政治國家」、微弱的「市民社會」以及底蘊深厚的貴州世居壯族鄉民社會之間形成「三元結構」的獨特景觀。事實上，這不僅僅是貴州世居壯族傳統制度文化所遇到的問題，也是當代中國製度建設普遍遇到的難題。「政治國家」與「市民社會」是從功能的角度來說的，而「城市社會」與「鄉民社會」的分野則是從結構而言的，只有中國的城市化發展達到相當程度以後，這兩種不同視角的社會結構組合才可能被同一視角（功能視角）的社會結構組合，即「政治國家」與「市民社會」的結構組合所取代。毫無疑問，這是一個長遠的過程。在這一制度變遷過程中，存在著如何建設「社會主義市民社會」這樣一個獨特而又緊迫的現實問題。這一問題的有效解決，必將在培育市民意識的文化建設中，豐富中國特色社會主義文化。

和全國一樣，貴州世居壯族社會也正處於社會主義市民社會的產生、發育和成長的崛起之中。我們完全可以從壯族傳統制度文化中挖掘出具有現代化因素的成分，培育適合市民社會的制度文化，這是現代化的必由之路。

參考文獻

〔1〕向零.民族志資料彙編——水族壯族（第七集）〔M〕.貴州省志民族志編委會，1988.

〔2〕韓榮培，覃東平.貴州瑤壯文化研究〔M〕.貴陽：貴州人民出版社，2012.

〔3〕李洪欣，陳新建.壯族習慣法的法理學思考〔J〕.廣西大學學報（哲學社會科學版），2002（12）.

〔4〕貴州省民族事務委員會，貴州省民族研究所.貴州「六山六水」民族調查資料選編——回族白族瑤族壯族畲族毛南族　佬族滿族羌族〔M〕.貴陽：貴州民族出版社，2008.

〔5〕張樂天.告別理想——人民公社制度研究〔M〕.上海：東方出版中心，1998.

〔6〕任潔.唯物史觀視野中的文化與制度變遷關係研究〔M〕.北京：中國社會科學出版社，2010.

〔7〕羅榮渠.現代化新論〔M〕.北京：商務印書館，2004.

〔8〕黃愛教.農民市民化模式及其法律應對〔J〕.重慶社會科學，2008（4）.

〔9〕伍俊斌.國家與社會關係視野中的中國市民社會建構〔J〕.福建論壇，2006（1）.

（原載於《黔南民族師範學院學報》2014 年第 5 期）

荔波縣瑤族民間古籍的調查與反思

蘭慶軍

瑤族是一個歷史悠久、文化底蘊十分厚重的跨境民族。據統計，國內外瑤族人口約有三百五十萬，其中國內瑤族有二百八十餘萬人，主要分布在我國南方的廣西、廣東、湖南、雲南、貴州、江西等省分，國外則主要分布在越南、老撾、緬甸、美國、加拿大等國家。瑤族在語言使用上主要屬於漢藏語系苗瑤語族中的苗語支與瑤語支，另外有一部分操行壯侗語族侗水語支的拉珈語也認同為瑤族。瑤族民間古籍是瑤族傳統文化的重要組成部分，本文是二〇一六年寒假期間筆者對黔南布依族苗族自治州荔波縣瑤族民間古籍留存現狀進行調查所得，現將我們蒐集到的一些資料整理出來，供大家參考。

一、荔波瑤族概況

荔波縣是貴州省黔南布依族苗族自治州所轄的一個少數民族聚居區，這是在清朝雍正年間由廣西劃入貴州所管轄下的一個多民族聚居區域。荔波縣的東南與廣西壯族自治區河池市的環江縣、南丹縣毗鄰，東北與貴州省黔東南苗族侗族自治州的榕江縣、從江縣接壤，北面與西面分別與本州的三都水族自治縣、獨山縣連接。全縣總面積有二千四百平方千米，這裡的喀斯特地形地貌高度發育，山巒重疊，山多地少，屬於中亞熱帶季風氣候區。荔波縣轄一個街道、五個鎮、二個鄉，總人口十七點二八萬人（根據 2010 年人口普查數據），其中瑤族總人口有五千八百〇二人，占總人口的百分之二十九點七。荔波縣境內的瑤族屬於苗瑤語族苗語支的布努語支系，其內部分別自稱為「多摩」（tou53！u33°）、「努摩」（nu55！ au33）和「多猛」（tou55！ EG33）三個支系。其中自稱為「多摩」的瑤族是他稱中的「白褲瑤」；自稱為「努摩」的瑤族是他稱中的「青瑤」；自稱為「多猛」的瑤族是他稱中的「長衫瑤」。白褲瑤主要集中居住在瑤山瑤族鄉和撈村鄉，總共有三千五百多人；青瑤主要分布在瑤麓鄉，總共有一千五百五十多人；長衫瑤分別散居於翁昂鄉、洞塘鄉、茂蘭鎮等地，總共有七百四十多人。[1] 三支瑤族所說的語言屬於布努語中的不同方言土語，各個支系之間的語言相互交流存在一定的困難，但在詞彙的同源關係上極為密切。

二、荔波三支瑤族民間古籍傳承現狀

（一）「多摩」支系

自稱為「多摩」（tou53！ u33°）的瑤族支系，其自稱的漢譯即「瑤族人」的意思，他稱為「白褲瑤」，這支瑤族主要集中居住在黔南布依族苗族自治州荔波縣瑤山瑤族鄉拉片村、英盤村、菇類村、懂別村的拉片、拉朝、板附、郎與、拉懂及、白蠟坳、懂蒙、更威、懂書、板告、九加、上英盤、下英盤、懂保、瑤沙、懂別、懂瓜、更龔、拉更莫、林場等十九個自然村寨。[2] 此外，這支瑤族還有部分集中分布在廣西在自治區南丹縣的裡湖瑤族鄉和八圩瑤族鄉等地。目前，在黔桂兩省區的白褲瑤人口約四萬人。

據我們在荔波縣瑤山瑤族鄉的田野調查中統計，該支系瑤族老人能夠口述傳承本民族母語古籍者不足六人，生活在廣西南丹縣的瑤族歌師也僅僅有十多人。現存的瑤族民間古籍有古史歌、銅鼓源流歌、木鼓來歷歌、「撈油鍋」祭祀辭、巫事祭祀辭、開路辭等。據通過採訪瑤山瑤族鄉拉片村的瑤族歌師何吉木（63 歲）得知，該支系瑤族的民間古籍內容十分豐富，僅《銅鼓源流歌》就有一萬餘行；《木鼓來歷歌》有五千餘行；《「撈油鍋」祭祀辭》有八千餘行；當地《巫事祭祀辭》的內容極為豐富，瑤族的古語古詞及歷史文化底蘊也極其深厚。

（二）「努摩」支系

自稱為「努摩」（nu55！ au33）的瑤族支系，他稱為「青瑤」，其主要聚居在荔波縣瑤麓瑤族鄉，該瑤族鄉位於荔波縣的東部，東北與佳榮鎮毗鄰，東南與茂蘭鎮接壤，距縣城三十五千米，全鄉總面積為二十五點九九平方千米，轄一個行政村十三個村民組。全鄉轄有上韋、下韋、歐家、覃家、盧家、打裡、洞干、洞悶等八個自然村寨，共有三百五十二戶一千五百五十多人，是貴州省人口最少的一個民族鄉。[2]

瑤麓瑤族鄉境內的瑤族人口雖然不多，但這裡是荔波縣少數民族中受漢文化教育最早的一個地區。民國二十七年（1938），祖籍福建南洋的華僑胡文虎、胡文豹兩兄弟捐洋三千五百元，置地建房，由覃質成、白正邦、覃以介等管其事，建成貴州省立荔波水慶鄉初級小學校，招收當地瑤族及其他民族子弟進入學校讀書，到一九四九年前夕，在這所學校畢業的各民族學生達二百多名。正是在這樣的教育背景下，瑤族同胞學到漢語語言文字後將當地的婚俗中存在的問題通過「石碑律」的形式刻成文字，以達「留求後記」。碑文的內容為：

> 蓋聞我瑤麓風俗習慣，自古以來，覃姓與盧姓原系同宗共族，不能通婚，乃有盧金貴，先暗與覃姓之女通姦，後又娶妻為妻室，查與地方規律有壞倫紀，經地方眾老等議定，立碑革除條例如下：
>
> 一、不准盧金貴與瑤族即盧、覃、歐、莫、姚、常、韋各姓互相工作；
>
> 二、不准交借工具；
>
> 三、不准與親戚及房族往來；
>
> 四、不准其子女與本瑤族通話；
>
> 五、辦理婚喪事不准參加；
>
> 六、如有違反本規律者罰洋七百二十豪，豬一百二十斤，酒米供全瑤民盡量飲食，不准包回；
>
> 七、今後有人敗壞倫紀者，按照地方規律賠槨，否則亦照章實行立碑革除，恐後無憑，立碑切記。

碑文左側刻有地方父老參與者的名字，碑文右側刻有創立者保長、副保長、代表和甲長的名字。[3]

儘管瑤麓的漢文化教育起步比較早，但當地的傳統文化至今仍完整保留，當地瑤族一直到現在還保留著傳統岩洞葬的喪葬習俗，因此，一些口傳古籍如《喪葬祭祀辭》在人們的日常生活中得到了保存。而民國時期所立的婚碑，在新中國成立以後，隨著時代的發展與婚俗改革的需要，於一九八七年五月在廢除舊立婚碑內容的基礎上又做了新的改革，當地瑤族把這個「石碑律」稱為「頁硤」（Vei55Can21）。在瑤族的婚禮儀式中，作為瑤族口碑古籍的《婚禮祝頌辭》、《敬祖禮儀辭》等仍在相關婚俗中廣泛使用。此外，瑤麓的瑤族自古就有馴養獵狗狩獵的文化傳統，因此在每次狩獵活動中都有一定的民俗儀式，因而伴隨著這些儀式的民間古籍還有《狩獵經》等。

隨著經濟全球化的發展，在外來文化的衝擊下，瑤族上述傳統文化面臨瀕危的狀況，目前能夠口述本支系瑤族古辭、唱頌古歌的老人不到三人，一些建築樣式和傳統的文化環境也被城鎮化的「現代建築」逐漸取代。

（三）「多猛」支系

自稱為「多猛」（teu55！ EG33）的瑤族支系，漢譯是「瑤族人或瑤人」的意思，他稱為「長袍瑤」或是「長衫瑤」。該支系瑤族主要聚居在荔波縣洞塘鄉板寨村瑤寨組、翁昂鄉已攏村洞長寨、茂蘭鎮瑤埃村洞開組和瑤埃兩寨，少部分分布在立化鎮立化村鐵埃寨。其中洞塘鄉板寨村五十五戶三百五十人，翁昂鄉已攏村洞長寨三十五戶一百三十四人，茂蘭鎮瑤埃村洞開組與瑤埃兩寨共四十八戶一百九十六人，立化鎮立化村鐵埃寨二十一戶六十八人。[1]

這支生活在喀斯特地貌高度發育的黔桂兩省區革命老區的瑤族，在紅軍長征時期，這裡是早期中國工農紅軍第七軍會師的重要地帶，同時也是抗日戰爭期間日本侵略者由廣西進入貴州的主要通道。由於歷史文化背景比較複雜，本支系瑤族長期散居在布依族、水族、壯族和漢族之間，因而在民族傳統文化上也受到周邊民族的廣泛影響。現在很多瑤族雖然還能保持自己的本民族母語，但大部分人都會說布依族語言，甚至在進行民間祭祀活動時都使用布依語來開展，而民間的一些文化風俗，如建房、喪葬等選址和日期的確定，則以漢字中的風水文化為依據。在這支瑤族中，目前還保留下來的民間古籍主要有《頌辭》、《動植物名物辭》、《狩獵經》等，而能夠用本民族母語念唱者已經不足三人。

三、對荔波三支瑤族民間古籍搶救整理的一些思考

對於荔波瑤族民間古籍的收集整理，新中國成立前的相關資料幾乎是空白的。新中國成立以後，在各級黨委、政府的關心和幫助下，瑤族民間古籍的收集整理才提上議事的日程。特別是在黨的十一屆三中全會以後，隨著民族工作政策的恢復與重申，當地的瑤族民間古籍才逐漸被人們所知曉。一九八一年十二月二十二日，新華社記者楊錫玲到荔波縣瑤山瑤族鄉採訪後寫成的《貴州瑤山見聞》在《內參》上發表，時任中共中央總書記的胡耀邦同志在這份《見聞》中做了批語稱：「少數特別落後地區，要派大員去用心研究，切實幫助那些的人民在二三年內翻過身來。」[1] 此後，在一九八二年和一九八三年期間，貴州省民族學會成立以後，該學會與貴州省民族研究所一起組織聯合調查組對瑤山瑤族進行了綜合性的調查，形成了《月亮山區民族調查集（貴州民族調查之一）》中瑤山瑤族的民族學調查資料。隨後，有關瑤族民間古籍也得到整理，如一九八五年由貴州人

民出版社正式出版的周隆淵選編的民間故事集《射岩箭》，其他成果如玉時階著的《白褲瑤社會》（1989）、柏果成等著的《貴州瑤族》（1990）、彭兆榮著的《文化特例》（1997）、瑤族學者黃海著的《瑤山研究》（1997）和《瑤麓婚碑的變遷》（1998）、荔波縣政協文史委員會編的《荔波瑤族》（2010）等，其中都涉及有大量瑤族民間古籍文化資料。遺憾的是由於在這些研究成果中，雖然也有當地瑤族語言語音的調查發表，但仍然沒有使用國際音標記錄的瑤族古歌、古辭、史詩等母語口傳古籍。到目前為止，由於懂瑤族語言的專業人才缺乏，貴州仍未啟動相關項目。

民族民間古籍是中華民族古籍寶庫的重要組成部分，瑤族是我國五十六個民族大家庭中的一員，其傳統文化的傳承與發展對我國民族多樣性的豐富與發展同樣有著重要的意義。黨的十八大以來，以習近平總書記為核心的黨中央對弘揚中華民族傳統文化高度重視，而且我國各個民族的傳統文化體現了社會主義核心價值觀。因此，加強民族古籍的搶救、蒐集與整理是增進各個民族之間互相瞭解與團結的重要舉措，對促進各民族共同繁榮與發展將有著重要的作用與意義。

參考文獻

〔1〕荔波縣政協文史文員會編.荔波瑤族〔M〕.北京：中央文獻出版社，2010：3，113.

〔2〕http：//www.gzjcdj.gov.cn/wcqx/detailView.jsp?id=4073.

〔3〕黃海.瑤麓婚碑的變遷〔M〕.貴陽：貴州民族出版社，1998：83-84.

（原載於《黔南民族師範學院學報》2016 年第 5 期）

試論貴州侗族地區碑刻古籍的文獻價值

歐陽大霖

為完成《貴州省志・民族志・侗族卷》的編撰任務，筆者多次深入貴州侗族地區調研，並有幸得見張子剛先生蒐集整理的《貴州侗族地區碑文薈萃》[1]及姚敦屏先生彙編的《天柱碑刻集》[2]。這些碑刻文獻記錄了豐富的歷史事件，涵蓋了歷代封建王朝對侗族地區的政策以及貴州侗族地區農林經濟、民俗文化、傳統教育、環境保護、民間法規等諸多領域，具有豐富的史料價值，值得學界廣泛關注。茲特作簡要論述，敬祈學界專家及侗族同胞教正。

一、侗族地區碑刻的主要類別

侗族歷史上沒有文字，因此當前侗族地區發現的碑刻均為漢字碑刻，這一現象說明漢文化很早便在侗族地區廣泛傳播與應用。這些碑刻，是侗族社會歷史發展變遷的見證，對於研究侗族地區社會、政治、經濟、歷史、文化均具有重要價值。

關於侗族地區碑刻類別劃分，李斌等教授在其《論明清以來清水江下游天柱地區碑刻的分類、內容與學術價值》一文中將天柱縣碑刻分為「官府告示類、鄉規民約類、路橋井渡類、學校教育類、祠堂宗族類、寺觀廟宇類和其他」等七類[3]；秦秀強先生在其《清水江下游苗侗地區碑刻文化調查——以天柱縣為例》一文中將清水江中下游苗侗地區碑刻分為「記事碑、曉諭碑、鄉規碑、功德碑、文獻碑、標示碑、墓碑與墓誌銘」七類〔4〕；張子剛先生在《貴州侗族地區碑文薈萃》一文中將貴州侗族地區碑刻文獻分為「文告類、鄉規民約類、記事類、功德類、標誌類、墓碑類」六類〔1〕。

綜觀三位先生對貴州侗族地區碑刻文獻的分類，可知三位主要是根據碑刻內容來劃分的。筆者認為侗族地區碑刻存量較大，如果從碑刻文獻所涉及的內容來劃分的話，很難詳盡劃分，故筆者不揣冒昧，大膽將侗族地區碑刻文獻按其產生背景劃分為官刊和民刊兩大類別。

（一）官刊類碑刻

此類碑刻主要鐫刻了官府頒布的敕令文告等，如黎平縣地坪《林肇元嚴禁土司勒收兵谷告示》：

> 照得國家設官牧民，其取於民者丁糧正供之外，即不得妄取百姓絲毫，違者照章科罪，此定例也。今本部院訪查各屬地方官，類多潔身自愛，不致妄取民財，從此培養閭閻，當期日富庶。惟聞各土司，以苗夷愚朴可欺，每有勒兵谷及假借衙門一切名目，濫行科派規費之事。豈知國家養兵，自有糧餉，斷無派及苗夷納兵谷之理。即文武在地方辦事，各有廉俸津貼以資公用，亦斷無派及苗夷供應一切雜費之理。此皆土司欺吾苗夷不通漢語，任其顛倒欺矇，咨肆剝削，怨則歸官，利則歸己。上罔國法，下虐民生。按其罪惡，實不容誅。〔3〕（P6）

此碑立於光緒八年（1882）七月二十九日，碑文主要記述貴州巡撫林肇元頒布的關於嚴禁土司向少數民族同胞額外徵收兵谷的告示，是典型的公文。

此類碑刻，一般文字較多，往往針對社會上出現的一些問題做出整治方案。立於光緒十四年（1888）的劍河縣小廣《永定風規》碑等也屬此類文告式官刊碑刻。

（二）民刊類碑刻

此類碑刻數量繁多，可以包含上述三位先生所列的大多數類別，這些碑刻文獻往往體現了一些民間社會組織對所在行業或區域的行為規範進行約定。如黎平縣《魯班會公議刊碑》便是典型的行業行為規範：

> 孟子曰：大匠誨人，必以規矩。學者亦必以規矩，凡是運斤之子弟，舍規矩無以成方圓。而挾技以游者，無規矩亦無以成體統。今約同人，謹定所有各條，臚列於左：
>
> ——值年首事，五月初七慶賀仙師，務須恭敬，酒席場中不得鬧事。違者重罰。
>
> ——外來生手，每名出錢貳佰肆拾文敬神。違者，逐出境外。
>
> ——不准戧奪生意。如有戧奪者，公同議罰。
>
> ——議寫生患者，每串抽錢十文敬神。
>
> ——同行不准動生嫉妒，各安本分。違者議罰。[1]

碑文對木工行業訂立了詳細的行為規範，其中「不准戧奪生意」、「同行不准動生嫉妒，各安本分」等條款體現了行業組織的約束力。

侗族社會經濟主要為農林經濟，對於勞動力有著較大的需求，因此，現存碑刻中存在大量民間組織為維繫團結、提倡環保的內容，如：立於康熙十一年（1672）從江高增寨款碑（該碑系目前在二千九地區見到最早的一通碑刻）便有相關條款：

——議砍伐山林，風水樹木，不顧勸告，罰銀三千文：〔1〕(P551)

立於嘉慶廿五（1820）年的《錦屏九南水口山植樹護林碑》：

——禁大木如有盜伐者，罰良三兩，招謝在外；

——禁周圍水口樹木，一栽之後，不許砍伐枝椏，如有犯者，罰良五錢。〔1〕(P50)

立於道光三十年（1850）榕江冷裡的《禁條碑記》碑：

——議不准砍伐生柴，若有亂砍敗壞，日後查出，罰錢一千二百文；〔1〕(P52)

立於咸豐十年（1860）從江縣慶云的《鄉例碑》：

——議山坡、命脈、石、樹附近，所繫之處，自古封禁，毋許妄為警犯，陷斃地方。如違，百事產業一概充公。〔1〕(P959)

這些碑刻，是侗族社會「靠山吃山、吃山養山」的真實寫照，更是侗族民眾自覺約束自我、力圖實現人與自然和諧共生的至高理想的表現。

二、侗族地區碑刻的文獻史料價值

侗族地區碑刻文獻是侗族社會發展的歷史記錄，記錄了豐富的歷史事件，涵蓋了歷代封建王朝對侗族地區的政策以及貴州侗族地區農林經濟、民俗文化、傳統教育、環境保護、民間法規諸多領域，具有豐富的史料價值，值得學界廣泛關注。

（一）侗族地區碑刻文獻可以管窺封建王朝對侗族地區實施的政策

清雍正年間，在雲貴總督鄂爾泰的大力倡導下，清王朝開始對貴州少數民族地區展開聲勢浩大的「改土歸流」。雍正六年（1728），清政府命貴州按察使張廣泗在黔東南推行「改土歸流」政策。清政府在改土歸流地區廢除原來土司的賦役制度。這一歷史事件在黎平縣地坪《林肇元嚴禁土司勒收兵谷告示》中有具體表現：

> 惟聞各土司，以苗夷愚朴可欺，每有勒兵谷及假借衙門一切名目，濫行科派規費之事。豈知國家養兵，自有糧餉，斷無派及苗夷納兵谷之理。即文武在地方辦事，各有廉俸津貼以資公用，亦斷無派及苗夷供應一切雜費之理。此皆土司欺吾苗夷不通漢語，任其顛倒欺朦，咨肆剝削，怨則歸官，利則歸己。上罔國法，下虐民生。按其罪惡，實不容誅。〔3〕(P6)

清王朝在少數民族地區推行改土歸流政策，方顯在其《平苗記略》中，對黔東南「改土歸流」及設立苗疆六廳的過程做了詳盡的記錄。雖然推行過程中出現了激烈的戰爭，對少數民族地區造成了巨大的傷害，但是，從社會發展的角度來看，「改土歸流」還是促進了少數民族地區經濟社會的發展。上述碑刻中對少數民族地區土司額外增派兵谷之事予以禁止，這對少數民族群眾而言，無疑是件好事。通過這些碑刻，不僅可以看出封建王朝對貴州苗侗地區的管理策略，也是封建王朝民族政策的縮影。因此，碑刻文獻是研究這一類問題的重要文獻史料。

（二）侗族地區碑刻文獻展示了侗族地區農林經濟社會發展狀況

貴州侗族地區大多處於樹木蔥鬱的山區，侗族先民在長期的生產生活中總結了一整套的育林經驗，林業成為重要的經濟來源。歷史上，貴州侗族地區少數民族同胞依託清水江、都柳江水路交通，形成了一個嚴密的產業鏈條，侗族地區碑刻文獻對此有著詳細的記錄。如立於嘉慶十六年（1811）錦屏高柳的《永定江規》碑：

> 至乾隆九年，前府徐任內奉，憲檄飭近河居民開修河道。高柳之向、龍二姓及鬼鵝向姓，合力開自鬼鵝寨門首起至難標止，共十五里。工竣之後，河道順流，遂與上下沿河民分段放運客木，以取微利……今酌斷：高柳、鬼鵝二處共二百四十餘戶，著分為六股，鬼鵝運一年之後，高柳接運二年，周而復始，永定章程。所有本年客木，即著鬼鵝先放，嗣後不得恃強紊亂，再滋事端，違者從重究治，著取具而（兩）遵結，並中證遵結備案。[1]

此碑文記述黎平府正堂審理鬼鵝寨與高柳寨為爭放遠山客木民事訴訟案件，從中可見清水江水運在侗族地區林業經濟中的重要地位。清水江沿岸的錦屏縣、天柱縣在歷史上利用清水江運輸木材長達數百年的「內三江」、「外三江」之間的「爭江案」在諸多碑刻文獻中的記載也頗為詳細，為學術界深入研究清水江沿岸農林經濟提供了詳實的文獻依據。

此外，天柱縣坌處鎮《永禁碑記》有「我等地方山多田少，全賴杉木為生」[4](P113)的記錄，也可窺見貴州侗族地區林業經濟產業發展的歷史軌跡。

（三）侗族地區碑刻文獻記錄了當地民風民俗

民俗是一個民族的重要特徵之一。一個民族的傳統習俗往往是不斷發展變化的，有些在社會發展中不斷豐富，有些則會隨著社會的發展而最終退出歷史舞臺，因此，某一民族在某時某地的傳統習俗就具有了獨特性。侗族社會也是如此，隨著社會的發展，一些陳風陋習也會發生變革，貴州侗族地區碑刻文獻對此類問題也有較多的詳細記錄，如：立於清道光十一年（1831）的錦屏啟蒙《因時致宜》碑：

> 嘗謂周公制禮，孔子定理，豈容更易？然禮盛則繁，禮奢寧儉。……第婚姻六禮之例，創自先人，而姑表分財之規，不無陋弊。或籍此而賴婚枉利，或因此而懸擱終身，以至內怨外曠。覆宗絕嗣，因以構訟經官，傾家蕩產，嗚呼哀哉，禍甚烈也！吾儕生當晚近，未免目擊心傷，愧乏濟世之才，常存改革之志。於是，一帶鄉鄰，合同計議……
>
> ——議行親之家，財禮六兩，婦家全受，舅父只收酒肉。水禮財禮，不妄受分毫。

——議送親禮物，只許餈粑一槽，其酒肉多寡聽其自便。

——議送培（陪）親婆禮，只許酒肉，不得又送餈粑。

——議嫁女之家，妝奩多寡，隨便其有，手中概行禁止。

——議納采之後，禁止節禮，日後行親節禮，只許饋送一年。

——議喜愛禮物，禁送卷聯祭軸。

——議姑表結親，不得混賴，必要庚書媒帖為憑，其財禮仍照六兩。

——議生男育女之家，只許嫡親送禮，不許搭禮。[1]（P951）

此碑刻記錄了錦屏縣啟蒙地區革除「姑舅表婚」等陳風陋習的具體措施，對於減輕民眾婚禮經濟負擔、促成青年男女自由婚戀具有積極作用，是侗族地區婚嫁改革的重要歷史文獻史料，對於研究侗族地區社會文化具有重要的史料價值。

再如立於清咸豐十年的從江慶雲鄉《鄉例碑》，記錄了關於喪葬習俗改良的重要內容：

——議臨終埋葬、修齋、設祭、舉哀、戴孝分所當為，至宰家繁華，不過掩生人之耳目，徒靡費銀錢，今舍重從輕，諸親弔喪答禮二斤。[2]

此碑刻指出厚葬的「繁華」「不過掩生人之耳目，徒靡費銀錢」，故立碑為禁，要求「舍重從輕」，以減輕民眾之負擔。這當然是具有社會進步意義的改良舉措，故而受到侗族人民的廣泛支持。

（四）侗族地區碑刻文獻彰顯了侗族民眾與人為善、樂善好施的傳統美德

與人為善、樂善好施是侗族民眾的傳統美德。立於道光三十年的從江縣《禁條碑記》記錄了對於外鄉人流浪侗鄉去世後的處理辦法：

> ——議外來亡街三（之）人，不論生死何人，山場與街巷、唐（塘）腳、屋堪（坎）、空評（坪），具系有關人命，若有此事，大家掩埋，仍有功德，毋（毋）分爾我不前……[1]（P52）

碑文要求侗族民眾對於死在本村本寨的外來流浪者，不應逃避推諉，而應積極主動治喪，認為這是一件功德。

此外，侗族地區民眾對於修橋、鋪路、修水井、修渡口、捐資購買渡船等公益事業都是積極參與、慷慨解囊的，如《天柱縣碑刻集》就蒐集了大量此類碑刻文獻：《始修橋路碑記》、《次修橋路碑記》、《終修橋路碑記》、《修渡碑記》、《修井路碑記》等，均對所修之路橋、水井、渡口地理環境、歷史水文等有詳細記錄，並將捐資修建者的姓名附錄於後。這些碑刻對於研究侗族傳統文化無疑是具有重要史料價值的，充分彰顯了侗族地區民眾與人為善、樂於奉獻的精神風貌，在當下對於教育青少年樹立、傳播正確的社會主義核心價值觀也是具有重大現實意義的。

（五）侗族地區碑刻文獻透視了侗族民眾自覺的環保意識

侗族地區民眾靠山吃山，「我等地方山多田少，全賴杉木為生」是相當長的一段歷史時期中侗族民眾的生活寫照。因此，侗族人民植樹造林、

護林育林的意識非常強，並通過勒石刻碑形成定製，客觀上形成了樸素的環保意識。如立於道光八年（1828）的黎平南泉山寺《公議禁止》碑：

> 一、三庵上下左右墳墓，聽其拜掃。其有一切大小樹木，日後子孫並眾人、山僧等，永不許砍伐。違者送官究治。
>
> 二、山中樹木原以培植風水，不許砍伐，理應然也。倘藉以建醮美舉，必欲取山中柴木，以供炊爨，將來上元、中元、下元等醮，俱欲上山修建，此山中樹木不幾年而砍盡矣。請建醮者慎勿以酹。[3]（P46）

碑文記錄了公議條例，禁止砍伐南泉山大小樹木，客觀上保護了南泉山的環境。

再如天柱縣坌處鎮雅地村的《禁伐碑》：

> 不許燒林，尚有違者，鳴鼓重罰二千六百四十四文。……膽敢違抗，捆送廳，按律究治，絕不容情。[4]（P142）

上述碑文體現出侗族人民在長期的社會發展進程中所形成的人與自然和諧相處、共同發展的重要理念，故而侗族地區現今山清水秀，竹木茂密，生態環境良好。正因為侗族地區在封山育林等方面具有悠久傳統，所以當前侗族地區森林覆蓋率普遍偏高，其中貴州省十大林業縣中，絕大多數為侗族聚居地。

（六）侗族地區碑刻是民間法規的重要載體

侗族款詞是侗族民間社會習慣法這一論點早已為學界公認，而碑刻則是侗族款詞重要的載體。如立於清康熙十一年的從江高增寨款碑：

> 為嘗聞施事以靖地方，朝廷有法律，鄉黨有禁條，所以端士俗。近年吾黨之中，有好強過人者，肆行無忌，勾串油火，敲詐勒索，危害庶民，凡是不依寨規款法，殊堪痛恨。是以齊集諸父（老）於樓前議款，嚴設禁條。……立此禁條，開列於後：
>
> ——議偷牛、馬、豬、羊、雞、鴨，與挖牆拱壁、盜竊禾穀、衣服銀錢、放田摸魚等，共罰銀錢二千文；
>
> ——議砍伐山林，風水樹木，不顧勸告，罰銀三千文：
>
> ——議男女婚姻，男不願女，女不願男，出紋銀八兩八，錢一千七百五十文，禾十二把；
>
> ——議男女行歌坐月，身懷六甲有孕，強姦婦女，女方出嫁，男出錢三千三百文賠禮；
>
> ——議內勾外引，偷雞摸狗，夥同劫搶，為非作歹者，退髒物外，罰銀一兩四錢，嚴重眾議；
>
> ——議男女拐帶，父母不願，男方賠禮十千，肉一盤洗面。父母養女，不得補錢；
>
> ——議山場杉樹，各有分界，若有爭執，依據為憑。理論難清，油鍋為止；
>
> ——議賣田作典，不得翻悔，將典作斷，一賣百了，糧稅隨

田，不能無田有稅，有稅無田，宜各理清；

——議橫行大小事，不得具控，如有生端行蠻，眾等罰銀五十二兩；

——議進行油火，嫁禍與人等項，罰銀二十四兩整：

——議偷棉花、茶子，罰錢六千文整，偷堆柴、瓜菜、割蒿草，火燒或養牲踐踏五穀，罰錢一千二百文整；

——議失火燒房，凡自燒己屋，惟推火神與「割漢」；若有燒寨，須用兩個豬推送火殃；火苗蔓延他寨，豬兩個外，又罰錢三百三十文，失火燒石墳雕墓者，亦同處罰。〔1〕(P55)

此款碑是二千九地區（侗族地區地名）見到的最早的一通碑刻。通過碑文，我們可以知道四百多年前的侗族社會對於寨鄰之間的和諧相處就已經訂立了相關的條文，這些條文比官府律條更加詳細，且一一擬訂了處罰方案，是典型的民間法規條例，是學術界研究侗族民間習慣法的重要參考史料。

三、結語

侗族地區碑刻文獻涵蓋了侗族社會政治、經濟、教育、法規等諸多內容，是侗族歷史文化的重要載體，展現了侗族社會歷史發展的重要軌跡。但是學術界至今仍未能對侗族地區碑刻文獻進行全面、系統的調查整理與研究。因此，發掘、整理、研究侗族地區碑刻文獻，具有重要的歷史意義與現實意義。

參考文獻

〔1〕張子剛輯錄.貴州侗族地區碑文薈萃（打印稿）.

〔2〕姚敦屏主編.天柱碑刻集〔M〕.天柱縣文體廣電旅遊局內部印刷，2013.

〔3〕李斌，吳才茂，姜明.論明清以來清水江下游天柱地區碑刻的分類、內容與學術價值〔J〕.貴州大學學報，2013（3）.

〔4〕秦秀強.清水江下游苗侗地區碑刻文化調查——以天柱縣為例〔J〕.貴州民族學院學報（哲學社會科學版），2012（3）.

（原載於《黔南民族師範學院學報》2014 年第 6 期）

三都水族自治縣碑刻的研究

劉世彬

全世界只有中國有水族，三都是我國唯一的水族自治縣。三都水族自治縣位於雲貴高原的東南向湘桂丘陵地帶過渡的斜坡上、貴州省黔南布依族苗族自治州的東南部，地處東經107°40′-108°13′，北緯25°32′-26°10′之間，總面積為二千三百八十二點九平方千米。這裡山嶺縱橫、丘陵起伏，地勢北高南低，更頂山主峰海拔一千六百六十五點五米，壩街附近都柳江出境處海拔僅三百〇三米，相對高差三百六十二米。都柳江橫穿縣內，由中北部向東流去，流域面積占全縣總面積的百分之七十一，是珠江流域的一級支流。滾滾都柳江水流入柳江、匯入珠江、奔向南海。這裡氣候溫和，雨量充沛，土壤肥沃，資源豐富，是一個如鳳凰羽毛般美麗的地方。

水族是祖國五十六個民族大家庭中的一員，是一個古老、勤苦、勇敢、智慧的民族。水族主要分布在以三都為中心及其鄰近的各縣。據一九九〇年統計，三都水族自治縣總人口數為二十六萬三千六百〇七人，其中水族有十六萬四千九百八十七人，占總人口的百分之六十二點五九。

水族在這樣優美的自然環境裡、漫長的歷史長河中，繁衍生息，生存發展，創造並保存了水族自己獨特的文化，豐富了我們偉大的中華民族的文化寶庫。

同時，水族在同相鄰布依族、苗族、侗族、瑤族、漢族等兄弟民族的交流、融合過程中，使自己的民族文化顯得更加豐富多彩。

碑刻是我們中華民族創造、發展、完善起來的一種獨特的文化樣式，有著十分悠久的歷史、豐富多彩的內涵、多種多樣的形式，是我國輝煌、燦爛文化寶庫中的奇葩。在古代，碑刻以漢字鐫刻為主，是漢文化的重要組成部分。在唐、宋以前，除一些有自己文字的少數民族中有一些用民族文字鐫刻的碑刻外，在許多少數民族地區碑刻數量較少。在十年調查、鉤沉、查閱的過程中，我發現三都水族地區碑刻有如下特點：

一是數量不多。據現有掌握的調查材料來看，三都水族地區尚存的碑碣、摩崖、墓誌銘和保留的碑文資料，共三十五方（處）。雖有用水族文字鐫刻的碑刻，但數量不多。雖然在唐朝就已在這裡設治，但直到清雍正年間三都水族地區才實行「改土歸流」，漢民族的文化開始大量傳入，才有了漢字碑刻，清末民初三都水族地區的碑刻數量才開始逐步增加。加上自然的剝蝕、人為的損壞，保存下來的就為數不多了。好在民國二十九年（1940）編纂的《三合縣志略》（四十四卷）和潘一志先生編纂的《水族社會歷史資料稿》（30 餘萬字）等，保留了不少碑文資料。

二是年代不長。從目前掌握的資料看，在三十五方（處）的三都水族地區碑刻中，年代最為久遠的是位於三都水族自治縣塘州鄉拉下村附近的一塊水文字墓碑。據陳晶魁先生依水文字和水族曆法推算，該墓碑立於明孝宗弘治十三年（1500）。漢字碑刻最早的是刻於清康熙四十八年（1709）立於三都水族地區普安鎮平寨的《普安屯六寨六姓合約碑記》。至清朝咸同時期前後，數量有所增加，到民國以後，數量又下降了。

三是有很強的民族特色和地方特點。水族是我國五十五個少數民族中為數不多的有自己獨特文字的民族之一。水族文字十分古老，水語稱為「泐睢」，是一種表意體系的文字，只有四百多個單字。在三都水族地區至今還保存著用水族文字鐫刻的墓碑，這是極有保護價值的水族文物，顯示了水族地區碑刻獨有的民族性。在水族地區的碑刻雖大量是用漢字鐫刻的，但其內容記載的都是水族地區「改土歸流」的歷史、土司制度的歷史以及水族人民英勇鬥爭的歷史，這些史料是不可多得的，故有鮮明的地方特點。

四是有豐富的內涵。三都水族地區碑刻雖然數量不多，年代也不甚久遠，但由於有很強的民族特色和鮮明的地方特點，所以它的文化內涵是很豐富的。

第一，有非常獨特的用水族文字鐫刻的碑刻。水族是我國為數不多的有自己獨特文字的民族之一。水族文字有甲骨文、金文的特徵，歷史十分悠久，這在三都水族地區保存的用水族文字鐫刻的墓碑中可以得到證明。

在三都水族自治縣的塘州鄉拉下村有一塊墓碑，呈「凸」形，碑高一點一米、肩寬〇點四米、下寬〇點七米，碑的上方刻有一束銅錢花，下面刻有一面銅鼓，插有三枝花。銅鼓的左邊刻有一頭牛，右邊刻有一個騎馬的人。碑中部左邊刻有一個人，右手舉著傘蓋、左手執繩。碑中部的右邊刻著一個人，右手執羽扇，左手握煙桿。在圖的中央刻著用水族文字寫的碑文。據王品魁先生辨析，碑上刻的圖像展示的是古代水族社會的喪葬習俗，很有水族文化的特點。[1]例如，銅鼓是古代水族人民的重器，是權力和財富的象徵。水族老人去世了，以銅鼓為坐墩穿上壽衣後才入殮，而且在「開控」時要宰牛、馬致祭。這和《黔南識略》中的記載「水苗……喪葬食魚不食肉，宰牛馬致祭」，《獨山縣志》載「水家苗……喪則打銅鼓，宰牛、馬」，《三合縣志略》載「水家苗……喪則打銅鼓，宰牛馬，聚遠近親戚會飲，亦名砍替」相一致。水族文字碑文的內容為亡人的生、卒、葬的年月。據王品魁先生依據水族曆法推算，墓主死於明孝宗弘治十三年（1500），距今已有五百〇二年了，此為目前三都水族地區已發現的最古老的碑刻。在漢文化大量傳入水族地區之前，水族人民已用自己的文字刻碑，由此也從一個側面證明了水族文字形成歷史之久遠。

在三都水族自治縣的周覃鎮查村干夭組某刁坡上也有一塊用水族文字刻的墓碑，碑高〇點六四米、寬〇點三四米，兩側有石柱護立，上有屋簷形碑帽。碑眉處刻有一個太極圖案，下面刻一個方框，框內豎排用水族文字鐫刻的三行碑文，記載死者的生、卒、葬的時間。在方框下有一條頭西尾東的魚形圖案。據推算，該墓年代不晚於清道光年間（1821-1850）。

在塘州鄉水潘拉下村和周覃鎮水東鄉也有用水族文字鐫刻的墓碑，通稱「水潘碑」和「水東碑」，內容也是記載墓主的生、卒、葬的年月。

另外，在黔東南的榕江縣水尾鄉上拉力寨有一塊用水族文字鐫刻的潘阿猛墓碑，立於清咸豐丙辰年（1856）十二月初七日。

應該指出，把水族古代喪葬習俗用水族文字鐫刻在墓碑上，也是水族墓碑的一大特點。

第二，較完整地保存了明、清兩朝三都水族地區土司制度的碑刻記錄。明代初年，明王朝中央政權為加強對西南少數民族地區的統治，在沿襲宋、元時期分封土司辦法的基礎上，實行「土流並治」的政策。當時在三都水族地區設置的土司，除仍由當地「土酋」擔任外，有一部分則由隨征而來的官吏充當。明洪武二十四年（1391）三月，襄陽府均州人張均，因隨征南將軍傅友德征討西南夷有功，授任三都水族地區陳蒙爛土長官司首任長官，並世襲傳十一代至明末。至清康熙四十一年（1702）其後裔張大統、張宏謨兄弟內訌，爛土長官司一分為二。大河以南仍屬爛土長官司管轄，又傳十代，至民國時廢除。大河以北設普安土舍副長官司，至清末共傳八代。這些史實可在三都水族自治縣現存的碑刻中找到實物依據。

刻於清康熙四十八年（1709）、立於普安鎮平寨的《六姓合約碑》，碑高一點四米、寬〇點七米，素面，楷書陰刻，記載了康熙四十一年張大統、張宏謨兄弟內訌將爛土長官司一分為二的過程。

刻於清嘉慶十八年（1813）正月，現存於爛土小學圍牆上的《土司「信照條約」碑》，碑高一點七米、寬一米，素面，楷書陰刻，碑眉刻「恩垂千古」四字。此碑為張均後裔「世襲貴州都匀府獨山州正長合江司張」所頒。碑文稱「茲因虧欠糧食，無處上納，承各姓埄相商，同心協力，患難相扶，遂集各地方議借米糧代署完納。即於眾借之日更議各條約勒石垂記。」「條約」共計十七款，並要求「嗣後官目及寨頭地方人等，務宜照單新議條約，盡心辦理，毋得上下相違」，「不得混有專權理案」。此碑記載了當時土司官目與當地少數民族及其頭人的關係，對瞭解土流並舉的狀況有參考價值。

此外，張均後裔張燦極墓碑（立於清道光二十七年即1847年，位於爛土拉麻寨）；《三合縣志略》卷三十四存文的《張一元夫婦墓誌銘》；立於大河丙燕寨的《丙燕土司墓碑》，系張宏謨之墓，碑載張宏謨卒於清康熙六十一年（1722）；立於爛土高門寨納便山的《張大紀墓碑》等，均是考察三都水族地區土司制度史的重要材料。如果結合《三合縣志略》卷二十「土司、附土司傳」以及「援史入傳」的描述張均隨軍西征並任爛土長官司長官事略的《平南傳》加以考證，便可比較系統、全面地瞭解三都水族地區原爛土長官司歷經二十二代，時跨明、清、民國三個朝代，歷時三百多年的土司統治史。這是研究三都水族地區乃至黔南州、貴州省古代土司制度的不可多得的實物資料。

第三，保存有三都水族地區「改土歸流」歷史的碑刻。明、清兩代在沿襲宋、元時期分封土司的基礎上，實行「土流並舉」，並逐步推行「改土歸流」政策，以進一步加強對西南少數民族地區的統治。例如，明初封建王朝用武力消滅了荔波地區蒙、皮、雷三姓土司的勢力，設置方村、蒙村、窮來村三個巡檢司。明武宗正德元年（1506）改司設縣，委派流官管理。這是水族地區「改土歸流」的先聲。清康熙二十年（1681）後，中央集權日益鞏固，加快了「改土歸流」的進程。清雍正四年（1726），雲貴總督鄂爾泰向清廷建議：「將從來管理苗族之土官，改為普通行政之官署」，「苗族歸化者，乃收其土地，改設流官」。[3]他們根本不考慮少數民族的意願，以征服者的姿態，用武力強迫推行。清雍正七年（1729）獨山知州孫紹武受命沿都柳江進兵三腳屯、打略、柳疊、來牛、上江等地，在來牛、上江設都江廳，推行「改土歸流」。

孫紹武用武力推行「改土歸流」後，駐守來牛。清雍正八年（1730）在都柳江古道旁題刻了「從來王化外，今人版圖中」十個字，每字大十釐米見方，楷書縱刻，為三都水族地區「改土歸流」歷史事件留下了實物依據。

此外，孫紹武還在都柳江石崖小溪邊的懸崖上，於清乾隆元年（1736）題刻了「山高水清」四個字，並賦詩云：「都江南去水滔滔，千里妖氛漸次消。贏得今朝無個事，閒從崖畔一揮毫。」清乾隆癸亥年（1743）孫紹武還在三都、都勻、丹寨的交界處翁腦寨邊的石崖上題刻了「天開草昧」四個字，字大一尺見方。

以上摩崖既留下了瞭解水族地區「改土歸流」的實物材料，也記載了清朝統治者對少數民族殘酷鎮壓、統治的罪行。

第四，保存了一批反映水族人民反抗反動統治者鬥爭事蹟的碑刻資料。三都水族地區在清雍正年間推行「改土歸流」之後，清王朝勢力逐步深入水族地區，實行殘酷的政治統治，嚴重的經濟盤剝，至清乾隆年間「各地方官徵收錢糧，額外浮收，加重火耗，多索票錢，以及短價採買，或借差夫名色，濫派伕馬，書吏指十派百，折價肥己，或者借供應，派索豬、鵝、鴨、雞、竹、木、柴、炭、馬草、刑具、監茨等項……不一而足」。廣大水族人民不堪重負，紛紛起來反抗，清乾隆二十七年（1762）閏五月，「貴州都勻府獨山州分駐三腳屯正堂蔣」不得不發佈「禁革一切陋弊」文告，並刻石刊示。這就是原立於三腳屯的「禁革陋弊」碑。

清咸豐、同治年間，貴州各族人民爆發了轟轟烈烈的起義鬥爭，以反抗反動統治階級的殘酷統治。清咸豐五年（1855）潘新簡領導水族人民揭竿而起，起義鬥爭堅持十五年之久，嚴重打擊了清王朝在當地的統治勢力，贏得了各族人民的支持。一九八三年，三都水族自治縣民族事務委員會、縣文化館在貴州省重點文物保護單位九阡水族起義遺址刻立的《潘新簡紀念碑》，雖為現代所立，但內容反映了潘新簡領導水族人民大起義的史實。

清同治十二年（1873）七月刻立的《三都都江萬人墳碑》記下了清王朝在咸豐乙卯（1855 年）鎮壓都江地區各族人民起義的史實。當時都江地區「田地荒蕪，人煙蕭索」、「生靈荼炭，枯骨枕野」，慘不忍睹，記下了反動統治者的纍纍罪行。

此外，立於都江羊福村的《革除伕役永遠碑示》（刻於清同治十三年即 1874 年）；立於三腳屯的《都勻府知府周步瀛禁浮征丁糧碑》（刻於清光緒三年即 1877 年，存碑文）；《獨山州知州吳宗琳禁需索碑》（刻於清光緒六年即 1880 年）；《清末州同周富濤立案碑》等，都應該看作是清咸同時期貴州各族人民大起義後不斷進行各種形式的鬥爭而取得的結果。

第五，保存了一批對研究三都水族地區人文歷史有一定價值的墓誌碑銘。在少數民族地區的金石古籍中，墓誌碑銘占有一定的分量，這對研究該地區的歷史、民俗有重要價值。但這些墓誌碑銘多藏於野外、地下，難以收集。在《三合縣志略》及《水族社會歷史資料稿》兩本書中，保存了不少三都人的墓誌銘文。此外，近年來也有一些墓誌碑銘被發現並報導。墓主有少數民族，也有漢族的。其中比較重要的有以下一些。

張吳川墓誌銘：張暉，字旭初，又字晴川，西鄉人，官於廣東吳川，故有字吳川，頗有政聲。生於清乾隆戊午年（1738），卒於清乾隆四十九年（1784）。

鄧沛璋墓誌銘：享年七十有六，卒於清嘉慶十四年（1809）二月十二日。鄧沛璋為鄧恩銘同志之曾祖。

金老太君墓誌銘：生、卒不詳，墓碑立於清嘉慶十七年（1812）。墓主為鄧沛璋夫人。

張燦極墓碑：生年不詳，卒於清道光十八年（1838），碑立於清道光二十七年（1847）。張燦極系合江州陳蒙爛土長官司首任長官張均之後。墓位於爛土鄉拉麻寨，有山字形碑蓋，兩邊石板圍護，通高一點七米、寬一米。碑文楷書陰刻。貴州都匀府獨山州事青溪縣正堂李克勳撰。

張一元夫婦墓誌銘：張一元，字德馨，善文，生於清道光庚寅年（1830），卒於清咸豐己巳年（1859）。張鼎元撰。張鼎元，字子定，為張均之後，平生手不釋《平南傳》一書。

張選堂墓誌銘：張萬春，字選堂，生於清嘉慶辛酉年（1801）六月二十日，卒於清同治甲子年（1864）三月十一日，平寨人。蘇金林撰。蘇金林為獨山莫子偲之彌甥，工文學。

譚鳳章墓誌銘：生於清同治乙卯年（1795），卒於清咸豐己未年（1859）。張樹屏撰。張樹屏為張均之後，張鼎元之子。

處士楊端生墓誌銘：楊汝麟，字端生，生於清咸豐年間，卒於清光緒乙巳年（1905）。張樹屏撰。

胡溢光先生墓表：胡德全，字溢光，三腳人，曾辦三腳金麟書院，整治都柳江水道，生年不詳，卒於清光緒癸卯年（1903）。廣西李宗仁撰。

張榮春墓誌銘：張榮春，字煦堂，普安人，生、卒年不詳，卒年七十三歲。張樹屏撰。

吳子厚墓誌銘：吳臣忠，字子厚，楊樂屯人，生、卒年不詳。張樹屏撰。

張石氏墓誌銘並序：石氏，張以賢妻，清道光庚戌年（1850）生，民國壬子年（1912）卒。張樹屏撰。

處士李光英墓誌銘：李光英，字育才，三合人。生於清道光己亥年（1839），卒於民國甲寅年（1914）。張樹屏撰。

王雙山墓誌銘：王堃，字雙山，東鄉人，生於清咸豐丙辰年（1856），卒於民國八年（1919）。張樹屏撰。

吳培森墓誌銘：生於清道光元年（1875），卒於民國壬戌年（1922）。張樹屏撰。

處士潘平階墓誌銘：潘平階，諱玉衡，三合堯平人。生於清光緒辛巳年（1881），卒於民國二十五年（1936）。張樹屏撰。

吳節母李孺人墓誌銘：吳節，平寨人。其母生於清咸豐壬子年（1852），卒於民國十七年（1928）。都匀滕家柱撰。

此外，《修三合至都江路碑記》（立於清光緒年間，存碑文）、《改建兩級學校禮堂紀略碑》（刻於民國十七年即 1928 年，存碑文）、《商會爭粵鹽銷坊原案碑》（立於民國二十六年即 1937 年，存碑文），對瞭解三都水族地區當時的交通、教育、商務等都有一定的價值。

由於三都水族地區碑刻的文化內涵非常豐富，因此對三都水族地區碑刻的研究具有多方面的價值。它對研究三都水族地區的民族學、民俗學、文字學、土司制度史、「改土歸流」史、水族人民抗暴鬥爭史、人物史以及交通史、教育史、商務史等都有參考價值。同時，不少碑刻也是三都都柳江、月亮山、水族風情旅遊區重要的人文景觀，很有開發、利用的意義。

由於三都水族地區碑刻重要的、多方面的價值，因此建議：（1）要進一步深入地發掘、調查、收集、整理三都水族地區的碑刻，這是一項十分緊迫的、帶搶救性質的工作。（2）對已掌握的三都水族地區碑刻資料進行整理、標點、註釋、研究，爭取編輯、出版《三都水族自治縣碑刻集》，並將其列入少數民族古籍整理工作之中。（3）要有目的、有計劃地開發、利用三都水族地區碑刻資源，在收集、保護的前提下，把碑刻作為風景名勝、民族風情區的人文景觀，需要復刻的進行復刻，需要遷地保護的進行遷地保護，建立以少數民族內容為主的碑林，為社會主義物質文明和精神文明建設服務。

參考文獻

〔1〕王品魁.拉下村水文字墓碑辨析〔A〕//貴州省水家學會編.水家學研究（三）〔C〕.1999年：213-217.

〔2〕劉世彬.三都水族自治縣《平寨六姓合約碑考略》〔A〕//黔南州史志辦.刻在石頭上的歷史〔C〕.61-68.

〔3〕凌惕安.咸同貴州軍事史（第一編）〔M〕.貴陽：貴州人民出版社.

（原載於《黔南民族師範學院學報》2002年第4期）

試探水書碑文識讀

潘興文

水書，水族稱為「泐雎」。「泐」，即文字和書籍的通稱；「雎」為水族自稱；「泐雎」意為水族文字或水族的書。水書字形獨特古樸，內容博大精深，是歷代水族人民智慧的結晶，是水族的史書和「百科全書」，更是中華古文字的「活化石」，支撐著水族幾千年來的文字史和文明史。水書，是世界上活著的象形文字，是中華民族文化的瑰寶。二〇〇六年五月，國務院批准「水書習俗」為第一批國家級非物質文化遺產。

水族文字的載體主要是抄寫在甲紙上用線訂或紙繩訂的手抄本水書，此外最為凸顯的是作為圖案繡成的手工藝品（越是老式的馬尾繡背帶上的圖案，水書符號越明顯）上的水書，還有鐫刻在墓碑上的水書碑文。用水族文字鐫刻的墓碑十分罕見，是研究水族古代習俗不可多得的實物史料。因此，準確地識別水書碑文有著十分重要的意義。筆者就水書碑文識讀略陳己見，以請教於方家。

一、基本情況

1. 水書碑文發現情況

用水族文字書寫的碑文並不多見，發現用水族文字書寫的墓碑應該及時採取有效措施進行保護，因為它是研究水族古代習俗不可多得的實物史料。目前，發現的水書碑文如下：

第一塊水書碑文，是榕江縣（黔東南州）計劃鄉上拉力寨的墓碑文；

第二塊水書碑文，是三都水族自治縣塘州鄉拉下村的墓碑文；

第三塊水書碑文，是三都水族自治縣周覃鎮的查村（建、並、撤之前屬水東鄉）的墓碑文；

第四塊水書碑文，是三都水族自治縣壩街鄉羊甕村的墓碑文；

第五塊水書碑文，是荔波縣水甫石棺墓的墓碑文；

第六塊水書碑文，是三都水族自治縣都江鎮怎雷村（省級生態保護的水族自然村寨）的墓碑文。

這些水書碑文是都柳江、龍江上游水族聚居區內的水族古老文化遺留，十分珍貴。

2. 墓碑形狀及水族古文字成分

榕江縣（黔東南州）計劃鄉上拉力寨的水族文字墓碑，碑文全部是水族文字符號，共十七個，沒有其他圖案。該墓碑屬單碑，即只有碑座和碑身（或叫墓碑門）。水族學者石尚昭、吳支賢、姚福祥等於二十世紀七〇年代末對此碑文進行考證和翻譯。

三都水族自治縣塘州鄉拉下村的水族文字墓碑（下簡稱拉下碑，如圖1），原坐落在三都水族自治縣塘州鄉拉下村東面的「墓果」古墓群裡（現已運進該縣文物管理所保管）。此碑是門樓式墓碑，整個墓碑分為碑座、碑身（或叫墓碑門，包括兩邊伸延出來的門柱）、碑帽和碑頂四個部分。

墓碑門是「凸」字形，上刻各種圖案和水族文字，兩邊配上雙肩，墓碑門的兩邊各伸出二十釐米的方柱，碑柱無圖無字，碑帽緊緊蓋壓碑門。碑門下寬七十二釐米，上寬四十二釐米，雙肩各寬十五釐米。墓碑總高度為一百一十釐米，下高七十釐米，肩高四十釐米，碑柱內進深二十釐米，外進深三十七釐米。[1] (P214)

圖1　碑頂、碑帽已被破壞的拉下村水族文字墓碑原樣

三都水族自治縣周覃鎮的查村的水族文字墓碑（下簡稱的查碑）依然豎立在的查村干夭村民小組「墓刁」的坡上，該墳墓呈圓形土包，坐北朝南，占地面積約五平方米。此墓碑呈龕形，總高度為九十釐米，上蓋（碑頂）為屋簷狀，高為二十五點五釐米，闊為七十二點五釐米，由兩塊石柱支撐。龕形內的墓碑門高六十四點五釐米，寬三十四釐米。內碑中部豎排水族文字碑文三排，計二十三字，以一長方形框框定。框高二十四釐米，寬十八釐米。框外上方有一直徑為十四點五釐米的太極圖案。框外下方為

一頭西尾東、長約十二釐米的魚形圖案。該碑文字及圖案均為陰刻。〔2〕

以上三塊墓碑碑文的主體是由水族文字組成。另外，有的把水書常用文字或圖畫文字作為輔助碑文，如：三都水族自治縣壩街鄉羊甕村的墓碑文有四個符號，荔波縣水甫石棺墓的墓碑文有六個符號，三都水族自治縣都江鎮怎雷村的墓碑文有九個符號。

二、特殊的文字和特殊的格式

從拉下碑、的查碑和榕江縣計劃鄉上拉力寨水族文字墓碑的整體來看，碑文全部用水族文字書寫。拉下村的水族文字墓碑碑文共三十四個水族文字符號。的查村干夭村民小組水族文字墓碑碑文由二十三個水族文字符號組成。上拉力寨的水族文字墓碑全文共有十七個字。

從碑文的行款看，都是豎列書寫，豎列組數不定。拉下碑有五列，的查碑文有三列。豎列書寫形式與古今水書手抄本的行款相一致。

水書碑文的書寫格式很特殊，拉下碑上刻的「人、水牛、馬、花、銅鼓、傘、扇子、煙桿斗」和的查碑上刻的「魚形太極圖」等均符合常規姿勢及自然格調，可是碑文整體卻全篇幅倒置，要想看懂水書碑文，只有站在碑頂的端線邊上，總覽墓碑門中的碑文全文，才容易看懂。

三、碑文水書識讀的基本方法

1. 找準視點

當某人有幸在荒山野外、森林密處或古代廢墟裡發現一塊珍貴的石碑，上面刻有奇特的文字符號時，要判斷其是否為水族古碑，就要找準位置去觀察：如果石碑原樣豎起，就要想方設法從其頂端往下看；如果石碑被挪動位置，首先要把有文字符號的那一面朝向天空，再仔細查找石碑的榫、卯、銜接縫等標誌，準確判斷該碑豎立時的頂端邊線（又稱端線）何在，從頂端邊線上看碑文，就可以比較準確地認讀其碑文。

如圖 2：

圖 2　拉下村水族文字墓碑和的查村水族文字墓碑

2. 將碑文水書分類

認真將碑文水書進行分類，各列仔細歸類，按水書常用字、水書難認字劃分（在能認識水書常見符號的情況下）。如區分以下水書常用字：

（1）水書常用字包括：數字類，干支字，即：正、一、二、三、四、五、六、七、八、九、十、十一、十二以及天、地、人、第、年、月、日、時、方等常見符號。

（2）六十甲子表：

甲子	乙丑	丙寅	丁卯	戊辰	己巳	庚午	辛未	壬申	癸酉
甲戌	乙亥	丙子	丁丑	戊寅	己卯	庚辰	辛巳	壬午	癸未
甲申	乙酉	丙戌	丁亥	戊子	己丑	庚寅	辛卯	壬辰	癸巳
甲午	乙未	丙申	丁酉	戊戌	己亥	庚子	辛丑	壬寅	癸卯
甲辰	乙巳	丙午	丁未	戊申	己酉	庚戌	辛亥	壬子	癸丑
甲寅	乙卯	丙辰	丁巳	戊午	己未	庚申	辛酉	壬戌	癸亥

（3）水書難認字包括：五行字的金、木、水、火、土符號；九星字的貪、巨、祿、文、廉、武、破、輔、弼符號；水書二十八宿形象的物象符號，如蠍、龍、貉、兔、太陽、虎、豹、螺、狗、雉、雞、烏鴉、猴、獺、鵝、鬼、蜂、馬、蜘蛛、蛇、蚯蚓、螃蟹、牛、蝙蝠、鼠、燕、豬、魚（貐）。水族文字墓碑的碑文容易出現上述水書文字。

3. 尋找識讀脈絡

從水書書寫常規格式看，多數為豎式編寫，從上到下、由右至左的格式編寫。依據拉下村水族文字墓碑和的查村水族文字墓碑的書寫格式，均與水書手抄本編寫模式相一致。在找準視點和碑文分類的情況下，便可以按照水書閱讀卷本（《正七卷》、《壬辰卷》、《申寅卷》）的認讀規律，即先右後左、從上至下地對碑文水書進行逐一辨認，這種辨認碑文水書方式方法，是碑文水書識讀的表面層次。識讀碑文水書須下一定的功夫，漸漸地由淺入深，根據碑文的水族文字符號的特點，查找水書手抄本或請教資深的水書先生，逐漸找到共識，從而得到破解。

4. 抓住突破口

依據拉下水族文字墓碑、的查村水族文字墓碑和榕江縣計劃鄉上拉力寨（潘老猛）墓碑水族文字墓碑的碑文書寫規律，這些碑文水書的式樣和手抄本水書的編寫常規一致，這些水族文字的排列順序，絕大部分按照水語（水族語言）語序（即倒裝句式）進行編寫（有意突出的部分除外），用水語識讀。

水書碑文一般分為四個部分：一是墓主出生年份，二是墓主死亡時間，三是安葬墓主的日期，四是立碑的時辰。（下文中分別用㈠㈡㈢㈣標明這四個部分）

水書碑文的書寫模式比較靈活，完全因當時的社會背景、人們的理解或執筆者的習慣（或需要）來決定，即沒有規定右邊寫什麼、左邊寫什麼，但最中間的那一列均為安葬墓主的年代和日時，這是第一個突破口。第二，仔細觀察那些數字的字，同時確認碑文中水書「年」字的符號，當某一組數字的上下均有文字必然為墓主出生時間。第三，正確找到墓主出生時間後，最後一列水書便是立碑時辰。

拉下墓碑圖如圖 3 所示：

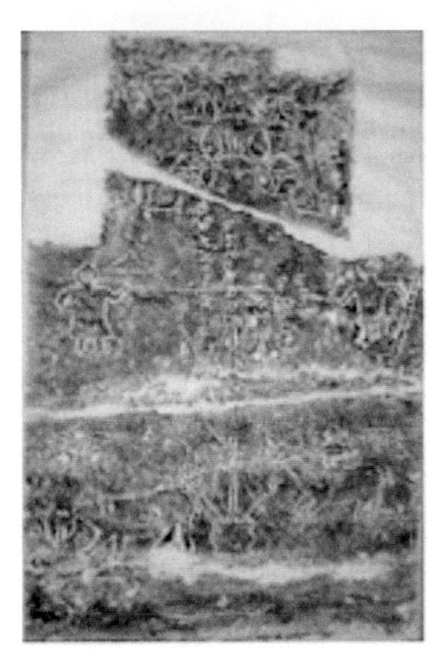

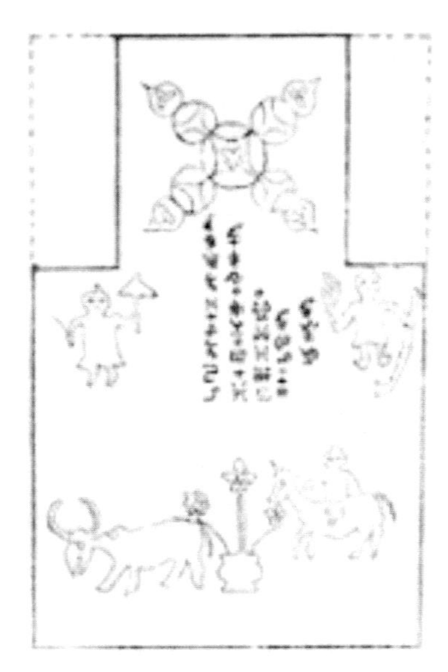

圖 3　拉下墓碑圖

拉下水族文字墓碑除圖案外，水族古文字屬陰刻、豎列、倒寫。碑文水書識讀如下：

第一列　原文：

直譯：乙　巳　年　七　十　六　年　庚　申　月

屬(一)(二)部分。

第二列　原文：

直譯：六　十　四　日　丙　申　日　己　亥　時

屬(一)部分。

第三列　原文：

直譯：第　六　癸　酉　日

屬㈢部分。

第四列　原文：

直譯：二　十　一　乙　卯　時

屬㈡部分。

第五列　原文：

直譯：丙　辰　時

屬㈢㈣部分。

應注意的是，第一列末尾的「月」符號，要與第二列、第四列聯貫。

譯文為：墓主生於乙巳年六月十四丙申日己亥時。

墓主歿於庚申年二月十一日乙卯時，享年七十六歲。

墓主葬於第六元庚申年癸酉日丙辰時，同時立碑。

的查墓碑圖如圖 4 所示：

的查村干夭村民小組水族文字墓碑除了太極圖案外，碑文外的方框和水族文字屬陰刻、豎寫、倒寫。其識讀為：

第一列　原文：

直譯：壬　寅　年　四　十　六　年　木

屬㈠部分。

圖4　的查墓碑圖

第二列　原文：[illegible]　一　[illegible]　[illegible]　○　[illegible]　[illegible]

直譯：第　一　乙　未　日　卯　時

屬㈢部分。

第三列　原文：[illegible]　[illegible]　[illegible]　[illegible]　二　十　[illegible]　○

直譯：戊　子　年　月　二　十　五　日

屬㈣部分。

譯文：墓主生於壬寅年，享年四十六歲，本命屬木。

墓主葬於第一元（的）乙未日卯時。

該墳立碑於戊子年二月十五日。

參考文獻

〔1〕王品魁.拉下村水文字墓碑辨析〔A〕//貴州省水家學會編.水家學研究（三）〔C〕.1999.

〔2〕梁衛民.某刁水族文字古墓碑・黔南文物誌稿（3）〔Z〕.黔南州文化局，黔南州文物管理委員會.1992.

（原載於《黔南民族師範學院學報》2007年第5期）

昌明文庫·悅讀文化 A0605011

貴州少數民族文學藝術研究

主　　編　吳紅梅
責任編輯　陳胤慧
版權策畫　李煥芹

發 行 人　林慶彰
總 經 理　梁錦興
總 編 輯　張晏瑞
編 輯 所　萬卷樓圖書股份有限公司
排　　版　菩薩蠻數位文化有限公司
印　　刷　博創印藝文化事業有限公司
封面設計　菩薩蠻數位文化有限公司

出　　版　昌明文化有限公司
桃園市龜山區中原街 32 號
電話 (02)23216565
發　　行　萬卷樓圖書股份有限公司
臺北市羅斯福路二段 41 號 6 樓之 3
電話 (02)23216565
傳真 (02)23218698
電郵 SERVICE@WANJUAN.COM.TW
大陸經銷　廈門外圖臺灣書店有限公司
電郵 JKB188@188.COM

ISBN 978-986-496-486-4
2020 年 7 月初版二刷
2019 年 3 月初版
定價：新臺幣 580 元

如何購買本書：
1. 轉帳購書，請透過以下帳戶
合作金庫銀行 古亭分行
戶名：萬卷樓圖書股份有限公司
帳號：0877717092596
2. 網路購書，請透過萬卷樓網站
網址 WWW.WANJUAN.COM.TW
大量購書，請直接聯繫我們，將有專人為您服務。客服：(02)23216565 分機 610

國家圖書館出版品預行編目資料

貴州少數民族文學藝術研究 / 吳紅梅主編. -- 初版. -- 桃園市：昌明文化出版；臺北市：萬卷樓發行, 2019.03
冊；　公分
ISBN 978-986-496-486-4(平裝)

1.民族文學 2.貴州省

673.608　　108003216

本著作物經廈門墨客知識產權代理有限公司代理，由華中科技大學出版社授權萬卷樓圖書股份有限公司（臺灣）、大龍樹（廈門）文化傳媒有限公司出版、發行中文繁體字版版權。

本書為真理大學產學合作成果。　**校對：鄭淳丰／真理大學臺灣文學系四年級**